DROEMER

Über das Buch:
Jeder Mensch hat Fragen zum Thema Tod und Sterben. Doch die meisten von uns tun sich schwer, miteinander über das Unvermeidliche zu sprechen – aus Angst, Überforderung, Ohnmacht, Schuldgefühlen oder Einsamkeit. Prof. Dr. Claudia Bausewein, die zu den führenden Palliativmediziner*innen Deutschlands zählt, und der Hospizexperte und Physiotherapeut Rainer Simader kennen viele solcher Geschichten aus ihrem Berufsalltag und wissen um die Ängste, Bedürfnisse und Hoffnungen von sterbenden Menschen und ihren Angehörigen. Deshalb geben sie sehr klare Antworten auf sehr konkrete Fragen zu diesem sensiblen Thema – und machen so Mut, sich mit dem Thema Tod und Sterben zu beschäftigen und darüber nachzudenken und zu reden, bevor es zu spät ist.

*Über die Autor*innen:*
Prof. Dr. Claudia Bausewein ist Direktorin der Klinik und Poliklinik für Palliativmedizin am Klinikum der Universität München und Lehrstuhlinhaberin für Palliativmedizin. Sie zählt zu den führenden Palliativmediziner*innen und ist Mitglied im geschäftsführenden Vorstand der Deutschen Gesellschaft für Palliativmedizin.

Rainer Simader leitet das Ressort Bildung bei Hospiz Österreich, dem Dachverband aller Hospiz- und Palliativeinrichtungen in Österreich. Der Physiotherapeut war viele Jahre sowohl im häuslichen Umfeld von Patienten und Patientinnen als auch in einem der bekanntesten Hospize weltweit, dem St. Christopher's Hospice in London, tätig.

PROF. DR. CLAUDIA BAUSEWEIN
RAINER SIMADER

99 *Fragen* *an den* Tod

Leitfaden für ein gutes Lebensende

DROEMER

Die Verlagsgruppe Droemer Knaur ist in ihrem Handeln wie in den Inhalten ihrer Bücher dem hohen Wert der Diversität verpflichtet. Dies auch sprachlich umzusetzen, fällt nicht immer leicht. Wenn wir in diesem Buch nur die männliche oder die weibliche Form verwenden, so geschieht dies ausschließlich mit Rücksicht auf einen anderen hohen Wert: eine möglichst gute Lesbarkeit zu gewährleisten.

Besuchen Sie uns im Internet:
www.droemer.de

MIX
Papier | Fördert gute Waldnutzung
FSC® C014496

Vollständige Taschenbuchausgabe Oktober 2024

Ein Imprint der Verlagsgruppe
Droemer Knaur GmbH & Co. KG, München

Redaktion: Dr. Thomas Tilcher
Covergestaltung: Kathrin Keienburg-Rees
Satz: Adobe InDesign im Verlag
Druck und Bindung: GGP Media GmbH, Pößneck
ISBN 978-3-426-30253-8

2 4 5 3

Inhalt

Teil 2
Aus dem Blickwinkel der Angehörigen: Der Umgang mit dem Wissen um den nahen Tod

Teil 3
Grundsätzliches zur guten Begleitung am Lebensende

Teil 4
Die Krankheit schreitet voran, und das Sterben wird sichtbarer - was hilfreich ist

Teil 5
Die Sterbephase: Was geschieht und was hilfreich ist

Teil 6
Der Tod: Die Abläufe und was mit Verstorbenen passiert

Teil 7
Trauer

Teil 8

Hilfreiche Adressen

Teil 9

Glossar/Dank/Register

Vorwort

Stellen Sie sich vor, Sie hätten die Möglichkeit, den Tod zu treffen, ohne gleich Gefahr zu laufen, von ihm mitgenommen zu werden. Das wäre die perfekte Situation, ihm all die Fragen zu stellen, die Ihnen längst auf der Seele brennen.

Den Tod getroffen haben wir nicht, aber wir haben täglich mit Sterbenden zu tun und außerdem auch mit vielen Kolleg*innen gesprochen und sie gebeten, die wichtigsten Fragen zu sammeln, die Patient*innen und deren Angehörige stellen, wenn es um das Sterben geht.

Informationen sind die beste Möglichkeit, »die große, allumfassende Angst« zu verstehen und mit ihr umzugehen. Seit jeher wird in allen Kulturkreisen weltweit versucht, Antworten auf die Fragen rund um den Tod und das Sterben zu finden. Deshalb geben wir Ihnen mit diesem Buch einen Lebensbegleiter an die Hand. *99 Fragen an den Tod* erklärt, was beim Sterben passiert, und es zeigt auf, was Sie konkret tun können, egal ob Sie selbst betroffen sind oder einen Menschen begleiten. Es gibt Antworten auf die Fragen, die in emotionalen Situationen nicht gestellt werden können – weil dann nicht der passende Zeitpunkt ist, weil sie in einem privaten Umfeld nicht passend sind oder weil es schlicht zu spät ist.

Untersuchungen zeigen, dass Menschen, die sich schon zu Lebzeiten mit dem Tod und dem Sterben beschäftigen, Lebensentscheidungen anders treffen als jene, die sich nicht mit dem Thema auseinandersetzen. Diese Menschen haben gedanklich und manchmal auch praktisch bereits gut für den Moment oder die Zeitdauer vorgesorgt, wenn »es dann wirklich so weit ist«. Und das ist von entscheidendem Vorteil. Denn wenn der Tod konkret näher rückt, bleibt oft wenig Zeit. Das Sterben ist zwar eine Ausnahmesituation, aber sie wird jedem von uns einmal im Leben passieren. Außerdem begleiten Sie im Laufe Ihres Lebens statistisch fünf Menschen aus Ihrer nahen Umgebung beim Sterben bzw. sind Sie mit deren Sterben und Ihrer Trauer konfrontiert – gefühlt zu viele, aber praktisch gesehen zu wenige, als dass Sie Sicherheit im Umgang mit dem Tod und Sterben gewinnen könnten.

Es gibt auch Zeiten, in denen das Thema Sterben aufhört, eine innerfamiliäre, individuelle Angelegenheit zu sein, und stattdessen in der Gesellschaft viel präsenter ist. Im Frühjahr 2020, genau in der Zeit, als wir dieses Buch verfasst haben, wurden mit einem unsichtbaren Virus die Themen Sterben, Tod, Abschied und auch Lebensqualität verstärkt in unser aller Blickfeld gerückt. Wir alle wurden zu Betroffenen und mussten lernen, Situationen neu zu bewerten, und mit diesen Themen anders als gewohnt oder erwartet umgehen. Ob sich durch diese Erfahrung der Pandemie der Umgang mit dem Sterben, dem Tod und der Trauer in unserer Gesellschaft langfristig ändert, bleibt abzuwarten.

Mit diesem Buch wollen wir Ihnen auch Mut machen. Mut, sich mit der Realität zu beschäftigen und Ihre Sichtweise auf das Leben zu verändern. Vielleicht gelingt es dadurch, dass über ein Tabuthema häufiger gesprochen wird und dass Menschen, die in einer herausfordernden Zeit oft sehr einsam sind, ein wenig mehr Nähe erleben.

Claudia Bausewein und Rainer Simader

Teil 1

Aus dem Blickwinkel der Sterbenden: Der Umgang mit der endgültigen Nachricht

Mit einer Erkrankung konfrontiert zu sein, die mit großer Wahrscheinlichkeit zum Tod führen wird, bedeutet mehr, als zu wissen, wie die Diagnose heißt. Viele Menschen, die eine solche Situation erlebt haben und schließlich erfahren und auch verstanden haben, dass sie in absehbarer Zeit sterben werden, berichten von unterschiedlichen Gedanken, Fragen, Prioritäten und Emotionen, die sich im Rahmen dieser Diagnosestellung ergeben und entwickelt haben. Bei manchen Menschen steht rasch die Frage im Raum, wie es den Angehörigen damit gehen wird, bei anderen entsteht eine Hoffnungslosigkeit. Wieder andere Menschen möchten darüber sprechen, und andere machen diese Situation mit sich selbst aus.

In der Folge geht es um Fragen, die sich Sterbende angesichts einer solchen Prognose stellen; es geht darum, welchen Herausforderungen sie sich ausgesetzt fühlen, und um hilfreiche Ansätze oder Lösungen.

1 Wann beginnt Sterben, und wie lange dauert es?

In Online-Lexika oder in Fachbüchern wird oft die Frage gestellt, wie die Prognose bei einer Erkrankung sei. Dahinter stehen zwei wesentliche Fragen: Wird man an einer Erkrankung sterben, und, wenn ja, wie viel Lebenszeit bleibt einem Menschen mit dieser Erkrankung noch? Diese Fragen sind berechtigt, denn viele der Entscheidungen am Lebensende hängen von dieser noch verbleibenden Zeit ab.

Welche Zahlen Sie auch immer finden, es sind stets statistische Durchschnittszahlen. Da wir viele Menschen am Lebensende begleiten durften, können wir Ihnen sagen, dass manche »überraschend kurz«, andere »überraschend lange« gelebt haben – und wieder andere »zum erwarteten Zeitpunkt« verstorben sind. Diese Aussage spiegelt nur unseren professionellen Blickwinkel wider. Wie lang sich Zeit anfühlt, ist subjektiv. Wenn Sie eine Mutter fragen, die kurz davor ist, sich von ihrem geliebten Sohn zu verabschieden, dann würde diese sehr wahrscheinlich sagen, die verbleibende Zeit sei viel zu kurz, egal wie lange ihr Sohn noch zu leben hat. Ein Patient hingegen, der sich schon lange mit starken Schmerzen quälen muss, könnte Ihnen sagen, dass es besser wäre, früher als später zu sterben. Eine 98-jährige Dame, die auf ein erfülltes Leben zurückblickt, könnte wiederum behaupten, dass genau jetzt der richtige Zeitpunkt ist.

Die Gründe, warum ein Mensch schneller als ein anderer verstirbt, sind vielfältig. Die Grunderkrankung selbst ist ein wichtiger Parameter. Manche Erkrankungen, wie z. B. gewisse Krebserkrankungen, verlaufen durch pathologische Veränderungen sehr schnell, und der Verlust an körperlichen oder kognitiven Fähigkeiten ist rasch fortschreitend oder »rasch progredient«, wie es in der medizinischen Fachsprache heißt. Andere Erkrankungen, wie z. B. Multiple Sklerose, verlaufen eher schubförmig; wieder andere, z. B. manche Lungenerkrankungen, zeigen große Schwankungen im Zustand eines Patienten. Es gibt eine Reihe von Faktoren, die selbst innerhalb der gleichen Grunderkrankung Auswirkungen sowohl auf die Geschwindigkeit des Sterbens als auch auf die Lebensqualität des sterbenden Menschen haben. Diese sind unter anderem Faktoren wie das Alter des Menschen, die Intensität und Anzahl von Beschwerden, die oft auch Symptome genannt werden, zusätzlich bestehende Erkrankungen und wie die Erkrankung behandelt wird. Auch die psychische Situation des Menschen hat Einfluss, genauso wie das soziale Netzwerk und die persönlichen Möglichkeiten, wie ein Mensch mit Leid umgehen kann, die sogenannten Coping-Strategien. Neben diesen Faktoren spielen auch die körperliche Fitness und generelle Aktivität eines Menschen eine Rolle. Eine gute Grundkondition und körperliche Aktivität tragen oft zu einer deutlich besseren Lebensqualität und mitunter auch zu einem längeren Leben trotz schwerwiegender Erkrankung bei.

Auffallend ist, dass unterschiedliche Erkrankungen bei Menschen auch unterschiedliche Befürchtungen hinsichtlich der Lebenszeit und Prognose auslösen. Gerade bei Krebserkrankungen läuft eine der ersten Assoziationen auf die Frage hinaus, wie lange ein Mensch noch zu leben hat, obwohl viele Tumorerkrankungen mittlerweile sehr gut behandelt und mitunter geheilt werden können und die Lebenszeit mit solchen Erkrankungen insgesamt durch neue Behandlungsmöglichkeiten länger wird. Stigmatisierung und die Problematisierung der Erkrankung sind bei onkologischen Erkrankungen sehr stark. Andere Erkrankungen, wie z. B. Herz- oder Lungenerkrankungen, werden weniger emotional gesehen und erhalten dadurch auch eine andere Art der Aufmerksamkeit. Sie werden häufig gar nicht mit der Möglichkeit eines vorzeitigen Versterbens gesehen.

Wichtig ist, dass jede Erkrankung individuell betrachtet wird und Überlegungen zur Lebenszeit für den einzelnen Menschen und im Rahmen seines Lebenskontextes gemacht werden können. Im Rahmen der Begleitung von Menschen mit lebenszeitbegrenzenden Erkrankungen ist die verbleibende Lebenszeit natürlich ein wichtiges Thema. Mindestens genauso viel Aufmerksamkeit soll der Lebensqualität in der verbleibenden Zeit geschenkt werden.

Wenn Sie in diesem Buch über die Sterbephase oder von einem sterbenden Menschen lesen, handelt es sich üblicherweise um die letzte Woche im Leben eines Menschen. Es wird auch immer wieder um die Zeit davor gehen. Das Zugehen auf das Lebensende ist nicht gleichzusetzen mit dem Sterben. Diese Zeit kann, wie oben beschrieben, je nach Erkrankung variieren. Es können Wochen, Monate oder manchmal auch Jahre sein.

2 Soll ich wissen, dass meine Krankheit unheilbar ist?

Mit dieser berechtigten Frage geht eine weitere entscheidende Frage einher: Will ich wissen, ob ich an dieser Erkrankung sterben werde? Das Aussprechen und darüber zu reden ist nicht so einfach, denn durch den Prozess vom Gedanken zum gesprochenen Wort und möglicherweise dem Einbinden auch anderer Menschen bekommt das Szenario eine neue Wirklichkeit. Dieser Realität mögen auch eine gewisse Bedrohung und viele Gefühle innewohnen. Wir wollen Sie mit diesem Buch unterstützen, wenn Sie sich aktiv mit der Erkrankung und dem Sterben auseinandersetzen wollen.

Jeder Mensch weiß sein ganzes Leben lang, dass er sterben wird. Die Kenntnis der eigenen Vergänglichkeit unterscheidet uns vermutlich von allen anderen Lebewesen. Zwischen theoretischem Wissen und dem Anerkennen, dass es auch wirklich mich betrifft, liegt ein großer Schritt.

Diesen Schritt gedanklich und auch emotional zu gehen ist nicht leicht, um nicht zu sagen: sehr schwer. Insofern geht es mehr darum, ob ich mich dieser Realität des begrenzten Lebens nähern kann und will. Zunächst kann dies vielleicht nur schrittweise sein. Umgekehrt ist es auch wichtig, die Frage zu stellen, was es bedeuten würde, wenn ich es nicht wahrhaben kann oder will.

Für die meisten von uns gibt es in der Situation des nahenden Lebensendes noch viel zu tun. Viele Menschen haben am Lebensende konkrete Wünsche, die sie sich noch erfüllen möchten. Manche möchten sich verabschieden, Konflikte bereinigen oder unerledigte Dinge zu Ende bringen. Oder sie möchten auf einen Berg fahren, am Strand entlanglaufen oder einen geliebten, in der Ferne lebenden Menschen sehen. Unsere Erfahrung zeigt, dass diesen Wünschen und Erledigungen am Lebensende große Bedeutung zukommt. Wenn ein Mensch nicht wahrhaben will, dass sein Leben dem Ende zugeht, bringt er sich um diese Möglichkeiten. Grundsätzlich gilt also: Ja, es ist gut, wenn ein Mensch weiß, dass er stirbt. Wenn Sie wissen, dass Sie bald sterben werden.

Es gibt auch Menschen, die diese Realität zu gewissen Zeiten nicht ertragen können. Welche Information verarbeitet wird – und in welcher Geschwindigkeit –, bestimmen immer die Betroffenen selbst. Im besten Fall wird ein Mensch in einer solchen Situation der Überforderung durch seine Psyche geschützt, und die bedrohliche Botschaft erreicht ihn nicht. Vielleicht ermöglicht ihm aber auch ein vorübergehender Rückzug oder eine Verhaltensänderung einen Ausweg aus einer solchen Situation. Und im besten Fall sollte ein Arzt oder eine Ärztin, bevor er bzw. sie die Nachricht von einer lebenslimitierenden Erkrankung mitteilt, fragen, ob Sie bereit sind, die Übermittlung einer schlechten Nachricht anzunehmen. Es obliegt Ihnen allein, wie viel Sie zu welcher Zeit wissen wollen und wie tief Sie sich in dieses Wissen begeben wollen.

Abschiede sind unvermeidbar, aber mit behutsamer Ehrlichkeit kann Wichtiges, Dringendes und Wunderbares zu einem Abschluss gebracht werden.

3 Wie gehe ich mit der Nachricht um, dass ich sterben werde?

Die Nachricht, dass das Sterben nun näher rückt, ist ein »Sturz aus der Normalität«, der unterschiedliche Reaktionen auslöst. Manchmal Erstarrung. Denken und Empfinden sind dann kaum möglich. Manche Menschen berichten vom Gefühl, als ob sie sich in einem Nebel befinden würden. Oder sie sind einer Flut von Gedanken und Emotionen ausgesetzt – nicht immer gleichzeitig und nicht unbedingt zueinanderpassend. Auch das ist nicht verwunderlich. Menschen, die gerade noch den nächsten Urlaub geplant und Vorstellungen von ihrer Zukunft entwickelt haben, sollen sich nun mit der Endlichkeit beschäftigen und verstehen, dass der nächste Urlaub vielleicht nicht mehr stattfinden wird. Es kann sein, dass Menschen trotz einer solchen Information Schutz in schönen Hoffnungen suchen. Solche Widersprüche sind normal. Es kann sein, dass Sie an einem Tag sehr offen über das Sterben sprechen können und wollen, dass am Tag darauf hingegen diese Erinnerung an das Bevorstehende wie weggeweht ist. Diese Zeit ist nicht nur schwarz oder weiß. Vielleicht lesen oder hören Sie, dass Sie nach der Nachricht von einer schweren Erkrankung durch verschiedene Phasen gehen werden, meist beginnend mit einem Schock, bis Sie dann über den Weg durch die Depression alles akzeptieren werden. Diese veralteten linearen Phasenmodelle sind eher theoretischer Natur. Wie Menschen mit solchen Informationen umgehen, läuft nicht nach einem festen Schema ab.

Für manche Menschen ist die Information, dass sie sterben werden, in der Tat ein wahrer Schock. Nicht unerheblich ist, ob sie tief im Inneren schon damit gerechnet oder es geahnt haben, eine solche Botschaft zu hören, oder ob sie die Diagnose völlig überraschend trifft. Wenn Sie mit einer solchen Nachricht akut konfrontiert sind, dann versuchen Sie sich zu erinnern, was Ihnen in einer anderen schwierigen Situation Ihres Lebens, die Sie bereits gemeistert haben, geholfen hat. Brauchten Sie damals zuerst Zeit für sich selbst, oder hat Ihnen ein Gespräch oder eine andere Art von Nähe eines Menschen gutgetan? Manche Menschen, die von einer neuen Situation schockiert sind, verfallen in eine Starre und Stille. Diese Reaktion ist normal, allerdings empfehlen wir, dann nach einer Form des Ausdrucks zu suchen. Vielleicht ist es das Gespräch mit einer vertrauten Person, vielleicht möchten Sie das Gespräch aber zuerst mit einem Menschen suchen, der durch diese Nachricht nicht selbst betroffen sein wird. Vielleicht ist dies Ihr Hausarzt oder Ihre Hausärztin. Manchmal ist es besser, niederzuschreiben, was Sie noch gar nicht aussprechen oder einordnen können, um Ihre Gedanken und Gefühle zu sortieren. Auch hier sollten Sie versuchen, sich zu erinnern, welche Art des Ausdrucks Ihnen in früheren Situationen geholfen hat.

Der Umgang mit der schlechten Nachricht und das Erkennen, was sie bedeutet, ist ein kontinuierlicher Prozess, während dem sich Gefühle und Gedanken immer wieder verändern. Egal ob es sich um die erste Phase des »Verdauens der Nachricht« handelt oder um die Integration des

Wissens in das tägliche Leben: Im besten Fall nähern sich Wünsche und Vorstellungen schrittweise der Realität an.

4 Was soll ich tun, wenn ich nicht verstanden habe, was der Arzt mir gesagt hat?

Unabhängig davon, welche Informationen Sie als Angehöriger oder als Patient*in bekommen haben, kann es sein, dass Sie diese Informationen nicht ganz verstanden haben. Es gibt verschiedene Gründe, warum Sie im Ungewissen zurückbleiben können.

Unsere Psyche verfügt über gute Schutzfunktionen, damit Unerträgliches oder Unerwartetes nicht direkt in unser Innerstes vordringen kann. Insofern kann es sein, dass trotz »ärztlicher Aufklärung« nicht alles verstanden wird, was der Mediziner bzw. die Medizinerin gesagt hat. Sie müssen sich beim ersten Mal gar nicht alles merken. Sie befinden sich in einer Ausnahmesituation – in einer Lage, in der Sie noch nie zuvor waren. Stellen Sie sich vor, Sie sind in einem fremden Land, dessen Sprache Sie nicht sprechen. Auch dort werden Sie mehrere Anläufe und Hilfe brauchen, um sich zurechtzufinden.

Die fehlenden oder vergessenen Informationen im Internet zu suchen ist keine gute Idee. Die Inhalte und Seriosität der einzelnen Websites sind für Sie nur schwer überprüfbar, und es kursieren viele Falschinformationen im Netz. Stattdessen sollten Sie einen neuen Termin mit Ihrem*ihrer Ansprechpartner*in vereinbaren. Hilfreich ist es, sich davor alle Fragen aufzuschreiben, die Sie stellen möchten. Gerade wenn eine Gesprächssituation angstbesetzt ist, blockiert unser Gehirn gerne, und wir vergessen, was wir eigentlich sagen oder fragen wollten. Sie können sich auch ohne Weiteres die Zeit nehmen, die erhaltenen

Antworten auf Ihre Fragen aufzuschreiben. Und, ganz wichtig: Fragen Sie so lange nach, bis Sie sicher sind, dass Sie alles verstanden haben.

Sie sind von professionellen Helfer*innen umgeben, und es ist deren Pflicht, Sie gut zu beraten. Deshalb dürfen Sie sich auch erlauben, so viel Zeit zu beanspruchen, wie Sie brauchen. Diese Menschen sind Ihre persönlichen Reiseführer*innen in einem unbekannten Land. Es geht hier um Ihre Fragen und Ihre Antworten. Und wenn Sie beim vorangehenden Termin bereits das Gefühl hatten, dass Ihr*e Ansprechpartner*in in Eile war, so betonen Sie dieses Mal bei der Terminvereinbarung, dass Sie gerne ausreichend Zeit für dieses wichtige Gespräch hätten. Fragen Sie am Ende des Gesprächs auch, was nun die nächsten Schritte sind und an wen Sie sich zu welchem Zeitpunkt wenden können, wenn Sie etwas brauchen oder weitere Fragen haben. Wenn Sie möchten, dann können Sie auch jemanden mitnehmen, den Sie gerne bei solchen Gesprächen dabeihaben möchten. Vier Ohren hören bekanntlich mehr als zwei, und Sie haben danach jemanden, mit dem Sie sich austauschen können.

Auch wenn das, was Sie im Gespräch hören und verstehen, nicht immer einfach zu akzeptieren ist, sollten Sie nicht vergessen, dass mehr und qualitativ gute Informationen in der Regel die Angst eindämmen. Höchstwahrscheinlich können Sie danach besser mit der Situation umgehen.

Auch wenn bei diesen Fragen immer vom Gespräch mit einem Arzt oder einer Ärztin ausgegangen wurde, gilt das natürlich für alle Gespräche, auch mit anderen Menschen. Gerade Fachpersonal verfällt gelegentlich in einen »Fachjargon«. Fragen Sie so lange nach, bis Sie alles verstanden haben, denn es geht um Sie.

5 Kann ein Leben angesichts des nahen Todes noch Qualität haben?

Sich angesichts der Vorstellungen über den näher rückenden Tod mit der Qualität des Lebens zu beschäftigen mag vielen Menschen paradox erscheinen. Die Angst vor dem Sterben kann ohne gedankliches Gegenmodell den Alltag und somit das Leben dominieren. Gerne möchten wir Ihnen an dieser Stelle berichten, was Menschen mit einer begrenzten Lebenserwartung immer wieder erleben und erlebt haben.

Das Wissen, dass der Tod nahe ist, schärft bei vielen Menschen den Blick auf das Wesentliche. Es kommt gewissermaßen zu einer Rekalibrierung des Lebens: Was ist wirklich wichtig? Was muss noch erledigt werden? Welche Wünsche sind unerfüllt? Mit welchen Menschen möchte ich Frieden schließen? Wem muss ich etwas verzeihen oder wen um Verzeihung bitten? Was möchte ich noch organisieren? Wie möchte ich sterben?

Dies sind sehr lebensnahe Fragen. Das Wissen um eine Erkrankung und das persönliche Erleben, dass manches nicht mehr so leichtfällt und vor allem nicht mehr selbstverständlich ist, ermöglicht einen Prozess, der am Ende zu einer vollkommen neuen Fokussierung darauf führt, was ein Mensch als wertvoll erachtet. Vielleicht war es früher der Fußball oder das stets polierte Auto, und nun sind es Naturbeobachtungen oder die langen Telefonate mit einer weit entfernt lebenden Freundin. Waren es früher die Ausflüge mit dem Wanderverein und der gesellige Ausklang am Stammtisch, ist es nun die Konzentration auf das Enkelkind – und wahre Erfüllung liegt immer mehr in der Ruhe und Privatheit. Das bedeutet nicht, dass die früheren Aktivitäten oder Sichtweisen auf das Leben weniger wert waren als die neuen. Der Fokus hat sich verändert, und neue Ressourcen werden entdeckt. Das bedeutet nicht, dass automatisch Leid entsteht, wenn Gewohntes nicht mehr gelebt werden kann. Die Konzentration auf das *Sein* wird oft wichtiger als auf das *Tun*. Wir Menschen haben am Lebensende die wunderbare Fähigkeit, unser Leben mit und im Leid neu zu gestalten. Der Ausblick auf das Lebensende und das Leben im Hier und Jetzt findet gleichzeitig statt. Immer wieder erleben Menschen am Lebensende eine vorher nie vorstellbare oder erträumte Qualität.

Die Erinnerung an Vergangenes kann erheblich zur aktuellen Lebensqualität in einer herausfordernden Zeit beitragen. Wenn manches vergeht und vieles nicht mehr möglich ist, wird die Vergangenheit zu einer wahren Kraftquelle. Oder wie der Schriftsteller Jean Paul es ausdrückte: »Die Erinnerung ist das einzige Paradies, aus dem wir nicht vertrieben werden können.« Diese Erinnerungen können bewusst abgerufen werden, wenn die Gegenwart gelegentlich nicht zu ertragen ist.

Zur Lebensqualität trägt auch die gute Behandlung von Symptomen und anderen belastenden Faktoren bei. Im vierten Teil dieses Buchs haben wir ausgeführt, wie diese behandelt werden können und was Sie selbst tun können.

6 Sind Hoffnungen und Wünsche am Lebensende noch sinnvoll?

Viele Menschen, die sterben werden, finden sich selbst in einem Spannungsfeld, das von den beiden Polen »Vorbereitung auf ein gutes Lebensende« und »Hoffnung, weiterzuleben« geprägt ist. Beide Themen sind bedeutsam. Zum einen gibt es auf der Reise zum Lebensende noch vieles zu erledigen, und der bewusste Umgang mit der eigenen

Endlichkeit birgt viele Qualitäten in sich. Zum anderen ist es kaum auszuhalten, wenn sich alles nur um das eigene Sterben dreht. Deswegen sind Hoffnungen und Wünsche, auch wenn sie nicht unbedingt realistisch sind, wichtige Kraftquellen, damit die möglicherweise herausfordernde Reise gut geschafft wird. Viele Menschen wissen, auch wenn sie nicht vom bevorstehenden Tod betroffen sind, wie gut es tun kann, sich Fantasien hinzugeben. Der Alltag wird gleich ein Stückchen schöner, und belastende Themen rücken für eine gewisse Zeit in die Ferne. Nicht anders verhält es sich bei Menschen am Lebensende und deren Angehörigen. Betrachten Sie diese Hoffnungen und Wünsche als Pause vom Alltag und nicht als Verleugnen der Realität.

Oft wird die Zeit auf das Lebensende hin als eine hoffnungslose Zeit erlebt, weil Hoffnung automatisch mit langem Leben oder Gesundwerden verbunden und nur darauf reduziert wird. Auch wenn diese Hoffnung nicht erfüllbar ist, gibt es doch viele andere »kleinere« und realistischere Hoffnungen. Versuchen Sie für sich herauszufinden, welche anderen Hoffnungen Sie haben. Da gibt es die Hoffnung, möglichst viel Zeit zu Hause und nicht im Krankenhaus zu verbringen, oder die Hoffnung, dass Schmerzen und andere körperliche Beschwerden ausreichend gelindert werden, oder die Hoffnung, noch einmal einen lieben, aber in größerer Ferne lebenden Menschen zu sehen. Schließlich kann es auch die Hoffnung sein, in Frieden und Würde zu sterben. Hoffnungen werden im Lauf einer Erkrankung immer wieder neu definiert und an die Realität angeglichen werden müssen.

Was »realistische Wünsche« und was Illusionen sind, erkennen wir nicht sofort, sondern mit der Zeit. Dieser Prozess hilft Erkrankten und auch deren Angehörigen, sich dessen bewusst zu werden, dass nicht alles hoffnungslos, aber manches eben auch nicht mehr möglich ist. Wir wissen allerdings auch, dass Sterbenden und Angehörigen Hoffnungen sehr schnell abgesprochen und Wünsche als unrealistisch eingestuft werden. Diese Haltung unterbindet jede Form der Hilfe, auch wenn diese tatsächlich möglich wäre. Wir raten Patient*innen, sich in ihren Wünschen nicht zu rasch einzuschränken und diese auf jeden Fall zu äußern. Nur wenn Sie Ihre Wünsche kundtun, erhalten Sie Hilfe. Manche Wünsche sind schnell und unkompliziert zu erfüllen; andere müssen genauer differenziert und gegebenenfalls in einer etwas abgeänderten Form erfüllt werden – und wieder andere brauchen verfügbare Ressourcen. Suchen Sie im Internet beispielsweise den »Wünschewagen« des Arbeiter-Samariter-Bundes in Deutschland und Österreich oder die »Wunschambulanz« in der Schweiz. Noch einmal ins Museum, noch einmal zu einem Autorennen, noch zur Hochzeit des Enkelkindes oder endlich an den Strand – das sind einige der von diesen Organisationen erfüllten Wünsche. Auch Palliativ- und Hospizeinrichtungen denken und arbeiten patient*innenzentriert. Mithilfe dieser Profis und ehrenamtlichen Helfer sind Wünsche, die nicht ausgesprochen zu groß und unerfüllbar erscheinen, plötzlich nah an der Realität. Wir denken hier an folgende Wünsche: noch einmal oder wieder im eigenen Bett schlafen können, noch einmal das schöne Kleid tragen, wieder in die eigene Wohnung ziehen oder noch einmal mit einem Glas Rotwein auf der Terrasse den Abend verbringen. Wenn Sie diese oder andere Wünsche äußern, werden Sie Hilfe erhalten.

Es kann sein, dass manche Wünsche nicht erfüllt und manche Hoffnungen enttäuscht werden. Die Unerfüllbarkeit zu erkennen führt mitunter zum Anerkennen der Realität. Und aus diesem Prozess können wieder neue und vielleicht realistische Wünsche entstehen.

7 Meine Seele kommt nicht hinterher: Wie gehe ich mit den ständigen Veränderungen um?

In einer herausfordernden und dynamischen Zeit wie auf dem Weg zum Lebensende sehnt sich unsere Seele nach Konstanz. Doch gerade im Kontext von schweren Erkrankungen stehen mitunter ständige und unerwartete Veränderungen auf der Tagesordnung. Diese können körperlicher Natur sein, oder Sie merken, dass Sie selbst nicht mehr so reagieren und sich auf sich selbst verlassen können wie früher. Auch vertraute Menschen können anders als gewohnt reagieren; manche wenden sich ab, andere werden unerwartet zur Hilfe.

Diese Veränderungen können sich in Form von Tagesschwankungen in Ihrer Befindlichkeit äußern. Wie Wellen kommen und gehen sie. Schlechte Tage werden von guten abgelöst, bevor Sie sich im nächsten Wellental befinden. Gerade wenn Ihre körperliche und seelische Befindlichkeit durch große Schwankungen beeinträchtigt wird, empfehlen wir eine Abklärung. Eine gut abgestimmte Therapie, mitunter durch verschiedene Fachpersonen, kann diesen Schwankungen in der Regel recht gut entgegenwirken.

Eine andere Art der Veränderung ist der kontinuierliche Verlust von körperlichen Fähigkeiten. Die Kraft wird weniger und der Bewegungsradius kleiner; körperliche Aktivitäten, die vor ein paar Tagen noch gut funktioniert haben, sind für Sie auf einmal eine Herausforderung. Der Appetit lässt nach, oder Sie fühlen sich häufig sehr müde. Gerade im Kontext von lebenszeitbegrenzenden

Erkrankungen machen diese anhaltenden Veränderungen Angst. »Was kommt als Nächstes?« oder »Wenn das so weitergeht, wie lange mag das noch dauern?« – das sind Fragen, die mit vielen Sorgen einhergehen.

Was kann angesichts dieser Angst helfen? Eine Grundregel im Umgang mit Angst lautet: Information hilft. Wenn Sie verstehen, warum der Appetit nachlässt, warum ein Symptom nun stärker wird oder warum sich Ihr Umfeld anders verhält, dann können Sie diese Veränderung besser einordnen. Üblicherweise wissen Sie dann auch, was Ihnen guttun und helfen wird. Wenn es Ihnen Sorgen bereitet, dass Sie keinen oder wenig Hunger haben, oder wenn Ihre Angehörigen immer wieder darauf bestehen, dass Sie doch essen sollen, kann das Wissen darum, dass am Lebensende einfach weniger Bedarf an Kalorien besteht oder dass gewisse Lebensmittel eher verträglich und appetitanregend sind als andere, die Situation verbessern. Näheres zum Thema Appetitlosigkeit und zu anderen Symptomen finden Sie im vierten Teil dieses Buchs. Ihr Arzt bzw. Ihre Ärztin oder eine andere fachlich kundige Ansprechperson wird Ihnen mit der Antwort gleichsam eine Lichtquelle geben, mit der Sie sich in diesem dunklen Raum voller Fragezeichen auch selbst zurechtfinden. Im Zuge dieses Gesprächs wird Ihr*e Gesprächspartner*in gleichzeitig an Lösungen mit Ihnen arbeiten. Auch wenn wir als Profis das Sterben an sich nicht verhindern können, haben wir in unseren Bauchläden eine Vielzahl an Möglichkeiten, die Ihnen im Umgang mit all diesen Veränderungen zur Verfügung stehen.

Manche Dinge verändern sich nicht. Regelmäßige Routinen und Lebensgewohnheiten helfen dabei, mit kontinuierlichen Veränderungen umgehen zu können. Gerne möchten wir Ihnen hier Frau B. vorstellen, eine 85-jährige

Dame, die lange Jahre mit einer zunehmenden Herzschwäche verbracht hat. Mit dieser Erkrankung hat sie zu Hause gelebt und konnte noch selbst Auto fahren. Zu den wichtigsten Ritualen von Frau B. gehörte das Kartenspielen mit all ihren Freundinnen im Kaffeehaus. Zweimal wöchentlich, immer montags und donnerstags zur gleichen Uhrzeit an demselben Tisch in demselben Kaffeehaus. Am Donnerstag folgte auch immer noch der Friseurtermin. Durch die zunehmende Herzschwäche und die Einschränkung in der Selbstständigkeit benötigte Frau B. schließlich eine 24-Stunden-Betreuung zu Hause. Der nächtliche Gang auf die Toilette war sehr unsicher, das Bandagieren der Beine selbstständig nicht mehr möglich. Ein Sturz machte diese Betreuung notwendig. Kurz danach wurde Frau B. klar, dass sie bei ihren Autofahrten zu einem Risiko für sich und andere Menschen wurde. Die Kaffeehaus- und Friseurbesuche blieben, nur fuhr sie mit dem Taxi. Nach einigen Monaten machten die Atembeschwerden längere Anstrengungen fast unmöglich. An guten Tagen fuhr sie mit dem Taxi ins Kaffeehaus, an den anderen lud sie ihre Freundinnen zu sich nach Hause ein. Die Rituale blieben, der Ort veränderte sich, und auch der Friseur machte Hausbesuche. Irgendwann war abzusehen, dass Frau B. sterben würde. Durch die recht ausgeprägte Erkrankung war es ihr nicht mehr möglich, zu Hause zu wohnen. Frau B. wurde stationär in ein Hospiz aufgenommen, wo sie von den meisten ihrer Freundinnen besucht wurde – immer montags und donnerstags. Und das ganze Hospiz berichtet noch heute von den humorvollen Kartenspielen. Auf die Frisur legte Frau B. in der Phase des Sterbens keinen Wert mehr.

Überlegen Sie, welche festen Abläufe und Rhythmen für Sie selbst wichtig sind!

Es werden sich Ziele verändern, und Sie werden manchen Prioritäten Ihres Lebens eine andere Bedeutung geben als früher. Es zahlt sich auch aus, zu überlegen, was Sie aus einer vielleicht misslichen Situation machen können. Es ist natürlich ärgerlich, wenn Sie an einem Tag das Bett nur schwer oder gar nicht verlassen können. Gibt es etwas, was Sie im Bett gerne machen würden?

8 Was sind die häufigsten Sorgen von Menschen, die sterben werden?

Eine Haltung in der Begleitung von Menschen, die schwer erkrankt sind und ihrem Lebensende entgegengehen, spielt eine fundamentale Rolle. Sie entspricht der Formel »Wenn nichts mehr zu machen ist, ist noch vieles zu tun« – so lautet auch der Titel eines Buchs der drei Palliativ- und Hospizexpert*innen Stein Husebö, Andreas Heller und Katharina Heimerl. Die gute Nachricht zu Beginn: Viele Sorgen sind unbegründet, wenn sie artikuliert werden und dadurch Hilfe ermöglicht wird. Wir möchten diese oft geäußerten Sorgen hier beschreiben, damit Sie Ihre Aufmerksamkeit darauf lenken und nach Lösungen suchen können. Vielleicht finden Sie sich selbst aber auch nicht in diesen Themen wieder.

Die Sorgen von sterbenden Menschen sind hauptsächlich sozialer, medizinischer und psychischer Natur. Zu den häufigsten sozialen Sorgen gehört die Angst um die Angehörigen und Freund*innen, also um die Menschen, die zurückbleiben werden. Es kann die Frage aufkommen, was aus dem Ehepartner bzw. der Ehepartnerin oder aus den Kindern wird, wenn man gestorben ist. Eine andere Sorge betrifft die soziale und materielle Absicherung der Zurückbleibenden. Sorge bereitet darüber hinaus der Umstand, dass man anderen zur Last fallen könnte. Eng damit verbunden sind medizinische Aspekte. Die Befürchtung, die eigene Selbstständigkeit zu verlieren oder an unkontrollierbaren Krankheitszeichen wie Schmerzen oder Atemnot zu leiden, ist weit verbreitet. Häufig wird auch die Besorgnis geäußert, die Kontrolle über den eigenen Körper und letztlich das eigene Leben zu verlieren. Die Angst vor dem Kontrollverlust ist mit der Gefahr verbunden, die persönliche Autonomie zu verlieren. Sterbende Menschen machen sich große Sorgen, dass eigene Wünsche und Bedürfnisse von der Umgebung nicht wahrgenommen und respektiert werden und dass sie die Fähigkeit verlieren, diese Bedürfnisse auszudrücken.

Mit diesem Wissen können Sie als Angehörige*r oder auch als erkrankter Mensch achtsam mit dem anderen und sich selbst umgehen. Bei vielen weiteren Fragen in diesem Buch gehen wir darauf ein, was Sie als Patient*in oder auch als Begleiter*in tun können, um Wünschen und Sorgen, die körperliche, psychische und soziale Aspekte betreffen, gerecht zu werden. Maßgeblich dafür ist ein ehrlicher und offener Dialog über manchmal herausfordernde Themen. Die Wahrung der Würde und der respektvolle Umgang mit diesen Sorgen tragen erheblich zu einer guten Lebensqualität am Lebensende bei.

9 Soll ich es anderen Menschen mitteilen, dass ich sterben werde?

Sterben und Tod sind Tabuthemen, insofern ist es schwer, offen darüber zu sprechen. Wir haben viele Menschen getroffen, die große Angst hatten, wie ihre Angehörigen oder Freund*innen reagieren würden, wenn sie diesen mitteilen, dass sie nur mehr eine bestimmte Zeit zu leben haben. Manchmal ist die Befürchtung, dass sich andere Menschen abwenden könnten, durchaus naheliegend. Das Sterben von anderen kann bei Menschen eine Ohnmacht auslösen oder den Blick auf die eigene Endlichkeit freilegen, was für viele kaum zu ertragen ist. Manche wissen dann einfach keine andere Lösung, als sich zu distanzieren. Andererseits haben wir aber auch sehr viele Beziehungen erlebt, die sich durch die Nachricht des bevorstehenden Todes verbessert und intensiviert haben, und so konnten gerade in dieser verbleibenden Zeit viele schöne Begegnungen stattfinden. Mit etwas Mut ist im letzten Lebensabschnitt auch »Heilung« möglich – wobei hier nicht die medizinische Heilung gemeint ist, sondern das »Heilwerden« im Leben. Viele Sterbende berichten, dass es eine große, aber lohnenswerte Überwindung war, das erste Mal über den nahenden Tod zu sprechen. Ab dem zweiten Mal ging es immer ein Stück leichter.

Ob Sie es anderen Menschen mitteilen sollen, dass Sie sterben werden, hängt davon ab, wie viel Sie den betreffenden Menschen zutrauen. Durch einen offenen und ehrlichen Umgang mit der Realität des Todes können Sie viel Unterstützung erhalten. Andere Menschen können dadurch zu Helfer*innen werden. In Unwahrheiten zu verweilen und sich gegenseitig vor der Realität schützen zu wollen kostet viel Energie, die Sie für etwas Schöneres verwenden könnten.

Und dennoch gilt: Sterben ist ein sehr intimer Prozess, und Sie können entscheiden, ob und wem Sie von Ihrer Erkrankung und dem Sterben erzählen möchten. Es ist in Ordnung, es manchen Menschen nicht zu sagen.

10 Wie bringe ich meine Umgebung dazu, über den anstehenden Tod zu sprechen?

Das Leben zum Lebensende hin kann mit großer Einsamkeit verbunden sein. Kommunikation lindert diese Einsamkeit. Nicht nur der oder die Sterbende selbst geht durch alle möglichen Gefühlslagen, wenn er diese neue Realität in sein Leben zu integrieren versucht. Auch die Angehörigen und Freund*innen erleben eine sich verändernde Welt und verhalten sich unter Umständen anders. Schweigen ist dabei eine verbreitete Verhaltensweise. Nun könnten Sie natürlich warten und hoffen, bis sich der andere verändert und beginnt, über Ihr bevorstehendes Sterben zu sprechen. Aus seiner Sicht müsste er dann über seinen bevorstehenden Verlust und die damit verbundene Trauer sprechen. Vielen schmerzhaften Gefühlen müsste er sich unter Umständen stellen, und vielleicht glaubt er, Sie schützen zu müssen, weil er Ihnen diese Gespräche nicht zutraut und Sie deswegen schonen will.

Sie selbst können Offenheit signalisieren. Informieren Sie Ihre Umwelt, dass Sie der Wahrheit gewachsen sind. Artikulieren Sie, dass Sie das Gefühl haben, dass Sie geschützt werden, aber nicht geschützt werden müssen. Lassen Sie dieses Buch auf dem Tisch liegen, und zeigen Sie so Ihrer Familie, dass Sie sich sehr wohl mit dem Thema des Sterbens auseinandersetzen (und empfehlen Sie es Ihren Beschützer*innen, wenn es Ihnen hilfreich erscheint). Sprechen Sie manche Themen oder Dinge, die Sie erledigen möchten, konkret an. Sollte eine Person oder Ihre Familie es trotz aller Versuche nicht schaffen, mit Ihnen über für Sie wichtige Themen zu sprechen, dann gibt es auch Profis, die Ihnen mit Rat und Tat zur Seite stehen werden.

Vorsorgen hilft. Bedenken Sie bitte, dass Sie und Ihre Angehörigen schon tief in all jenen Gefühlen stecken, wenn das Sterben absehbar ist. Wir empfehlen allen Menschen, sich schon früh im Leben mit diesem Thema zu beschäftigen. Informieren Sie sich, lesen Sie darüber, und besuchen Sie Vorträge. Diskutieren Sie darüber in Ihrer Familie und mit Freund*innen, besprechen und erstellen Sie Ihre Patientenverfügung und Vorsorgevollmacht. Suchen Sie im Internet, ob es in Ihrer Umgebung einen »Letzte-Hilfe-Kurs« oder ein »Death Café« gibt; erkundigen Sie sich, ob ein Hospiz oder eine Palliativstation in Ihrer Nähe Angebote anbietet, und vor allem: Reden Sie über das Sterben!

11 Wo finde ich Trost für mich und meine Angehörigen?

Ermutigung im Leid zu erhalten ist in einer Phase wichtig, in der die Selbstkontrolle bedroht ist. Es bilden sich sehr emotionale menschliche Beziehungen, wenn man versucht, die Situation eines Sterbenden wirklich zu verstehen und ihm Halt zu geben. Dame Cicely Saunders, die Begründerin der modernen Hospiz- und Palliativbewegung, hat stets betont, dass wir alle im Prozess des Sterbens keine wirklichen Expert*innen sind, da wir den Tod noch nie erlebt haben. Daher ist es nicht möglich, Sterbende *ganz* zu verstehen; wir sollten es aber alle versuchen. Das ist wohl die Kunst des Tröstens. Trost ist nahe am Leid; wenn man Trost spendet, versucht man, den anderen in seinem Leid zu verstehen und damit umzugehen. Wenn man hingegen Sterbende vertröstet, nimmt man sie nicht wahr oder ignoriert ihre wahren Bedürfnisse. »Du wirst sehen, das wird schon wieder« oder »Morgen ist wieder ein neuer Tag« und weitere schnell dahingesagte Floskeln sind in der Regel nicht hilfreich.

In der Hoffnung finden Menschen Trost. Wenn es klar ist, dass ein Mensch in absehbarer Zeit sterben wird, kommt es oft zu einer anderen Definition und Neuausrichtung der Hoffnung. Wenn es früher die Hoffnung auf langes Leben war, so ist es jetzt vielleicht die Hoffnung, keine Schmerzen zu haben, möglichst lange zu Hause bleiben zu können oder im nächsten Sommer noch den Geburtstag des Enkelkindes mitzuerleben.

Tröstlich sind neben allen anderen vorhandenen Ressourcen auch die eigenen Kräfte. Es ist vermutlich nicht das erste Mal in Ihrem Leben, dass Sie mit einer sehr herausfordernden und belastenden Situation konfrontiert sind. Denken Sie nach, wie Sie es damals geschafft haben, mit der entsprechenden Situation umzugehen. Auch wenn es sehr dringlich erscheint und eine rasche Lösung erwünscht ist – hören Sie einen Moment in sich hinein. Die meisten Menschen wissen und spüren genau, was ihnen Kraft und Trost gibt. War es ein Mensch, der Sie getröstet hat? Waren es Gespräche? Waren es Berührungen? War es der Glaube? War es die Meditation? Die Natur oder Musik? Waren es Erinnerungen? War es das Handeln und Ausprobieren? War es Ihre Geduld?

Vor Menschen, die in einer herausfordernden Situation sind und ihre Reise zum Lebensende angetreten haben, haben wir höchsten Respekt. Wir verstehen, dass diese Situation Angst machen kann. Das Gegenteil von Angst ist Mut. Nur wer Angst hat, kann auch mutig sein. Das sollte Ihnen und Ihren Angehörigen und Freund*innen ein Trost sein.

Teil 2

Aus dem Blickwinkel der Angehörigen: Der Umgang mit dem Wissen um den nahen Tod

Die Nachricht, dass ein nahestehender Mensch sterben wird, versetzt Angehörige und enge Freund*innen in einen Ausnahmezustand. Die Reaktionen können sehr unterschiedlich ausfallen, von der Sprachlosigkeit bis zum Aktionismus, von der Aufopferung für den Sterbenden bis hin zum Gefühl, ihn nicht mehr zu erreichen. Es ist unser Ziel bei der Beantwortung dieser Fragen, dass Sie Ihre Sprache mit schwer kranken und sterbenden Menschen und anderen Angehörigen finden oder wiederfinden. Sie sollten auch, wenn Sie irgendwann auf das Geschehene zurückblicken werden, sagen können, dass Sie es »so gut wie möglich« gemacht haben. Gerade die Fähigkeit, Dinge zu regeln, Gespräche zu führen und mit allen Gefühlen bis hin zur eigenen Ohnmacht umzugehen, ist essenziell und eine wichtige Ressource in der Begleitung.

12 Wie finde ich zu einer unterstützenden inneren Haltung gegenüber einem Menschen, der sterben wird?

Unsere innere Haltung gegenüber schwer kranken und sterbenden Menschen ist die Grundlage aller Gespräche mit ihnen. Deshalb ist es wichtig, unser Bild von Sterbenden zu überprüfen. Sehen wir primär einen armen, kranken, leidenden Menschen? Oder trauen wir uns zu, einen selbstbestimmten Menschen oder sogar einen Helden zu sehen, der so mutig ist, dass er nun den letzten großen Schritt auf seinem Lebensweg macht? Betonen wir also das Sterben, oder ist unser Fokus auf den Menschen gerichtet, der noch lebt?

Dasselbe gilt auch für den Blick auf die Angehörigen. Sehen wir die einsame, trauernde Witwe, die depressiven Angehörigen und die verlassenen Kinder, die niemals wieder glücklich sein werden? Oder sehen wir die tapferen Menschen, die viel ausgehalten und gemeistert haben und an ihren Gefühlen und Erfahrungen wachsen werden?

Das macht deutlich: Es ist die eigene innere Haltung, die unseren Umgang mit dem Thema entscheidend prägt, denn mit einem Helden sprechen wir anders, hören ihm anders zu und trauen ihm vor allem anderes zu als einem Menschen, den wir als ein kränkliches, dahinsiechendes Wesen ansehen.

Cicely Saunders, Ikone der modernen Hospizbewegung und Gründerin des wohl berühmtesten Hospizes der Welt, des St. Christopher's Hospice in London, hat sich die Frage gestellt, wie wir schwer kranken Menschen wirklich helfen können. Sie war der festen Überzeugung, dass Sterbende kein Mitleid brauchen, sondern dass wir ihnen mit Respekt begegnen sollten und auch von ihnen Mut erwarten können.

13 Wie kann ich herausfinden, ob ein Mensch weiß, dass er sterben wird?

Ein Therapeut geht in das Krankenzimmer eines unheilbar erkrankten Mannes, der vermutlich in absehbarer Zeit sterben wird. In einem vertrauensvollen Moment nimmt der Mann die Hand des Therapeuten und flüstert ganz leise: »Ich weiß, dass ich sterben werde, aber sagen

Sie bloß nichts meiner Frau! Die würde damit nicht umgehen können.«

Nach der Behandlung trifft der Therapeut die Ehefrau des Mannes auf dem Korridor. Sie trocknet sich gerade mit dem Taschentuch auf der Wange ein paar Tränen. Als sie den Therapeuten sieht, nimmt sie ihn beiseite und sagt leise: »Mein armer Mann – wenn er wüsste, wie es um ihn steht, würde er all seinen Mut verlieren.«

Diese Szene ist typisch für den Alltag in Krankenhäusern und Altenheimen. Sie steht für eine weitverbreitete Grundhaltung im Umgang mit dem Tod. Sie zeigt nämlich, wie schwierig es für viele Menschen ist, offen und ehrlich über das Sterben und den Tod zu sprechen, vor allem wenn es um Ehepartner*in, Familienangehörige oder nahestehende Menschen geht. Zu schmerzhaft und zu angstbesetzt ist die Vorstellung, einen Menschen zu verlieren oder zurückzulassen. Diese Gefühle sind sehr verbreitet, und es handelt sich dabei nicht immer nur um die Angst vor dem Tod an sich. Es können ebenso die Schuldgefühle des Mannes sein, der seine Frau »allein zurücklassen wird«, die ihn daran hindern, seinen bevorstehenden Tod offen mit ihr zu besprechen. Bei ihr können es die tiefe Kränkung und/oder ein Schuldgefühl sein, dass alle ihre Bemühungen um seine Gesundheit nichts geholfen haben. Diese »barmherzige Lüge«, wie sie euphemistisch genannt wird – gepaart mit dem Bedürfnis, den anderen zu schützen –, wird dazu führen, dass die beiden sich die Möglichkeit nehmen, respekt- und liebevoll voneinander Abschied zu nehmen.

Es gehört zur Pflicht von Ärzt*innen, ihren Patient*innen auch schlechte Botschaften zu überbringen oder sie »aufzuklären«, wie das im medizinischen Jargon heißt. Ärzt*innen verfügen über alle wichtigen Informationen, wie weit die Krankheit vorangeschritten ist und welche Therapien noch möglich sind. Sie können auch einschätzen, ob das Lebensende naht.

Im Anschluss an ein solches Gespräch wird der Patient vermutlich eine vertraute Person brauchen, die mit ihm den Weg vom Hören zum Verstehen geht. Idealerweise kann dieser Mensch auch schon dem ärztlichen Gespräch beiwohnen, wenn das von Patient*innen gewünscht wird. Vielleicht sind das gerade Sie. Wenn Sie aber nicht genau wissen, ob das aufklärende Gespräch schon stattgefunden hat oder ob der Patient den Inhalt auch wirklich verstanden hat, sollten Sie vorsichtig danach fragen.

Dabei sollten Sie eine wichtige Grundregel beherzigen: In einer so schwierigen Situation ist es oft besser, offene Fragen zu stellen, als Aussagen oder Meinungen zu äußern. Ein vorsichtiges Herantasten ist besser, als mit der Tür ins Haus zu fallen. Geben Sie Ihrem Gegenüber Raum zum Nachdenken, zum Aussprechen und vor allem das Gefühl, dass Sie bereit sind, ihm zuzuhören.

Um Ihnen eine Vorstellung zu geben, wie Sie ein solches Gespräch führen könnten, haben wir einen Dialog erdacht. Stellen Sie sich vor, eine enge Freundin von Ihnen, bei der eine Krebserkrankung schon bekannt ist, hatte vor ein paar Tagen eine Nachsorgeuntersuchung. Sie haben bemerkt, dass sie seit dem Termin sehr schweigsam ist. Diese Situation lässt Sie selbst unsicher werden.

»Du warst neulich bei dem Termin im Krankenhaus. Seitdem bist du sehr still. Ich habe das Gefühl, dass dir einiges durch den Kopf geht. Was beschäftigt dich denn so?«

Es folgt vielleicht ein längeres Schweigen, das Ihnen wahrscheinlich wie eine Ewigkeit vorkommen wird. Doch denken Sie daran, dass Gesprächspausen und gemeinsames Schweigen oft hilfreich sind. Häufig denken die Betroffenen nach und brauchen Zeit, bevor sie das Gespräch weiterführen können. Nach einiger Zeit nimmt Ihre Freundin all ihren Mut zusammen und antwortet:

»Der Arzt hat gesagt, dass es nicht so gut aussieht.«

»Und das besorgt dich sehr?«

»Ja. Das ist alles viel zu viel.«

»Willst du mir erzählen, was genau der Arzt gesagt hat? Ich hör dir gern zu.«

Vielleicht ergibt sich wieder eine längere Pause.

»Ich weiß es gar nicht so genau. Ich glaube, ich bin irgendwie ausgestiegen, als er gesagt hat, dass der Krebs wieder gewachsen ist.«

»Und was geht dir durch den Kopf, seit du das weißt?«

»Ich habe Angst.«

»Das kann ich gut verstehen. Und habe ich es richtig verstanden, dass du dich nicht wirklich erinnern kannst, was der Arzt sonst noch gesagt hat?«

»Nein. Nicht wirklich.«

»Gibt es irgendwas, was du bräuchtest, damit die Angst ein wenig nachlässt?«

»Ich weiß nicht, ich habe einfach Angst davor, was er mir sonst noch alles sagen wird.«

»Warst du denn allein bei ihm?«

Wenn Ihre Freundin nickt, dann könnten Sie weiterfragen:

»Weißt du, ich kann ja nur erahnen, wie schwierig das ist. Wenn du da allein bist und bekommst etwas gesagt, was dir Angst macht. Würde es dir helfen, wenn ich zum nächsten Termin mitkomme und wir gemeinsam zuhören und nachfragen?«

»Ich will dich aber damit nicht belasten.«

»Ich lass doch eine Freundin nicht allein, wenn es ihr

nicht gut geht. Ich bin gern dabei, und wenn du magst, dann bereiten wir uns gemeinsam auf das Gespräch vor und schreiben all deine Fragen auf. Hast du denn schon einen neuen Termin?«

»Nein. Er hat gemeint, ich soll wegen eines neuen Termins anrufen.«

»Dann lass uns in die Terminkalender schauen, wann wir beide Zeit haben.«

»Wenn du wirklich mitkommen könntest, dann wäre ich dir schon sehr dankbar.«

Mit diesem fiktiven Dialog wollen wir Ihnen zeigen, wie wichtig Zuhören und Nachfragen ist. Sie müssen oft gar nicht viel sagen. Meist sind es nicht so sehr die Worte, die zählen. Bei vielen Menschen lösen schwere Erkrankungen anderer Menschen wahre Fluchtreflexe aus. Ihrem Gegenüber das Gefühl zu geben, dass Sie versuchen, dies auszuhalten, und auch in einer schwierigen Zeit da sind, ist mindestens genauso wichtig wie das, was Sie sagen – wenn nicht sogar wichtiger. Dieser fiktive Gesprächsausschnitt zeigt auch, dass es viele Wahrheiten gibt. Die Patientin aus diesem Beispiel kann sich nicht richtig erinnern, was der Arzt gesagt hat. Insofern wird sie nicht genau wissen, ob sie in absehbarer Zeit sterben wird. Zum jetzigen Zeitpunkt haben Sie es in dem fiktiven Gespräch bereits geschafft, dass dieser einsame Mensch, der sich schweigend in seine Angst zurückgezogen hatte, diese Angst teilen und Hilfe erhalten konnte. Und Ihre Freundin hat damit auch erkannt, dass Sie für sie da sind, wenn es schwierig wird.

Wie oben beschrieben, bestimmt immer der bzw. die Betroffene das Tempo des Gesprächs. Wenn Sie selbst das Gefühl haben, dass eine Fortsetzung des Gesprächs, in dem es tatsächlich um das Sterben geht, zu diesem oder einem späteren Zeitpunkt angebracht ist, dann könnte dieses Gespräch so ablaufen:

»Du hast mir gesagt, du hast Angst davor, was dir der Arzt sonst noch alles sagen könnte. Willst du mir vielleicht erzählen, was das sein könnte?«

»Vielleicht sagt er mir ja, dass ich nächstes Jahr nicht mehr in den Sommerurlaub fahren werde.«

»Wie meinst du das?«

»Na ja, vielleicht bin ich dann ja gar nicht mehr hier.«

»Was glaubst du selbst? Wo wirst du denn nächsten Sommer sein?«

»Wenn es so weitergeht wie in den letzten drei Wochen, dann glaub ich nicht, dass ich nächsten Sommer ...«

Die Frau führt den Satz nicht zu Ende. Sie merken auch an dem Dialog, dass es sehr herausfordernd ist, das entscheidende Wort, also »Tod« oder »sterben«, tatsächlich auszusprechen. Und manchmal muss es auch nicht sein, dass das Unaussprechliche im ersten Gespräch konkret benannt wird. Es wird hier auch sehr deutlich, dass beide wissen, worum es geht. Sie könnten das Gespräch dann so weiterführen:

»Ja, ich habe gesehen, wie schlecht es dir in den letzten Wochen gegangen ist. Ich kann dir aber versprechen: Wo auch immer deine Reise hingeht, ich werde den Weg gemeinsam mit dir gehen.«

In den vielen Kontakten, die wir mit Patient*innen und deren Angehörigen und Freund*innen hatten, haben wir unterschiedliche Erfahrungen gemacht: Es gibt Menschen, die immer wieder über das Sterben sprechen wollen. Andere hingegen wollen eine einmalige sachliche Information, wie es um sie steht. Und wiederum andere haben nie mit klaren Worten über den Tod und das Sterben gesprochen, und dennoch kannten diese Patient*innen und wir die Wahrheit. Diese Verbundenheit war die Grundlage für unsere Begleitung. Und natürlich gab es auch die Menschen, die sich bis zum Tod nie an die Grenze dieser Wahrheit herangewagt haben.

14 Wie erkläre ich Kindern und Jugendlichen das Sterben von Menschen?

Sie können Kinder und Jugendliche nicht vor dem schützen, was sein wird, und Sie sollten es auch nicht versuchen. Informationen können Sie aber so aufbereiten und dosiert weitergeben, dass Kinder und Jugendliche bestmöglich damit umgehen können. Je nach Alter haben Kinder und Jugendliche verschiedene Vorstellungen von der Endlichkeit, und ihre Aufmerksamkeitsspanne ist unterschiedlich groß. Dies muss bei Informationen berücksichtigt werden.

In unseren Ausführungen zu Frage 4 im ersten Teil dieses Buchs haben wir das Bild eines Reiseführers verwendet, der Sie durch ein Ihnen unbekanntes Land führt und Sie dabei unterstützt, sich gut zurechtzufinden. Für Kinder und Jugendliche haben Sie unter Umständen diese Rolle, sodass diese ohne Schuldgefühle, ohne unbeantwortete Fragen und im besten Fall sicher und gestärkt an das Ziel kommen werden.

Informieren Sie Kinder und Jugendliche frühzeitig, dass eine nahestehende Person schwer erkrankt ist und wahrscheinlich sterben wird. Geben Sie sich allerdings selbst etwas Zeit, bis Sie die Nachricht verstanden und in Ansätzen verarbeitet haben. Teilen Sie die Information einem Kind oder einem Jugendlichen sachlich und ohne Umschreibungen mit, egal wie alt das Kind ist. Sorgen Sie dafür, dass Sie ungestört sind, und beginnen Sie das Gespräch, indem Sie dem Kind bzw. dem Jugendlichen sagen, dass Sie leider eine schlechte Nachricht haben, über die Sie gerne mit ihm sprechen möchten.

Kinder werden durch ihre natürliche Neugier viele Fragen stellen, und diese werden ihnen helfen, sich selbst Antworten zu suchen. Wenn Sie Antworten geben und Erklärungen anbieten, sollten Sie betonen, dass diese Information Ihren eigenen Vorstellungen und Ihrem eigenen Wissen entsprechen. Kinder und Jugendliche müssen nicht alle Details wissen, aber das, was Sie ihnen sagen, muss der Wahrheit entsprechen.

Geben Sie keine Versprechungen, die Sie nicht einhalten können. Sagen Sie z. B. nicht, dass ein Mensch wieder gesund werden wird, wenn dies nicht der Fall sein wird. Sie können sich darauf verlassen, dass ein ehrlicher Umgang mit Ihrem Kind das Vertrauen in Ihre Beziehung stärken wird. Wenn ein Kind oder ein Jugendlicher mehr über den weiteren Verlauf der Erkrankung wissen möchte, so erklären Sie alles, sofern Sie dies selbst wissen. Sie können auch ein Gespräch mit einem Arzt bzw. einer Ärztin oder einer anderen Fachperson organisieren, wenn Sie die Antworten nicht kennen. Es gibt immer mehr Beratungsstellen, die Sie bei der Begleitung von Kindern und Jugendlichen unterstützen können, wenn jemand in der Familie krank ist. Denken Sie daran, dass Information Angst lindert.

Geben Sie auch Ausblicke, sofern Sie aufgrund Ihres Kenntnisstands dazu in der Lage sind. Kinder und Jugendliche können sich emotional und kognitiv besser darauf einstellen, wenn sie z. B. wissen, dass ein Mensch nicht mehr so gut laufen können wird, mehr Zeit im Bett verbringen wird, dass der Person übel sein wird und ihr die Haare ausfallen werden oder dass sie bald in ein Krankenhaus kommen wird. Sie verhindern damit, dass die Auswirkungen von Veränderungen plötzlich wirksam werden.

Das Alter und die damit verbundenen Fähigkeiten, zuzuhören und Informationen zu verarbeiten, bestimmen, welche Informationen Sie in welcher Ausführlichkeit übermitteln.

Kleinkinder (bis zum Kindergartenalter) brauchen wenige Informationen. Sie sollten ihnen aber sagen, wie die Erkrankung heißt, dass sie nicht ansteckend ist (wenn es denn so ist) und dass die Ärzt*innen alles tun werden, damit es der kranken Person gut geht. Sagen Sie dem Kind unbedingt, dass es nicht schuld ist, dass diese Person erkrankt ist oder sterben wird. Schuldgefühle treten häufig bei Kleinkindern auf, da »Erziehungsmethoden« wie »Wenn du nicht brav bist, dann passiert etwas Schlimmes« nach wie vor weit verbreitet sind. Erklären Sie dem Kind, was sich durch die Krankheit in nächster Zeit verändern wird – dass beispielsweise ein erkrankter Mensch immer wieder für ein paar Tage ins Krankenhaus muss und deswegen nicht zu Hause schlafen wird. Erklären Sie dem Kind aber auch, was sich nicht verändern wird.

Diese Informationen sind auch für Schulkinder wichtig. Bieten Sie ihnen immer wieder die Möglichkeit an, Fragen zu stellen. Verlustängste prägen Kinder wie auch Kleinkinder. Oft herrscht die Angst vor, dass auch weitere Personen aus der Familie nun krank werden oder sterben könnten. Helfen Sie Kindern dabei, die Realität zu verstehen. Kinder in diesem Alter sind oft sehr direkt miteinander. Bringen Sie ihnen bei, wie sie über die Krankheit und das Sterben in der Schule sprechen können und wie sie auf Aussagen von Mitschülern reagieren können, die sie als verletzend oder überfordernd erleben. Informieren Sie auch die Lehrkraft, was derzeit in Ihrer Familie passiert.

Jugendliche haben in der Regel eine gute Vorstellung, was Sterben und Tod bedeuten. Ein offenes und ehrliches Gespräch ist hier ein sinnvoller Weg. Zeigen Sie dem Jugendlichen auch, dass diese Situation auch Ihnen Angst macht oder dass Sie traurig sind und sich bei Freund*innen oder in der Familie Hilfe holen, wenn Sie diese brauchen. Laden Sie Jugendliche auch immer wieder ein, Fragen zu stellen. Gönnen Sie Jugendlichen auch Freiraum und Rückzugsmöglichkeiten.

Krankheit und Sterben einer nahestehenden Person lösen bei Kindern und Jugendlichen unter Umständen psychosomatische Reaktionen aus. Bauchschmerzen, Appetitstörungen, Schlafprobleme, Bettnässen, Kopfschmerzen und Konzentrationsprobleme. Wenn Sie sich unsicher sind, wie Sie damit umgehen sollen, können Sie professionelle Hilfe in Anspruch nehmen. Als Ansprechpartner*in dient der Hausarzt bzw. die Hausärztin; auch ein Anruf beim Palliativ- oder Hospizdienst kann hilfreich sein. Wir möchten Sie auch ermuntern, die Information, dass ein Familienmitglied ernsthaft erkrankt ist, in der Schule an die Lehrer weiterzugeben. Nur so können diese mögliche Verhaltensveränderungen bei den Kindern einordnen.

15 Wie reagiere ich, wenn ein Mensch mich fragt, ob er sterben wird?

Das ist eine sehr herausfordernde Situation! Wenn Sie auf Ihre innere Stimme hören, würden Sie vielleicht sagen: »Ach, du wirst schon sehen, dass es wieder bergauf geht« oder: »Du wirst sehen, morgen ist es schon wieder viel besser« oder: »Unkraut vergeht nicht«.

All diese Aussagen machen es für die Gefragten natürlich einfach, sich aus der Situation und vielleicht auch aus der Verantwortung zu stehlen. Hier ist es wichtig, die Unterscheidung zwischen wahrem Trost und Vertrösten zu verstehen. Einem Menschen in einer herausfordernden Situation nahe zu bleiben spendet in der Regel Trost, auch wenn es schmerzhaft sein kann. Aussagen hingegen wie die eben aufgeführten weisen den Fragesteller zurück.

Wer eine solche Frage stellt, vertraut dem anderen einen Schatz an. Denn es ist wirklich nicht einfach, die Frage »Werde ich sterben?« auszusprechen, und üblicherweise stellen sie schwer kranke Menschen und Sterbende nicht oft. Es ist ein großer Vertrauensbeweis, wenn gerade Ihnen diese Frage gestellt wird. Oftmals – und das erlebt man auch als professionelle*r Helfer*in – testen Menschen aus, was ihr Gegenüber weiß und wie er reagiert. Menschen, die sich mit ihrer eigenen Endlichkeit konfrontiert sehen, registrieren mit hoher Sensibilität, wie die Umwelt sich ihnen gegenüber verhält. Die Gerontologin Naomi Feil, Begründerin der Validation, einer Kommunikationsmethode für Menschen mit Demenz, hat es so formuliert: »Der Taube wird ein Kichern hören, der Blinde wird ein Grinsen sehen.« Ein schwer kranker oder sterbender Mensch wird merken, ob Sie ehrlich sind. Alle seine Sinneskanäle sind offen und auf Empfang gestellt.

Wahrscheinlich ist es nicht einmal eine konkrete Antwort, die Ihr Gegenüber erwartet. Vielmehr kann es die Suche nach einem Raum und einem Menschen sein, um abzuschätzen, wo und mit wem diese intimen und wichtigen Gespräche möglich sind. Nicht die Antwort, die Sie geben, ist entscheidend, sondern die Bereitschaft, die Sie bekunden: Ihre Bereitschaft, zuzuhören, es auszuhalten, dass es dem anderen schlecht geht, und trotz der Erkrankung Zeit mit ihm zu verbringen.

Wenn ein Mensch, der sterben wird, darüber sprechen

möchte oder eine so konkrete Frage stellt, hilft es ihm nicht, wenn Sie ausweichen. Der Respekt dem Kranken gegenüber fordert es, nach einer Antwort zu suchen. Wenn Sie sich unsicher sind, wie er die Situation wahrnimmt, können Sie ihn erst einmal fragen, was er denn selbst glaubt oder wie er die Zukunft sieht. Ein mitfühlendes »Ich weiß es nicht. Was denkst du?« eröffnet diesen Raum für ein Gespräch. Oder, wenn die Gewissheit da ist, können Sie auch sagen: »Ich befürchte, dass du wegen dieser Krankheit sterben musst.« Auf jeden Fall sollten Sie immer bei der Wahrheit bleiben und ihn nicht vertrösten mit einer Aussage wie: »Ach, du wirst sehen, alles wird wieder gut.«

16 Wie gehe ich mit unrealistischen Hoffnungen und der Verdrängung eines sterbenden Menschen um?

Menschen haben während des gesamten Lebens Ziele, Hoffnungen und Wünsche. Das ändert sich auch am Ende des Lebens nicht. Die Herausforderung für Menschen im Prozess des Sterbens liegt in der Ambivalenz, sich einerseits auf das Leben zu konzentrieren, um eine bestmögliche Qualität für die verbleibende Lebenszeit zu bewahren, und andererseits sich auf das Ende vorzubereiten. Und genau dafür sind Wünsche, Hoffnungen und Ziele sehr wichtig. Sie halten die Motivation aufrecht. Sich mit Wünschen zu beschäftigen, auch wenn diese vielleicht nicht realistisch erscheinen, bietet auch eine Pause in einem mitunter recht anstrengenden Alltag – denn Krankheit und das bevorstehende Sterben können in der Tat strapaziös sein. Seien Sie auch nicht vorschnell mit der Beurteilung, ob Wünsche – gegebenenfalls mit Hilfe –

nicht doch erfüllt werden können. Oft ist mehr möglich, als es im ersten Moment vorstellbar erscheint (siehe auch Frage 6). Und be- oder verurteilen Sie einen Menschen nicht, wenn er sein Sterben nicht wahrhaben kann und es verdrängt. Die Seele braucht Zeit, sich mit einer unerfreulichen Realität auseinanderzusetzen, um diese dann im besten Fall zu akzeptieren. Für eine gewisse Zeit, wie lange diese auch immer dauert, »nicht hinzusehen« ist eine Schutzfunktion. Manche Menschen ertragen die Wahrheit nur in kleinen Portionen.

Wie können Sie reagieren, wenn ein schwer kranker Mensch, der seit mehreren Wochen bettlägerig ist und vermutlich nur noch kurze Zeit zu leben hat, zu Ihnen sagt: »Also ich freu mich schon sehr auf den nächsten Sommer. Vielleicht fahren wir dann wieder nach Italien in den Urlaub«?

Denken Sie wieder daran, dass manchmal Fragen besser sind, als vorschnelle Antworten zu geben. Fragen ermöglichen uns, Ressourcen zu erkunden und »hinter das Gesagte« zu blicken. Es ist nicht notwendig, dem Menschen zu sagen, dass es wohl keinen nächsten Italienurlaub mehr geben wird (und zudem: Wissen Sie es wirklich?), und damit die Hoffnungen, die ein wichtiger Motor für das verbleibende Leben sind, zu zerstören. Andererseits ist es wichtig, dass Sie immer die Wahrheit sagen, wahrhaftig bleiben und den erkrankten Menschen nicht anlügen.

Das folgende fiktive Gespräch zwischen zwei Ehepartnern, die schon seit langer Zeit verheiratet sind, ist ein Beispiel, wie Sie behutsam mit einer solchen Aussage umgehen können.

»Ich freu mich schon sehr auf den nächsten Sommer. Vielleicht fahren wir dann wieder nach Italien in den Urlaub.«

»Ja, unsere Italienurlaube waren immer so schön. Daran habe ich wirklich tolle Erinnerungen. Weißt du noch, als die französische Touristin in Venedig aus der Gondel in den Kanal gefallen ist und du sie dann rausgefischt hast?«

Beide lachen.

»Ja. Die war ja wirklich nicht besonders geschickt. Und dass sie uns dann zum Essen eingeladen hat, war recht anständig.«

»Das war es. Und das *Essen* in Italien. Und vor allem die Nachspeisen! Was war dort eigentlich immer deine Lieblingseissorte?«

»Pistazie – die mit den echten kleinen Pistazienstückchen ...«

Pause – Nachdenklichkeit stellt sich ein.

»Das wäre schon schön, noch einmal da am Kanal zu sitzen ... mit dem Eis ...«

»Ja, ich sehe das direkt vor mir. Wir beide. Die Wellen klatschen gegen die Mauern. Die salzige Luft ...«

»Und? Glaubst du, wir schaffen das noch mal nächstes Jahr gemeinsam?«

»Um ehrlich zu sein, bin ich mir da im Moment nicht so ganz sicher. Was denkst denn du? Schaffen wir das wieder?«

»Nach Italien ist es schon ein weiter Weg ...«

Es entsteht wieder eine längere Pause, in der dieser Satz seine Wirkung entfalten kann.

»Die nächste Eisdiele würden wir aber schaffen. Sollen wir uns einstweilen mal dorthin auf den Weg machen?«

Zukunftsgerichtete Aussagen ergeben sich immer wieder, wenn die Lebenszeit sich dem Ende zuneigt. Seien Sie nicht verwundert, wenn Sie sich mit einer Art »Gedankenblockade« konfrontiert sehen und nicht sofort wissen, wie Sie darauf reagieren sollen. Solche Aussagen können bei anderen Menschen das Bedürfnis auslösen, sofort zu reagieren. In der Kommunikation gilt, wie auch im Straßenverkehr, »speed kills«. Lassen Sie sich mit Antworten Zeit, und fördern Sie eher ein Gespräch, als zu schnell eine Lösung parat zu haben. Ein anderer Gesprächspartner hätte auf die Aussage »Ich freu mich schon sehr auf den nächsten Sommer. Vielleicht fahren wir dann wieder nach Italien in den Urlaub« so reagieren können: »Du, ich glaube, dass es dir leider nicht gut genug geht, um nach Italien zu fahren.« Mit dieser Aussage wäre das Gespräch beendet und auch die Hoffnung zerstört.

Demgegenüber hat unser Gesprächspartner mit seiner Antwort einen wunderbar großen Gesprächsraum eröffnet. Fantasien und schöne Erinnerungen haben ebenso Platz wie Sentimentalitäten und ein wenig Wehmut – insgesamt also alles, was zum Leben gehört. Und durch diesen behutsamen und klugen Weg, den dieser Gesprächspartner gewählt hat, konnte der betroffene Patient schließlich noch etwas Zeit gewinnen, selbst die entscheidende Frage zu stellen und sich der Antwort anzunähern, ob es denn noch mal möglich sein wird.

Nun gibt es dennoch Entscheidungen, die zu Lebzeiten eines Menschen getroffen werden sollten, oder Erledigungen, die noch anstehen und für das Weiterleben der Angehörigen und Freund*innen und auch für die Lebensqualität des Sterbenden selbst vorteilhaft wären. Dies kann das Aufsetzen eines Testaments oder einer Patientenverfügung sein oder auch eine Person als Vorsorgebevollmächtigten für den Fall einzusetzen, dass ein schwer kranker Mensch nicht mehr selbst für sich entscheiden kann. Grundvoraussetzung ist auch für diese letzten Erledigungen das Anerkennen des eigenen Sterbens. Grundsätzlich kann niemand gezwungen werden, diese Dokumente auszufüllen oder den letzten Willen zu dokumentieren. Es ist die freie Wahl des Patienten und der Patientin, dies zu tun.

Über diese Themen zu sprechen erfordert viel Mut und genauso viel Vertrauen, und nicht selten werden diese Themen aufgrund der Angst, sich so konkret mit der eigenen Endlichkeit auseinanderzusetzen, vergessen oder hinausgezögert. Auch die Angst, eine andere Person mit Entscheidungen zu kränken, spielt hier mitunter eine Rolle. Denn der Entschluss, jemanden mit der Vollmacht für Entscheidungen am Lebensende zu betrauen und eine andere Person nicht, kann auch zu Konflikten führen. Manchmal wird diesen Entscheidungen aber schlicht zu wenig Bedeutung beigemessen, obwohl sie für den Prozess des Sterbens und der Trauer oft äußerst hilfreich wären. Im dritten Teil dieses Buchs können Sie noch mehr zu den Themen Vorsorgevollmacht und Patientenverfügung lesen.

Wenn Sie ein gutes Vertrauensverhältnis zu der sterbenden Person haben, sollten Sie diese darauf ansprechen, ob Regelungen getroffen wurden. Falls dies keine Option für Sie ist, können Sie sich auch an den behandelnden Arzt bzw. Ärztin oder an weitere betreuende Personen wenden und mitteilen, dass Sie nicht wissen, ob diese Entscheidungen für das Lebensende und darüber hinaus irgendwo dokumentiert sind. Profis, die sich mit dem Tod und dem Sterben auskennen, wissen, dass diese Themen wichtig sind, und haben gelernt, sie auch anzusprechen. Andererseits ist es für Sterbende manchmal auch leichter, ein erstes Gespräch mit Fachleuten zu führen, als diese mit Emotionen verbundenen Themen gleich im Kreis der Familie anzusprechen.

17 Ich habe das Gefühl, ich werde von dem*der Kranken zurückgewiesen. Wie kann ich damit umgehen?

Das Gefühl, von einem schwer kranken oder sterbenden Menschen zurückgewiesen zu werden, ist kaum zu ertragen. Gerade weil Sie sich wünschen, bestehende Probleme zu lösen, oder sich nichts mehr erhoffen, als mit einem geliebten Menschen noch möglichst viel Zeit zu verbringen. Zurückgewiesen zu werden kann viele Gesichter haben. Nicht selten kann es das schweigende Sichzurückziehen sein. Aber auch ablehnendes Verhalten, Wutausbrüche, Streit oder Schuldzuweisungen können Formen des Zurückweisens sein.

Schauen wir uns an, welche Gründe es für diese Zurückweisung geben könnte.

Überforderung: Stellen Sie sich vor, Sie befinden sich in einer Situation, in der Ihnen alles zu viel wird. Dies kann das Bedürfnis auslösen, alleine zu sein. Vielleicht zeigt sich auch jetzt in dieser letzten Lebensphase ein typisches Muster, wie dieser Mensch schon früher bei Überforderung reagiert hat. Rückzug kann Raum zum »Durchatmen« verschaffen, um sich selbst Fragen stellen und diese sortieren und beantworten zu können. Solche Schutzräume sind Oasen in einer tristen Landschaft. Überforderung kann auch zu Wut und Zorn führen.

Schutz: Wenn ein Mensch auf das Lebensende zugeht, kann er sich durch Zurückweisung schützen. Vielleicht möchte er nicht, dass Sie durch zu viel Nähe leiden und Ihnen Schmerz zugefügt wird. Es kann auch sein, dass er sich selbst schützen möchte. Vielleicht traut er Ihnen den Umgang mit der aktuellen Situation nicht zu, oder er hat bereits erlebt, dass Sie in einer ähnlichen Situation wenig hilfreich waren.

Prioritäten verändern sich: Unter Umständen war zu einer Zeit, in der die Welt noch »in Ordnung« war, Nähe vollkommen in Ordnung, und nun ist sie nicht mehr stimmig.

Ruhebedürfnis, Müdigkeit und Erschöpfung: Manche Erkrankungen und Behandlungen sind anstrengend und zehren an der zur Verfügung stehenden Lebensenergie. Es kann sein, dass ein Mensch in diesen Phasen tatsächlich Ruhe braucht und sich deswegen zurückzieht, weil er sich erholen muss. In den letzten Tagen und Wochen vor dem Tod schlafen Menschen deutlich mehr. Viele Menschen sind durch Krankheiten auch übermäßig erschöpft und haben zu wenig Kraft, um präsent zu sein. Auf dieses Symptom, das in der Fachsprache Fatigue genannt wird, werden wir im Rahmen von Frage 57 näher eingehen.

Scham: Ein oft vergessenes oder ignoriertes Gefühl im Verlauf einer Erkrankung ist Scham. Vor allem, wenn sich der Körper verändert, wenn sichtbare Symptome oder anderweitig bemerkbare Veränderungen auftreten, wenn ein Mensch Hilfe bei Aktivitäten benötigt, die kurz zuvor noch selbstständig möglich waren, wenn die Kontrolle über Körperfunktionen verloren geht, erleben Menschen dies als kränkend und schämen sich dafür. Scham kann dazu führen, zu anderen Menschen auf Distanz zu gehen (siehe dazu auch die Frage 21).

Angst: Ähnlich wie mit der Scham verhält es sich mit der Angst. Es ist nicht einfach für Menschen, sich der Angst zu stellen und vor allem diese Angst zu zeigen. Menschen ziehen sich deswegen unter Umständen zurück, damit sie nicht auch noch, neben ihrer Erkrankung, diese Angst anderen Menschen zeigen müssen (siehe dazu auch die Frage 59).

Unterschiedliche Dynamiken: Menschen gehen unterschiedlich mit Herausforderungen um und haben in solchen Zeiten auch unterschiedliche Bedürfnisse. Der eine braucht Ablenkung und Aktivität, der andere tiefe Auseinandersetzung mit einem Thema. Einer benötigt das Gespräch, und der Nächste macht Dinge mit sich selbst aus. Der eine braucht eine Schulter zum Anlehnen, der andere einen langen Spaziergang alleine im Wald. Vielleicht ist es die unterschiedliche Dynamik der Bedürfnisse, die es schwierig macht, Gemeinsamkeiten zu finden.

Wie können Sie nun mit der Erfahrung der Zurückweisung umgehen?

Fragen ist wieder einmal die Königsdisziplin im Umgang mit dieser Herausforderung. Nur durch Fragen werden Sie den Gründen für die Zurückweisung auf die Spur kommen. Und versuchen Sie, wenn Sie sich gekränkt fühlen, diese Fragen nicht mit unterschwelligen Vorwürfen zu verbinden. Vermeiden Sie daher Äußerungen wie »Liebst du mich nicht mehr?«, »Bin ich dir nicht gut genug?« oder »Ich tu doch alles für dich, und jetzt ziehst du dich zurück!«. Machen Sie stattdessen ein Angebot für Nähe, und trauen Sie sich auch zu formulieren, wie es Ihnen dabei geht. Hier einige Beispiele:

»Ich habe bemerkt, dass wir derzeit kaum miteinander sprechen. Ich würde gerne wissen, wie es dir geht.«

»Wie geht es dir mit deiner Erkrankung? Das weiß ich zurzeit gar nicht. Ich habe ein offenes Ohr für dich.«

»Kann ich irgendetwas für dich tun? Soll ich etwas anders machen oder etwas Bestimmtes nicht mehr tun?«

»Ich kann verstehen, dass dich deine Situation so wütend macht.«

Die meisten der oben genannten Gründe sind auf der Seite des oder der Erkrankten zu finden. Reflektieren Sie auch, ob Ihre eigene Angst vor dem drohenden Verlust eine Rolle spielen könnte, warum Sie sich zurückgewiesen und einsam fühlen. Trauerprozesse beginnen, bevor ein Mensch tatsächlich gestorben ist, und typisch sind auch hier Einsamkeitsgefühle und mitunter der Eindruck, alleine gelassen zu werden.

Als Reaktion darauf können Sie erleben, dass Sie wütend auf den Sterbenden sind, oder aber, dass Sie eine tiefe Traurigkeit erfüllt. Vielleicht ist es auch Ihre eigene Überforderung mit der aktuellen Situation und all den Aufgaben, die Sie mitunter übernehmen müssen. Überlegen Sie, ob beispielsweise die Unterstützung durch Pflegedienste oder der Austausch mit anderen Menschen, die eine ähnliche Situation erleben oder erlebt haben, für Sie ein hilfreiches Angebot wäre. Gerade das Gefühl der Isolation und Einsamkeit, das viele pflegende Angehörige sehr gut kennen, kann durch Austausch mit anderen und konkrete Unterstützungsangebote abgemildert werden.

18 Der*die Sterbende spricht in Rätseln. Was kann das bedeuten?

Wenn sich das Lebensende nähert, sprechen und handeln Menschen manchmal in Bildern. Sie äußern oft den Wunsch, ihre »Koffer zu packen« oder »auf eine Reise« oder auch einfach »nach Hause zu gehen«. Eine häufige Geste ist auch das Ablegen des Eherings. Auch Ordnen und Aufräumen können symbolische Gesten sein.

Warum Sterbende dies machen, ist nicht genau bekannt. Meist geschieht es in den letzten Krankheitsstadien vor dem Tod. Den Angehörigen oder Beobachter*innen bleibt nur, diese Aussagen und Gesten zu beobachten und gegebenenfalls zu interpretieren. Die Reise könnte das Sterben symbolisieren, das Zuhause könnte für den letzten sicheren Ort stehen. Das Ablegen des Eherings könnte bedeuten, dass die letzte Reise alleine angetreten werden muss. Es kann aber genauso gut heißen, dass der Sterbende den Partner freigibt, nach seinem Tod ohne die Bindung an ihn weiterzuleben. Das alles sind subjektive Interpretationen. Letztlich werden wir die Antwort nie genau kennen. Diese symbolischen Geschehnisse können aber für die Begleiter*innen des Sterbenden sowohl Anzeichen eines nahen Todes als auch Hilfestellungen sein. Als Reaktion ist es ratsam, auf der gleichen sprachlichen Ebene wie der Sterbende zu bleiben und seine Äußerungen nicht abzutun, sondern im Gegenteil sehr ernst zu nehmen. Auf die Aussage, er gehe nun nach Hause, könnten Sie fragen, ob es denn dort schön ist. Auf die Aussage, dass er nun die Koffer packt, könnten Sie die Frage stellen, ob er denn schon Reisefieber hat und wann genau es losgehen wird. Oder ob dort jemand wartet. Hören Sie genau hin, und nehmen Sie sich Zeit.

19 Ist es angemessen, mit Sterbenden über andere Themen als über das Sterben zu sprechen?

Unbedingt! Kein Mensch lässt sich auf Krankheit und Leid reduzieren, und niemand will sich den ganzen Tag ausschließlich über schwierige Themen unterhalten und darüber nachdenken – weder ein gesunder noch ein kranker Mensch. Manche Prioritäten in Gesprächen verschieben sich zwar, dennoch dreht sich das Leben nicht nur um das Sterben. Halten Sie einen sterbenden oder trauernden Menschen, sofern er dies will, auch nicht von alltäglichen Themen fern. Wenn man sich sehr belastet fühlt, ist der Alltag sogar eine gute Ablenkung und stellt eine gewisse Normalität her. Berichte über den Besuch im Supermarkt, Ihre Verärgerung darüber, dass Sie vor dem Haus in Hundekot getreten sind, oder die Neuigkeit, dass Ihre Arbeitskollegin schwanger ist, geben einem Menschen in einer Ausnahmesituation das Gefühl, dazuzugehören, und reduzieren ihn nicht auf die Erkrankung. Scheuen Sie sich nicht davor, auch über positive Ereignisse zu sprechen. Manche Menschen neigen dazu, dies nicht zu tun, weil sie befürchten, einen schwer kranken oder sterbenden Menschen dann traurig zu machen.

Da die Gegenwart oft schwierig und die Zukunft ungewiss oder wenig reizvoll ist, ist es die Vergangenheit, die viele alte, schwer kranke und sterbende Menschen aufsuchen. Wir erinnern noch einmal an den schon vorher zitierten Satz von Jean Paul: »Die Erinnerung ist das einzige Paradies, aus dem wir nicht vertrieben werden können.« Zuweilen wird dies so gedeutet, dass der betreffende Mensch die aktuelle Situation nicht wahrhaben will und verdrängt oder dass er nicht »loslassen« kann. Das Gegenteil ist der Fall: Die Vergangenheit ist eine Ressource, und die Gespräche darüber sind Pausen von der oft schwer zu ertragenden Realität. Manchmal ziehen Sterbende in solchen Gesprächen auch Bilanz über ihr Leben. Als Zuhörer*innen werden Sie im Anschluss bereichert sein und haben dann, wenn der Mensch gestorben ist, wunderbare Erinnerungen. Erlauben Sie sich selbst und anderen betroffenen Menschen auch Pausen von der Schwere.

Denken Sie noch einmal daran: Kein Mensch lässt sich auf das Leid reduzieren, und viel zu oft werden Menschen am Lebensende von wahren und lebendigen Themen ferngehalten.

20 Darf ich mit sterbenden Menschen lachen?

Diese Frage können wir ebenfalls mit einem klaren »Ja« beantworten. Wenn man wenig Erfahrung im Umgang mit schwer kranken und sterbenden Menschen hat, malt man sich rasch ein düsteres, todernstes Bild aus, das vor allem von Schmerz und Leid erfüllt ist. Den Prozess des Sterbens und sterbende Menschen darauf zu reduzieren ist allerdings gefährlich. Hospize oder Palliativstationen mögen bei vielen Menschen die Assoziation von traurigen Sterbehäusern auslösen. Wenn Sie allerdings mit Mitarbeitenden und Menschen sprechen, deren Angehörige oder Freund*innen – oder gar sie selbst – dort betreut werden, sollte es Sie nicht überraschen, wenn Sie ein sehr lebendiges Bild vermittelt bekommen und den Eindruck gewinnen, dass sich dort durchaus auch humorvolle Momente ergeben können.

Ein Mensch, der schon immer dem Humor zugewandt war und dem Witze leicht über die Lippen gekommen sind, wird Sie vielleicht auch am Lebensende unterhalten, so gut er dies kann. Denken Sie auch daran, dass Lachen eine wunderbar lösende Funktion hat und Spannungen abbauen kann. Außerdem werden Sie, wenn der Mensch verstorben sein wird, auch auf humorvolle und heitere Situationen im Prozess des Sterbens zurückblicken, was auch für Sie tröstlich sein kann.

Eine für uns entscheidende Frage in der Begleitung von sterbenden Menschen ist darauf ausgerichtet, was wir denen, die sterben werden, zutrauen und welches Bild wir selbst von dieser letzten Lebensphase haben. Beides beeinflusst unseren Umgang mit diesen Menschen. Erfahrungsgemäß ist es ein sehr buntes Bild, in dem die unterschiedlichsten Bedürfnisse Platz finden. Und so sind wir mittlerweile nicht mehr überrascht, wenn auf Palliativstationen durchaus die Playstation im Einsatz ist oder in manchen Zimmern Fernsehkomödien laufen.

21 Sexualität und Sterben: Darf das ein Thema sein?

Es ist ein Thema – allerdings im Kontext von schweren Erkrankungen und dem Sterben oft ein Tabuthema für viele »Betroffene«. Zwischen Partner*innen in Beziehungen genauso wie unter Angehörigen und Freund*innen als auch in Gesprächen zwischen Patient*innen und dem betreuenden Fachpersonal. Die (unausgesprochene) Frage lautet, ob denn ein erkrankter und sterbender Mensch überhaupt an solchen Themen noch »Interesse« hat. Auch wenn dies von Mensch zu Mensch unterschiedlich ist, wissen wir, dass vielen Patient*innen und auch deren Partner*innen Sexualität ein wichtiges Anliegen ist. Sogar die wissenschaftliche Literatur zeigt, dass viele Patient*innen keine Probleme hätten, wenn das Thema angesprochen wird.

Sexualität sollte nicht eingeengt auf den Geschlechtsverkehr verstanden werden. Erotik, sinnliche Berührungen und auf Gemeinsamkeit ausgerichtete Nähe werden im Verlauf einer Krankheit oft von funktionaler Nähe und zielgerichteter Berührung (z. B. Blutabnahme, Körperpflege, Physiotherapie etc.) abgelöst oder verdrängt. Dabei wissen wir alle, dass die sinnliche Nähe, z. B. durch Körperkontakt, ein wahrer Boost für das Selbstbewusstsein und die Geborgenheit sein kann.

Ein wichtiges Gefühl, das im Kontext von schweren Erkrankungen und auch der Sexualität beachtet werden muss, ist Scham. Menschen mit Erkrankungen erleben oft ihren sich deutlich verändernden Körper. Nähe zuzulassen und dabei als verletzlicher, verletzter, nicht mehr so gut funktionierender und auch anders aussehender Mensch wahrgenommen zu werden ist für viele Menschen schwer und schambehaftet. Scham ist ein sehr »heimliches Gefühl«; sie unterbricht dabei oft die Beziehungen zu anderen Menschen und führt zu Einsamkeit. Nähe, Erotik und Sexualität – verbal oder körperlich – kann für einen verwundeten Menschen sehr heilsam sein. Ein Satz wie »Du bist für mich noch immer der schönste Mann/die schönste Frau der Welt« kann das Eis schon brechen. Scheuen Sie sich auch nicht, den anderen in den Arm zu nehmen, zu kuscheln oder mal auszuprobieren, ob man zu zweit in einem Krankenbett liegen kann. Verlernen Sie die Sprache der Erotik nicht, die Sie in Ihrer Partnerschaft verwendet haben.

Manche Krankheiten oder Therapien gehen mit sexuellen Funktionsstörungen oder mit Symptomen einher, die körperliche Sexualität beeinträchtigen oder erschweren – verminderte Lust oder beispielsweise Erektionsstörungen sind hier zu nennen, aber auch körperliche Schmerzen, Bewegungseinschränkungen oder Schleimhautentzündungen. Besprechen Sie dies mit Ihrem Arzt, Ihrer Ärztin oder einer anderen Fachperson Ihres Vertrauens. Es kann durchaus sein, dass diese Symptome oder Probleme medikamentös oder durch andere Therapien gelindert werden können.

22 Wie können die Familie und Freunde gut für sich und den Sterbenden sorgen?

Einen schwer kranken Menschen zu begleiten ist ein intensives Erlebnis. Sowohl emotional als auch körperlich und zeitlich sind Sie gefordert, manchmal auch überfordert. Um ein hilfreicher Helfer zu sein, sollten Sie einige

Dinge beachten. Wir erleben immer wieder, dass manche Familien und Freund*innen in der Begleitung sehr gut »funktionieren«, andere wiederum rasch an ihre Grenzen kommen. Diese »gut funktionierenden Systeme«, wie man diese Gruppen in der Psychologie nennt, zeigen alle ähnliche Verhaltensweisen.

Wenn Sie in einer solchen herausfordernden Situation sind, können folgende Faktoren für Sie und Ihre Familie sehr hilfreich sein:

- Sprechen Sie sich in praktischen Sachen gut ab, egal ob es um Einkäufe oder Mitfahrgelegenheiten geht oder ob es geplante oder spontane Abwesenheiten oder Besuche beim erkrankten Familienmitglied sind.
- Gehen Sie offen miteinander um, und haben Sie keine Geheimnisse voreinander.
- Holen Sie sich Unterstützung, und bitten Sie um Hilfe, wenn diese notwendig ist.
- Achten Sie darauf, ob eventuell ein anderes Familienmitglied Hilfe benötigt.
- Sprechen Sie über Gefühle.
- Gehen Sie liebevoll miteinander um. Gerade in einer solchen Situation ist gegenseitige Zuneigung wichtig; sie erleichtert den liebevollen, Geborgenheit vermittelnden Umgang mit dem kranken Angehörigen.
- Unterstützen Sie betreuende Angehörige oder Freund*innen, wenn Sie bemerken, dass sie über die eigenen Grenzen gegangen und überfordert sind.
- Wenn Sie erleben, dass betreuende Angehörige oder Freund*innen über sich hinauswachsen, zollen Sie ihnen Respekt. Anerkennung tut immer gut.
- Immer wieder erleben wir, dass mit aller Kraft versucht wird, stark zu sein. Es ist allerdings auch eine große Stärke, Schwäche zuzulassen. Lassen Sie es in Ihrem Fa-

miliensystem zu, dass alle jederzeit auch Schwäche zeigen können.

Oft sind Menschen so überwältigt von der Erkrankung und dem nahenden Lebensende eines geliebten Menschen, dass sie angesichts des baldigen Abschieds keinen Trost finden können. Oft zeichnet sich bei einer fortschreitenden Erkrankung das Sterben aber frühzeitig ab, sodass der Patient und die Angehörigen Zeit haben, sich auf diese neue Situation einzustellen. In einer solchen Situation ist ein Wechselbad der Gefühle zwischen Trost und Trostlosigkeit, zwischen Traurigkeit und Freude sehr verbreitet. Wenn alle Beteiligten darauf eingestellt sind, können sich Familien oft auch gegenseitig unterstützen. Im dritten Teil dieses Buchs erhalten Sie ausführliche Ratschläge, wie Angehörige das Sterben eines Familienmitglieds zu Hause, im Krankenhaus oder im Hospiz bestmöglich begleiten können.

23 Gibt es etwas, was ich Sterbenden nicht sagen darf?

Es gibt keine Verbote bei Gesprächen am Lebensende, solange sie wohlwollender Natur und von Wahrhaftigkeit geprägt sind und keine in manchen Kulturen vorgegebene Grenzen überschritten werden. Oft werden Gespräche vermieden aus Angst, etwas Falsches zu sagen. Demgegenüber sollten Sterbende, Angehörige und nahe Freund*innen sich ermutigt fühlen, das Gespräch zu suchen, um der Einsamkeit entgegenzuwirken.

Dabei gibt es einige Grundlagen, die Sie beachten sollten:

Zeit ist eine kostbare Ressource, gerade wenn wir ihre Begrenztheit wahrnehmen. Zeit für den kranken Menschen zu haben kann ein großes Geschenk sein und eröffnet den Raum, in dem Gespräche stattfinden können. Zeit ist aber nicht nur eine Frage der Dauer – also wie lange Sie bei jemandem sind oder wie lange ein Gespräch dauert –, sondern auch eine Frage der Tiefe, der Präsenz. Intensive Momente müssen nicht lange dauern. Denken Sie noch einmal an den im Rahmen der Frage 16 verwendeten Ausdruck »speed kills«. Nehmen Sie sich Zeit, und nutzen Sie sie.

Krankheiten können von vielen Problemen begleitet sein. Wir erleben oft, dass Menschen schnell in den »Lösungsmodus« schalten. Hilfe anzubieten und Schwierigkeiten zu meistern ist natürlich wichtig. Bedenken Sie aber, dass die Aufrechterhaltung der Autonomie und Selbstständigkeit zu den wichtigsten Bedürfnissen von schwer kranken und sterbenden Menschen gehört. Zu schnell und vor allem ungefragt vorgefertigte Lösungen umzusetzen kann diesen Bedürfnissen entgegenstehen. Oft sind es Ratschläge, die zwar dem, der sie erteilt, ein gutes Gefühl vermitteln, aber dem, der sie erhält, nur bedingt helfen. Und glauben Sie uns: Menschen haben im Laufe ihrer Reise als Patient*innen genügend Ratschläge erhalten, die wenig hilfreich waren. Es gibt den Spruch »Ratschläge sind auch nur Schläge«. Fragen Sie Sterbende doch, was ihnen guttun würde und ob sie eine Idee haben, was in einer gewissen Situation helfen würde.

Vermeiden Sie Schuldzuweisungen. Gerade in den Gesprächen mit Patient*innen, die eine Krebserkrankung haben, gelegentlich aber auch bei anderen Diagnosen, wird rasch ein früheres Verhalten dafür verantwortlich gemacht, dass der*die Patient*in nun an dieser schweren Erkrankung leidet. Aussagen wie »Ich habe dir immer gesagt, du sollst weniger rauchen«, »Gesund gegessen hat er ja nie« oder »Weil du ja am Strand immer in der prallen Sonne liegen musstest« sind nichts anderes als Schuldzuweisungen. Und diese sind für einen sterbenden Menschen oder auch für Angehörige in dieser herausfordernden Phase in keiner Weise hilfreich. Zudem sind diese Verhaltensweisen oft nicht ursächlich für eine Erkrankung. Außerdem wird eine Schuldzuweisung an der aktuellen Situation auch nichts ändern, denn welchen Lerneffekt hätte es, wenn der Patient nun nicht mehr raucht, wenn er bereut, dass er den Schweinebraten dem Obstsalat vorgezogen oder sich nicht vor der Sonne geschützt hat? Er würde im Schuldbewusstsein sterben, und wir gehen davon aus, dass dies die verbleibende Lebenszeit nicht positiv verändern würde. Achten Sie auf die Bedeutung von Worten und dementsprechend auf Ihre eigene Wortwahl. Solche unbewussten Schuldzuweisungen passieren sehr schnell – gerade in einer derart einschneidenden Situation.

Bedenken Sie bitte auch, dass Sie im Beisein eines schwer kranken oder sterbenden Menschen nicht über ihn, sondern mit ihm sprechen bzw. ihn in das Gespräch miteinbeziehen. Im fünften Teil dieses Buchs gehen wir ausführlich darauf ein, was Menschen während der Sterbephase wahrnehmen. Auch in früheren Stadien der Erkrankung muss vermieden werden, dass Gespräche über kranke Menschen hinweg geführt werden. Bevormundendes Verhalten kann dann auftreten, wenn eine Person in einem vermeintlich schwächeren Zustand ist. Beispiele für dieses unangebrachte Verhalten sind die Beantwortung einer Frage durch einen Angehörigen, auch wenn der*die Patient*in selbst gefragt wurde, oder dass über den Kopf der Betroffenen hinweg bestimmt wird, wie mit einer Situation umgegangen werden soll. Auch wenn Menschen aufgrund von Erkrankungen in ihrer Kommunikation eingeschränkt sind oder »so aussehen«, als ob sie nicht in der Lage wären, für sich selbst zu sprechen, leiden sie immens unter diesem Verhalten, denn sie verlieren ihre Autonomie und Selbstständigkeit. Vielleicht haben Sie schon einmal den Satz gehört: »Ein Mensch ist nicht ansprechbar.« Im medizinischen Alltag ist das eine sehr beliebte Floskel, nur stimmt dieser Satz glücklicherweise nicht. Ein Mensch ist immer ansprechbar, sofern er sich im selben Raum befindet. Es kann lediglich sein, dass er nicht in der Art antwortet oder antworten kann, wie wir das erwarten. Und insofern gilt es, *immer* das Gespräch mit erkrankten Menschen zu suchen und niemals in ihrer Gegenwart ein Gespräch über sie hinweg zu führen.

Die folgende Aussage bekommen Patient*innen und auch Angehörige sehr oft zu hören: »Du musst jetzt ganz stark sein.« Im Kontext des Sterbens oder bei Vorliegen einer ernsten Diagnose muss niemand stark sein. Sterbende sind verletzlich; sie dürfen schwach sein, sie dürfen zusammenbrechen, sie dürfen weinen oder wütend sein – sie dürfen alles. Sie dürfen auch stark sein, aber sie müssen es nicht.

24 Was sage ich, wenn ich keine Antwort weiß?

Manchmal sind es die großen Fragen wie z.B. »Warum bin ich so krank?«, »Warum gerade jetzt?« oder »Warum muss ich sterben?«, die sehr fordern. Oder es sind Fragen, die Sie überraschen und mit eigenen Gefühlen konfrontieren. Es ist möglich – und durchaus normal –, dass Sie darauf keine Antwort wissen. In der Begleitung von schwer kranken Menschen ist es entscheidend, gemeinsam auf die Suche nach möglichen Antworten zu gehen. Es wäre für Sie allein eine sehr große Verantwortung, auf all diese Fragen am Lebensende eine Antwort haben zu müssen. Sie werden erkennen – und auch das ist normal –, dass Sie mit manchen Themen einfacher und sicherer umgehen können als mit anderen. Hier unterscheidet Sie nichts von Profis, die tagtäglich mit sterbenden Menschen arbeiten. Nur haben die in der Regel mehr Übung in der Kommunikation. Auch wenn es schwierig ist, müssen wir doch damit umgehen können, dass es auf manche, meist existenzielle Fragen keine oder keine einfachen Antworten gibt. Neigen Sie in solchen Situationen nicht dazu, vorschnelle und wenig überlegte Antworten zu geben, nur um das Gefühl zu befriedigen, eine Antwort gegeben zu haben oder sich aus der Situation stehlen zu können. Wenn es keine Antwort gibt oder Sie keine geben können, dann müssen Sie keine erfinden. In diesen Fällen helfen Sie dem*der Betroffenen dabei, selbst die Antwort auf seine Frage zu finden. Das folgende fiktive Gespräch zeigt Ihnen, wie Sie einer herausfordernden Frage begegnen können – ganz nach dem Motto »Reden ist Silber, Zuhören Gold«.

»Warum bin ich denn so krank geworden?«

»Ich weiß es nicht. Das hat dich wie mich komplett überrascht.«

»Ja!«

Ihr Gesprächspartner beginnt zu weinen und ist sehr aufgebracht. Sie setzen sich nahe zu ihm hin und tun nichts anderes, als da zu sein. Als er wieder sprechen kann, sagt er:

»Ich kann es gar nicht glauben, dass man den Krebs nicht wegbekommen kann.«

Sie hören weiter zu und sind ganz aufmerksam. Sie sind da, halten vielleicht seine Hand und versuchen, sich selbst die Erlaubnis zu geben, gar nichts anderes zu tun, als das Vertrauen zu erwidern, das Ihnen in diesem intimen Moment entgegengebracht wird. Nach einer tränenreichen Gesprächspause fährt Ihr Gesprächspartner fort:

»Das kann doch noch nicht alles gewesen sein. Es gäbe doch noch so viel zu tun!«

Wieder wird das Gespräch durch schiere Verzweiflung unterbrochen, und nach einer Weile wird Ihr Gesprächspartner sehr still. In einem für Sie passenden Moment in dieser Stille fragen Sie: »Was macht dir die größte Sorge?«

»Es kann sein, dass ich die Hochzeit meiner Tochter nicht mehr erleben werde. Das wäre wohl das Schlimmste, was ich ihr antun könnte. Sie freut sich schon so darauf.«

»Hast du denn deiner Tochter schon gesagt, wie es dir geht?«

»Nein. Ich weiß überhaupt nicht, wie ich es ihr beibringen soll.«

»Was glaubst du, wie sie reagieren wird, wenn sie erfährt, wie es dir geht?«

Ihr Gesprächspartner antwortet nicht auf diese Frage. Deswegen stellen Sie die nächste Frage:

»Glaubst du, sie wird sich zuerst um ihre Hochzeit sorgen oder um dich?«

»Um mich. Du kennst sie ja. Und trotzdem wird das dann nicht mehr die Hochzeit, die sie sich eigentlich gewünscht hätte. Das eigene Kind soll doch das Recht haben, glücklich zu sein an diesem speziellen Tag.«

»Ich weiß, das wird für deine Tochter sicher schwierig sein, diese Nachricht zu hören. Und dennoch glaube ich, dass sie glücklich sein wird. Wenn du an ihrer Stelle wärst, was würdest du nun brauchen? Was würdest du dir von deinem eigenen Vater wünschen?«

Ihr Gesprächspartner schaut Sie nun an, und mit den Tränen kommt auch die Antwort:

»Die Wahrheit, vermute ich.«

»Ja, das erfordert Mut. Aber dadurch könnt ihr auch über all das sprechen, was dir und auch ihr wichtig ist.«

An diesem Beispiel sehen Sie, dass es sich lohnt, »hinter eine Frage zu blicken«. Seien Sie neugierig, als wollten Sie im Theater hinter den Vorhang schauen. Oftmals haben diese großen Fragen des Lebens einen konkreten Auslöser. In diesem Fall war es die große Angst des Vaters, seiner Tochter von der Erkrankung zu erzählen. Formuliert hat er allerdings nur seine Verbitterung, dass er krank geworden ist. Wenn Sie sich die Zeit nehmen, den wahren Grund für diese Frage zu erkunden, können Sie wieder unterstützend wirken.

Und manchmal ist es auch nur wichtig, dass der Sterbende eine Frage überhaupt stellen und damit aussprechen konnte.

25 Wie kann ich auf einen Sterbenden einwirken, wenn er fremde Hilfe benötigt, diese aber verweigert?

Manchmal hilft es, Dinge zu verstehen, wenn man sich in eine andere Person hineinversetzt und einen Perspektivenwechsel vornimmt. Für gesunde Menschen ist die Vorstellung, Hilfe im Fall einer Erkrankung anzunehmen, eine durchaus sinnvolle Option.

Stellen Sie sich vor, Sie sind ein 70-jähriger Landwirt, der schon sein Leben lang einen Hof bewirtschaftet, bei Wind und Wetter auf den Feldern ist, sieben Tage in der Woche um 5 Uhr morgens aufsteht, um die Tiere zu versorgen, nie Urlaub macht und keine sonstigen Entspannungsmöglichkeiten wahrnimmt. Dieses Leben füllt Sie aus; es entspricht voll und ganz Ihrer Wertvorstellung, dass ein arbeitsames Leben ein sehr gutes Leben ist. Arbeit und das Erbringen von Leistung sind fundamentale Bestandteile Ihres Lebens. Man könnte sagen, Sie sind Arbeit und Leistung – zumindest bilden diese einen sehr wesentlichen Bestandteil Ihrer Identität.

Nun stellen Sie sich vor, dass Sie (der Landwirt) eine schwere Erkrankung haben, die Sie in recht kurzer Zeit körperlich sehr eingeschränkt hat. Ihre Beine gehorchen Ihnen nicht mehr, und Sie können nur noch kurze Strecken gehen. Vielleicht haben Sie die Erfahrung gemacht, dass Sie es nicht rechtzeitig auf die Toilette geschafft haben, und jemand hat Ihnen vorgeschlagen, dass Sie Inkontinenzeinlagen, die aussehen wie Windeln, tragen sollten. Jemand empfiehlt, dass zweimal täglich eine Pflegeperson zu Ihnen kommt, die unter Umständen später bei Ihnen wohnen könnte. Außerdem empfiehlt man Ihnen, die Tiere zu verkaufen und die Felder zu verpachten. Wenn Sie diese Situation analysieren, ist es naheliegend, dass hier zwei Welten aufeinandertreffen, die für Sie, den 70-jährigen Landwirt, nicht recht zusammenpassen wollen. Die eine Welt, in der Sie noch vor kurzer Zeit mit dem Traktor ein Feld umgepflügt haben, und die andere Welt, in der Sie nun bei der Körperpflege im Intimbereich Hilfe brauchen.

Im Rahmen eines Krankheitsprozesses findet immer eine Veränderung der eigenen Identität statt. Die Fragen, »Wer bin ich jetzt?« und »Wer werde ich sein?«, müssen beantwortet werden, und das braucht Zeit. Es erfordert Höchstleistung von unserer Seele, hier Schritt halten zu können, gerade wenn Krankheiten sehr plötzlich und unerwartet auftreten und zu einer raschen Verschlechterung des körperlichen Zustands führen.

Diese Veränderungen des eigenen Körpers und der eigenen Möglichkeiten lösen unterschiedliche Gefühle aus.

Es können Aggression und Wut sein, weil nichts mehr so funktioniert wie früher. Diesem Thema werden wir im Rahmen der nächsten beiden Fragen nachgehen. Im Kontext der Verweigerung von Hilfe haben Scham und Angst eine wichtige Bedeutung. Das Nachlassen von körperlichen Funktionen, die Veränderung des eigenen Körperbildes und der damit verbundene Identitätswandel (»Wer bin ich jetzt?«) lösen Angst aus – vor allem in unserer westlichen Gesellschaft, in der Funktionieren, Leistung, körperliche Unversehrtheit und Perfektion eine große Rolle spielen. Die Angst, Hilfe annehmen zu müssen und sich dann in der eigenen Zerbrechlichkeit zu präsentieren, lässt wiederum Scham aufkommen. Durch all diese Veränderungen wird Kontrollverlust spürbar und das Bedürfnis nach Selbstständigkeit und Autonomie bedroht. Zu akzeptieren, dass Hilfe notwendig ist, bedeutet auch, sich einzugestehen, dass der Weg zum Lebensende ein Stück kürzer geworden ist. In diesem Prozess erlebt der*die Patient*in einen Rollenwandel und eine Veränderung der Hierarchie. Freund*innen und Verwandten, die Hilfe leisten könnten, geht es ebenso. Von vorher gleichwertigen Partner*innen ist nun einer plötzlich vom anderen abhängig. Aus der einst versorgenden Mutter wird nun die Person, die versorgt werden muss. In all diesen Veränderungen steckt viel Potenzial für Emotionen.

Darüber hinaus wird Hilfe nur schwer oder gar nicht angenommen, weil damit eine Abhängigkeit vom Zeitplan anderer verbunden ist, weil Pflegekräfte in den eigenen Wohnbereich kommen oder sogar dort wohnen.

Auch wir als professionelle Helfer*innen erleben immer wieder, dass Menschen sich schwertun, Hilfe anzunehmen. In diesen Fällen kann eine Differenzierung der Hilfsangebote wirksam sein. Fragen Sie den hilfsbedürftigen Menschen, was er unbedingt selbst machen möchte, aber auch danach, in welchem Rahmen und wobei er Hilfe akzeptieren könnte. Sprechen Sie sich diesbezüglich auch mit Angehörigen und Freund*innen ab, sodass hier alle Bescheid wissen. Ein Mensch soll nicht in die Lage kommen, stets aufs Neue um seine Autonomie kämpfen zu müssen.

Wir erleben manchmal, dass ein Mensch so lange keine Hilfe annehmen mag und kann, bis die Auswirkungen der Erkrankung weit fortgeschritten sind. Hin und wieder setzt sich erst nach einigen Notsituationen die Erkenntnis durch, dass es nun wirklich nicht mehr ohne fremde Hilfe geht. An diesen Punkt zu gelangen ist sicher schwer auszuhalten; und dennoch sollte die Autonomie so weit wie möglich gewahrt werden.

Aus der Sicht eines*einer Angehörigen kann das Ausschlagen eines Hilfsangebots kränkend sein. In solchen emotionalen Situationen empfehlen wir, noch einmal in die Schuhe des kranken Menschen zu schlüpfen und die möglichen Gründe zu bedenken, warum es so schwer ist, Hilfe anzunehmen, und weshalb man möglichst bis zuletzt selbstständig und aktiv bleiben sollte. In der Regel hat das nichts mit Ihnen, sondern mit dem Identitätswandel des*der anderen zu tun.

26 Wie gehe ich mit Wut, Zorn und Ärger von Sterbenden um?

Ein kranker und sterbender Mensch hat gute Gründe, wütend und ärgerlich zu sein. Es ist eine normale Reaktion auf verschiedene Ursachen. Wut zeigt sich dabei sowohl nach außen gerichtet, z.B. gegen andere Personen, als auch gegen sich selbst. Wütend zu sein ist wichtig und auch gesund, nur sollte diese Wut entsprechend kanalisiert werden. Bei Menschen, die kaum andere Möglichkeiten haben, als sich verbal auszudrücken, ist dies durchaus eine Herausforderung. Im Prozess hin zum Lebensende finden diese Gefühle in folgenden Ursachen ihren Ausdruck:

Die Veränderung des eigenen Zustands: Wenn der eigene Körper, der immer gut funktioniert hat und nun in alltäglichen Situationen Hilfe benötigt, nicht mehr so aussieht oder gar entstellt ist, kann das wütend machen. Mit dieser Veränderung geht auch Hilfsbedürftigkeit einher. Wie im Rahmen der vorherigen Frage bereits beschrieben, können Hilfsangebote das Gefühl von Abhängigkeit und Kontrollverlust auslösen, was nicht immer gut zu ertragen ist.

Bedrängnis: Kranke Menschen werden häufig bedrängt. Die Abhängigkeit von der Verfügbarkeit anderer, die kontinuierlichen Termine, die vorgegebene Tagesstruktur, die nicht immer mit der eigenen Vorstellung übereinstimmt, und auch die vielen Entscheidungen, die von kranken Menschen getroffen werden müssen oder von anderen für sie getroffen werden, können Gefühle der Bedrängnis auslösen. Eine mögliche Reaktion auf diese Einengung ist Wut. Der Ausdruck von Wut und Ärger kann auch Reaktion auf eine Interaktion sein und verschafft, zumindest für eine kurze Zeit, etwas Distanz.

Wut auf die Krankheit: Die Krankheit symbolisiert all das, was zukünftig nicht mehr gemacht und erlebt werden kann.

Wahrnehmungseinschränkungen: Wütendes oder gar aggressives Verhalten kann eine Reaktion auf eingeschränkte Wahrnehmung sein. Wenn z. B. durch verschlechtertes Sehvermögen, einsetzende Schwerhörigkeit und das Nachlassen von kognitiven Fähigkeiten Situationen nicht mehr richtig eingeschätzt werden, kann sich die dabei aufkommende Unsicherheit in aggressivem Verhalten bemerkbar machen.

Wut gegen sich selbst: Die Wut gegen sich selbst liegt häufig darin begründet, dass Menschen eigenes fehlerhaftes Verhalten für das Auftreten einer Erkrankung suchen.

Das Verständnis für diese Gefühlsanwandlungen ist wichtig für den Umgang mit wütenden Menschen. Wenn gesunde Menschen wütend sind, haben sie viele Möglichkeiten, diese Wut auszudrücken, also »ihrem Ärger Luft zu machen«, sei es durch direktes Ansprechen, einen Schrei, einen Tagebucheintrag, sportliche Betätigung oder andere Freizeitaktivitäten oder einfach indem man den Raum verlässt, um dann weit weg von der Quelle des Ärgers durchzuatmen. Ein Mensch mit einer schweren Erkrankung hat viele dieser Möglichkeiten nicht mehr. Körperliche Einschränkungen, Hospitalisierung oder unausgesprochene Regeln, wie man sich als kranker Mensch zu verhalten hat, machen viele Formen des Ausdrucks unmöglich. Übrig bleiben dann entweder der verbale oder körperliche Ausdruck im Rahmen eines sehr eingeschränkten Radius. Um Aggression »loszuwerden«, ist oft ein Gegenüber notwendig. Da Sie als Angehörige*r oder als Freund*in oft einer der sehr wenigen zur Verfügung stehenden Menschen sind, kann es auch Sie treffen – manchmal auch weil Sie zufällig vor Ort sind. Wir nennen das auch »Projektion«, das bedeutet, dass der kranke Mensch seine Gefühle, Ängste oder Konflikte auf andere überträgt.

Bedenken Sie bitte, dass dieser Gefühlsausdruck nicht zwangsweise etwas mit Ihnen persönlich zu tun haben muss.

Wir empfehlen beim Auftreten von Wut Folgendes: Gestehen Sie dem*der Sterbenden zu, dass diese Emotionen berechtigt sind und einen Grund haben. Wenden Sie sich kurz ab, falls dies möglich ist, oder halten Sie kurz inne, und atmen Sie tief durch.

Versuchen Sie dem kranken Menschen dabei zu helfen, die negativen Gefühle zu kanalisieren, sodass diese niemanden verletzen. Sprechen Sie es direkt an, wenn Sie sich durch das wütende Verhalten verletzt fühlen, und erkunden Sie mit der erkrankten Person, was ihr guttun würde. Graben Sie in der Erinnerung, was in früheren Phasen bei aufkommender Wut hilfreich war. Wenn es früher das Joggen war, kann es jetzt vielleicht die Fahrt mit dem Rollstuhl durch den Park sein. Wenn früher das »Runterkommen« mit Lesen hilfreich war, so ist es jetzt vielleicht ein Hörbuch. Und wichtig: Führen Sie ein Gespräch. Was genau macht diesen Menschen so wütend? Es ist für Menschen in diesen Krisen nicht einfach, dies klar zu formulieren. Wenn Sie aber den Grund erfahren, können Sie auch wieder nach Lösungen suchen.

27 Wie gehe ich mit meiner Wut, meinem Zorn und Ärger auf den Sterbenden um?

Nicht nur die Wut des*der Sterbenden ist eine Herausforderung, auch die eigenen negativen Gefühle gegenüber einer schwer kranken und sehr nahestehenden Person dürfen kein Tabuthema sein. Wir möchten Ihnen, wie bei der vorangegangenen Frage, zuerst mögliche Gründe für Ihre Emotionen erklären, um dann im nächsten Schritt gemeinsam mit Ihnen zu überlegen, wie Sie damit umgehen könnten.

Der nahende Abschied: Abschiede machen nicht nur traurig. Gerade wenn jemand unwiederbringlich geht, spielt dabei immer die Komponente des Verlassenwerdens eine Rolle. Allein zurückgelassen zu werden kann wütend machen. Immer wieder hören wir Fragen voller Traurigkeit und Wut, wie etwa: »Warum lässt du mich alleine?«

Der Verlust und die Veränderung einer Rolle: Wenn ein Mensch im Verlauf einer schweren Erkrankung mehr Hilfe benötigt, verändert sich die gewohnte und lange Zeit gut funktionierende Rolle eines Angehörigen, weil der pflegerische Aspekt immer mehr in den Vordergrund rückt. Vorher genossene Freiheit und Freizeit weicht nun vielen Stunden, die zur Begleitung des kranken Menschen benötigt werden. Es ist wichtig zu wissen, dass diese Rollenveränderungen, die auch mit dem Verlust von etablierten Alltagsritualen verbunden sind, Wut auf den Erkrankten auslösen können. Oft werden vor allem Frauen, seien es die Ehefrauen, Töchter oder Schwiegertöchter, ungefragt in diese Rolle gedrängt. Dies kann zu einer kaum zu bewältigenden Mehrbelastung führen. Auch dieser Umstand kann Wut auslösen.

Macht: In Zeiten, die durch Gesundheit und Selbstständigkeit geprägt sind, befinden sich Partnerschaften meist oder zumindest immer wieder im Gleichgewicht. Wenn jedoch einer die Hilfe des anderen benötigt und damit in ein Abhängigkeitsverhältnis gerät, entsteht eine Hierarchie. Hierarchien bergen stets emotionales Konfliktpotenzial. Aggression verläuft nicht auf einer Einbahnstraße. Sowohl die Erfahrung, sich in einer abhängigen Position zu befinden, als auch die Erkenntnis, dass die Position des*der Helfenden viel abverlangt, führen zu Spannungen. Es ist wichtig, dass sowohl kranke Menschen als auch die Betreuenden sich dieser Dynamik bewusst sind.

Ablehnung von Hilfe: Im Rahmen der vorhergehenden Frage haben wir beschrieben, warum es für Patient*innen schwer sein kann, Hilfe in Anspruch zu nehmen. Wenn aus welchem dieser Gründe auch immer angebotene Hilfe abgelehnt wird, wirkt sich dies auf die Person aus, die Hilfe angeboten hat. Zurückweisung von gut gemeinten Angeboten, vielleicht sogar Angebote, die zu einer Entlastung geführt hätten, in die mitunter viel Zeit, Gedanken und Geld investiert wurden, macht auch wütend.

Überforderung: Die Betreuung und Pflege von kranken Menschen können den Angehörigen viel abverlangen – manchmal zu viel. Man fühlt sich rasch überfordert, wenn man an zeitliche oder finanzielle Grenzen stößt, wenn Lebensgewohnheiten nicht mehr mit der aktuellen Situation vereinbar sind, wenn auf wichtige Dinge immer öfter verzichtet werden muss oder wenn man für Dinge verantwortlich ist und Aufgaben erledigen muss, obwohl man dafür weder eine Ausbildung hat noch sich die Aufgabe wirklich ausgesucht hat. Auch dies sind naheliegende Gründe, um wütend zu sein.

Bedenken Sie und gestehen Sie sich ein, dass Gefühle wie Wut und Aggression im Rahmen von so belastenden Geschehnissen auftreten können und durchaus normal sind. Die Frage ist auch hier, wie diese Gefühle ausgelebt werden. Wenn Sie gesteigerte Wut in sich spüren und im Umgang mit einer bestimmten Person »explodieren könnten«, sollten Sie versuchen, diese Gefühle zu kanalisieren. Überlegen Sie, was genau Ihre Wut auslöst. Sind es gewisse Handlungen, die Sie ausführen müssen? Sind es bestimmte Themen, die Sie emotional sehr aufwühlen? Sind es Reaktionen des Pflegebedürftigen, die Sie wütend machen?

Finden Sie ein für Sie positives Ritual, bevor Sie mit der Person in Kontakt treten. Erlauben Sie sich, physisch aus einer solch belastenden Situation herauszutreten, verlassen Sie kurz den Raum, atmen Sie tief durch, und wenden Sie sich danach wieder dieser Person zu, mit der Sie auch viel Positives teilen. Überlegen Sie vorab, wie Sie sonst noch reagieren könnten, wenn Ihre Hilfe abgelehnt wird. Bedenken Sie, wie unterschiedlich folgende zwei Aussagen auf die Eskalation bzw. Deeskalation von Situationen wirken: »Bin ich dir denn nicht gut genug?« oder: »Ich kann mir gar nicht vorstellen, was es für dich bedeutet, dass du auf Hilfe angewiesen bist«.

Rechnen Sie damit, dass kranke Menschen langsamer sind. Wenn ein Mensch vor Eintreten der Krankheit schnell laufen konnte, wenn zuvor Schlucken kein Problem war und der Toilettengang selbstständig und rasch durchgeführt werden konnte, kann es sein, dass der Weg vom Bett zum Badezimmer nur mit einer Pause möglich ist, dass das Schlucken eines Bissens eine Minute dauert und es lange dauert, bis die richtige Position auf dem WC gefunden wird. Diese Langsamkeit passt nicht mehr zu Ihrem Rhythmus. Keine dieser Handlungen wird jedoch durch Ihre eigene Eile schneller möglich sein. Die Geschwindigkeit gibt immer der*die Kranke vor. Üben Sie sich in diesen oder ähnlichen Situationen in Geduld.

Erlauben Sie sich, Hilfe zu holen. Wenn Sie merken, dass Sie gewisse Handlungen oder Erwartungen zu sehr berühren, sollten Sie sich zugestehen, dass Sie nicht die richtige Person sind, diese zu erledigen oder zu erfüllen. Denken Sie auch an professionelle Hilfe in Beratungsstellen oder bei Therapeut*innen, wenn Sie merken, dass Sie mit dieser Wut und Aggression gegenüber einer anderen Person oder auch sich selbst gegenüber nicht gut umgehen können.

Die eigene innere Haltung zu reflektieren und an ihr zu arbeiten ist eine wichtige Präventionsmaßnahme. Ein veränderter Blick auf die andere Person und die Situation kann hier helfen. Sehen Sie den Menschen, unter dem Sie jetzt leiden, oder den, mit dem Sie eine wunderbare Vergangenheit hatten?

Sie können die Auswirkungen dieser Veränderungen frühzeitig beeinflussen, indem Sie mit Ihrer Partnerin oder Ihrem Partner, mit der Familie und mit Freunden über das Sterben und mögliche Rollen und Versorgungssituationen sprechen. Viele Paare wissen, dass sie nicht vom jeweils anderen gepflegt werden möchten, weil sie den anderen schützen wollen. Oft wird dies nicht ausgesprochen, und wenn es dann »so weit« ist, stellen sich Unsicherheit, Unwissenheit, schlechtes Gewissen und die Tendenz zur Aufopferung ein. Überlegen Sie also gemeinsam, in welcher Konstellation Sie auch immer zueinander stehen, welche Rolle man im Fall, dass der*die jeweils andere schwer krank wird, haben möchte und ob sie sinnvoll ist. Auch wenn die eigenen Kinder diese Aufgaben übernehmen sollen, ist diese Überlegung wichtig.

Abschließend noch ein Gedanke: Überlegen Sie, wie Sie diese Phase in Erinnerung haben möchten, wenn die Person, die Sie begleiten, verstorben ist. Wir kennen Menschen, die sehr bedauern, dass sie ihre Wut und Aggression kaum oder gar nicht kontrollieren konnten. Uns ist vollkommen bewusst, dass Wut, Zorn und Aggression keine Gefühle sind, denen man sich gerne stellt. Dennoch lohnt es sich, diese einmalige Chance zu ergreifen und reflektiert damit umzugehen.

28 Wie gehe ich mit meiner eigenen Belastung/ Erschöpfung um?

Sie fühlen sich überlastet und erschöpft, weil Sie schon sehr viel getan haben. Egal, wie Sie selbst Ihre Leistung beurteilen, Erschöpfung rührt daher, dass Ihnen etwas »zu viel« geworden ist oder Ihr intensiver Einsatz zur Bewältigung einer Aufgabe nicht durch ausreichende Erholung ausgeglichen wird. Sie können also versuchen, sich entweder von einem Teil dessen, was »zu viel« ist und als belastend empfunden wird, zu befreien (was aber meist gar nicht so einfach ist), oder Ihnen Guttuendes entgegensetzen (was in Pflegesituationen oft ebenfalls nicht einfach ist). Oder Sie versuchen beides. Stellen Sie sich eine Wippe vor – sie soll das Symbol für Ihre Gesundheit sein. Wenn Sie sich körperlich und seelisch gesund fühlen, dann fühlen Sie sich im Gleichgewicht. Nun können Sie sich selbst fragen, ob Sie sich im Gleichgewicht befinden und vor allem, ob Sie nach einer Phase der Belastung wieder zurück in Ihr Gleichgewicht kommen. Bei der Begleitung von sehr kranken Menschen gibt es immer wieder Phasen, oft auch längere, in denen die Last auf der einen Seite der Wippe groß und damit auch Ihre gefühlte Belastung hoch ist. Andererseits gibt es auch Phasen, in denen Ressourcen zur Verfügung stehen, sodass Sie die Wippe wieder in Balance bringen können.

Die 50-Prozent-Regel: Eine Kollegin hat uns von einer interessanten Erfahrung berichtet, die wir Ihnen gerne weitergeben möchten. Im Rahmen ihrer Tätigkeit als junge Psychologin hat sie eine schwer kranke und sehr belastete Patientin begleitet, und offenbar waren ihre Interventionen kaum erfolgreich. Da die Patientin sehr gelitten hat, musste unsere Kolleg*innen sehr viel Zeit investieren. Sie hat abends in Fachbüchern und wissenschaftlichen Artikeln nachgelesen, hat Kollegen befragt, wie sie vorgehen würden, und hat versucht, all das umzusetzen. Auch in der Folge hat kaum eine Intervention zur Entlastung der Patientin geführt. Die junge Therapeutin hat sich hilflos gefühlt und sich angesichts der zunehmenden Belastung irgendwann selbst infrage gestellt. Schließlich hat sie eine Supervisorin konsultiert, eine sehr erfahrene Therapeutin, die Kolleg*innen dabei unterstützt, Wesentliches zu erkennen. Die junge Psychologin hat die Patientin und ihre eigenen Interventionen geschildert. Daraufhin hat die Supervisorin gefragt, wie viel sie denn schon gibt und wie sehr sie sich anstrengt, damit es der Patientin besser geht. Und sie hat gebeten, dies in einer Prozentzahl auszudrücken. Die junge Psychologin hat sehr überzeugt erwidert, dass sie schon mindestens 100 Prozent gibt, es aber dennoch nicht besser wird. Und hier nun das Fazit der Supervisorin: »Wenn Sie 100 Prozent geben, was soll denn dann Ihre Patientin noch selbst tun, damit es besser wird? Sie dürfen maximal 50 Prozent geben. Den Rest muss schon Ihre Patientin selbst machen.«

Nun ist dieses Beispiel nicht hundertprozentig auf die Situation von pflegenden Angehörigen übertragbar – z. B. in späten Phasen einer Erkrankung oder in der Begleitung von Menschen, die über einen langen Zeitraum viel Hilfe benötigen und in den eigenen Aktivitäten stark eingeschränkt sind. Und dennoch werden Sie nur dann (über einen längeren Zeitraum) ein hilfreicher Helfer sein, wenn Sie gesund bleiben.

Manchmal ist eben weniger mehr. Umgemünzt auf die Frage nach Ihrer Belastung: Es ist nicht gesagt, dass Situationen besser werden, je mehr Sie selbst geben. Im Sinne des Bedürfnisses nach Autonomie und Selbstständigkeit von schwer kranken und sterbenden Menschen und im Sinne Ihrer eigenen Gesundheit können Sie überlegen, ob es Möglichkeiten gibt, die Sie entlasten. Wenn Sie sich die »Gesundheitswippe« noch einmal vor Augen führen, so gilt auch dort eine 50-Prozent-Regel. Wenn die eine Seite durch Belastendes nach unten gedrückt wird und Ihr Wohlbefinden leidet, bedarf es auf der anderen Seite eines positiven Gegengewichts, etwas, das Ihr Wohlbefinden fördert.

Gerne möchten wir Ihnen ein paar Fragen stellen, die Sie für sich selbst beantworten können. Denken Sie dabei an das notwendige Gleichgewicht, und überlegen Sie, in welchen Bereichen Sie selbst die Wahl haben.

- Wie viel Raum und Zeit nehmen schwere und belastende Themen ein, und wie intensiv beschäftigen Sie sich mit leichten und lebendigen Themen?
- Wie viel Zeit widmen Sie dem oder den anderen Menschen, und wie viel Zeit widmen Sie sich selbst?
- Wie viel geben Sie, und wie viel bekommen Sie?
- Wie viel machen Sie selbst, und wie viel delegieren Sie?
- Was tun Sie ungefragt und automatisch, und wofür sind Sie wirklich verantwortlich?
- Um wie viel Hilfe bitten Sie, und wie viel leiden Sie still oder laut vor sich hin?
- In welchem Ausmaß gestehen Sie sich zu, dass Sie erschöpft sind, und wie viel Kraft wenden Sie auf, so weiterzumachen wie bisher?
- Wie belastet fühlen Sie sich, und wie viel Erholung und wohltuende Aktivität gönnen Sie sich?
- Wie lange sind Sie wach, und wie lange schlafen Sie?

Gestatten Sie sich eine Auszeit, und zeichnen Sie eine solche Wippe (oder erstellen Sie einfach eine Liste). Auf die eine Seite schreiben Sie Ihre Belastungen, auf die andere Seite mögliche Entlastungen. Wählen Sie dann eine Belastung aus, die Sie einfach reduzieren können, und danach eine Entlastung, die Sie einfach umsetzen können. Pflegende Angehörige haben unter Umständen das Gefühl, dass ohne ihr Zutun die Qualität der Versorgung sehr viel schlechter ist; dabei missachten sie ihre eigenen Grenzen und überschreiten den Rand der Erschöpfung. Hilfe anzunehmen bedeutet nicht, nichts mehr machen zu dürfen. Es lohnt sich, hier die Frage zu stellen, bei welchen Tätigkeiten pflegende Angehörige Hilfe annehmen können und welche sie unbedingt selbst ausführen möchten.

In der Folge erhalten Sie weitere Informationen und Anleitungen, wie und wo Sie qualitativ gute Hilfe bekommen und wie Sie Ihre Kraft gut und schonend einsetzen können.

Achten Sie auf sich und auf das Feedback Ihres Körpers. Wenn Sie sich körperlich unwohl fühlen, wenn Sie Schmerzen oder andere Krankheitszeichen erkennen, die Sie üblicherweise nicht haben, wenn Sie schlecht schlafen, sehr erschöpft sind oder sich Ihr Appetit ändert, hören Sie in sich hinein, was Ihre Gesundheitswippe bräuchte, damit Sie sich wieder besser fühlen. Nehmen Sie auch selbst Hilfe in Anspruch.

Gönnen Sie Ihrem Körper Bewegung. Ein kräftiger Körper ist belastbarer, Ihr Herz-Kreislauf-System wird trainiert – vor allem Ausdauersport wie schnelles Gehen, Walken, Joggen oder Radfahren und moderates Krafttraining fördert Ihr Immunsystem, guten Schlaf und ist zudem ein wunderbares Antidepressivum.

Vermeiden Sie Beruhigungsmittel und alle anderen Substanzen wie Alkohol oder Drogen, die Sie von Ihren Gefühlen ablenken und distanzieren. All diese Substanzen machen abhängig, und Sie brauchen in dieser Zeit eine geschärfte Aufmerksamkeit für sich selbst und Ihre Umgebung. Wenn Sie schlecht schlafen oder sich aufgewühlt fühlen, wenn Bewegung und Sport nicht helfen oder in Ihren Tagesablauf nicht integrierbar sind, sollten Sie sich beraten lassen, welche pflanzlichen Produkte Ihnen weiterhelfen könnten.

Oft können Ihnen die ganz einfachen und naheliegenden Entlastungen helfen, z. B. ein Gespräch mit einem Freund oder einer Freundin. Sie dürfen und sollten auch über Ihre Belastungen sprechen; es ist entlastend, sich bei einem liebevollen Menschen im wahrsten Sinne des Wortes auszuweinen. Viele Angehörige berichten von der Scheu, über ihre Überforderung zu sprechen oder zu sagen, wie schwierig die Situation mit der erkrankten Person ist oder dass sie auch negative Gefühle gegenüber dem* der Sterbenden entwickelt haben. Wenn Sie sich überfordert fühlen, wenn Sie Wut spüren oder auch Ekel empfinden, sollten Sie sich vor Augen führen, dass es in vergleichbaren Situationen nicht nur Ihnen so geht.

Achten Sie darauf, dass Sie Ihren Gefühlen »Raum« geben. Sie können traurig und wütend sein, Sie können weinen, Sie können auch lachen und heiter sein. Alle Emotionen haben einen Grund. Und vor allem: Sie müssen nicht stark sein!

29 Wo finde ich Unterstützung bei Problemen mit Behörden, Versicherungen und Krankenkassen?

Sozialarbeiter*innen sind in solchen Situationen die Personen, an die Sie sich wenden können und die Ihnen am besten helfen können. Sie finden sie in Palliativ- und Hospizeinrichtungen, aber auch im Krankenhaus. Auch Ihr Hausarzt bzw. Ihre Hausärztin kann Ihnen bei vielen Fragen weiterhelfen. Die Krankenkassen bieten ebenso Beratungsstellen an, sodass es am besten ist, wenn Sie sich bei Ihrer eigenen Krankenkasse bzw. der des erkrankten Familienmitglieds einen Beratungstermin geben lassen. Schließlich gibt es in den meisten Städten Sozialbürgerhäuser, Bürgerberatungen oder Bürgerinformationen. Auch Alten- und Servicezentren können eine wichtige Anlaufstelle sein.

Teil 3

Grundsätzliches zur guten Begleitung am Lebensende

Viele Menschen haben am Lebensende große Angst, was mit ihnen geschehen wird; sie fürchten um ihre Entscheidungsfreiheit und -fähigkeit. Die folgenden Ausführungen dienen als Grundlage zur guten Begleitung am Lebensende und bieten Ihnen, Ihrer Familie und Ihren Freund*innen praktische Hilfestellungen und Anregungen. Mit diesem Hintergrundwissen können Sie manche Entscheidungen bewusster oder überhaupt erst treffen. Es geht um Orte, an denen Sterbende auf ihrem letzten Weg vielfältige Unterstützung finden und optimal begleitet werden. Wir werden Ihnen die Hospiz- und Palliativlandschaft vorstellen und aufzeigen, wie das Sterben zu Hause mit guter Lebensqualität für alle Beteiligten verbunden sein kann. Darüber hinaus werden wir Sie ermutigen, gut für sich vorzusorgen, und auch auf die Frage eingehen, ob Sie jede Maßnahme von Ihren Ärzt*innen verlangen können.

30 Wunsch und Wirklichkeit: Wo und wie wollen Menschen sterben?

Dürfen wir Sie kurz einladen, darüber nachzudenken, wo und wie Sie selbst gerne sterben möchten?

Wenn wir in Seminaren Kursteilnehmer*innen diese Fragen stellen, gehen die Antworten stets in die Richtung, die auch größere Umfragen zeigen: Ungefähr zwei Drittel aller Menschen würden gerne zu Hause sterben. Das verbleibende Drittel wünscht sich, an einem Lieblingsort zu sterben, sei es in der freien Natur beim Lieblingshobby oder an einem Strand, wo man den letzten schönen Urlaub verbracht hat. Sehr selten wünschen sich Menschen, im Krankenhaus, im Altenheim oder im Hospiz bzw. auf einer Palliativstation zu sterben. Auf die Frage, wie der Tod eintreten und wer dann dabei sein sollte, gibt es sehr viel unterschiedlichere Antworten – vom Wunsch, am liebsten plötzlich und alleine zu sterben, bis hin zum Bedürfnis, sich gerne in aller Ruhe von Verwandten und Freund*innen verabschieden zu können. Dazwischen gibt es zahlreiche weitere individuelle Wünsche und Hoffnungen.

Spätestens in der Phase einer lebenszeitbegrenzenden Erkrankung und des Sterbens ist es wichtig, Wünsche und Vorstellungen über das eigene Sterben zu entwickeln, sie zu formulieren und sich über hilfreiche Angebote zu informieren, die in der letzten Lebensphase zur Verfügung stehen. Besser allerdings ist es, sich schon lange vor einer Erkrankung damit auseinanderzusetzen. Auch wenn es keine Garantie für die Umstände und die Orte des Sterbens gibt, können Sie doch, wie wir noch detailliert darlegen werden, in mancherlei Hinsicht vorsorgen. Je mehr Sie über die Realität des Sterbens wissen, desto besser können Sie planen und sich vorbereiten. Denn die Wirklichkeit ist den Wünschen meist diametral entgegengesetzt. Während zwei Drittel der Menschen zu Hause sterben möchten, geschieht dies tatsächlich nur in etwa 20 Prozent der Fälle. Demgegenüber sterben ungefähr zwei Drittel der Menschen in Krankenhäusern oder Altersheimen, obwohl nicht einmal zehn Prozent der Menschen diese Orte wählen würden.

Während vor 20 Jahren noch etwa die Hälfte der Menschen zu Hause gestorben ist, geht die Tendenz immer weiter in Richtung »Sterben in Institutionen«. Die Gründe für diese Kluft zwischen Wünschen und der Realität sind vielfältig. Gesellschaftliche Veränderungen spielen hier eine wesentliche Rolle. Es leben kaum noch mehrere Generationen unter einem Dach, wo dann auch die Pflege stattfinden könnte. Darüber hinaus lassen sich das Berufsleben, eigene oder fremde Erwartungshaltungen sowie gesetzte Lebensprioritäten oft nicht mehr mit den zeitlichen und emotionalen Anforderungen vereinbaren, die Pflege und Begleitung mit sich bringen. Und nicht zuletzt wird dem Sterben und dem Tod als Thema im realen Leben immer weniger Raum zugestanden. Sterben und Tod findet hauptsächlich in Institutionen und im Fernsehabendprogramm statt.

31 Was ist unter Hospiz- und Palliativversorgung zu verstehen?

In der Medizin kann man prinzipiell zwischen kurativen Ansätzen, also Therapien, die zur Heilung führen, und palliativen Ansätzen unterscheiden, also Angeboten, die lindernd wirken. Ein Beispiel für eine kurative Therapie ist die Behandlung eines entzündeten Wurmfortsatzes, in der Umgangssprache »Blinddarmentzündung« genannt. Der Blinddarm wird operativ entfernt, der*die Patient*in wird anschließend mit Medikamenten behandelt und ist dann kuriert, also geheilt. Die Palliativmedizin ist demgegenüber auf die Behandlung von Menschen ausgerichtet, die an einer Erkrankung sterben werden. Sie ist also dazu da, die Auswirkungen einer Erkrankung zu lindern.

Im Zusammenhang mit der Versorgung am Lebensende finden sich hier ein paar Begrifflichkeiten, die Sie kennen sollten, da sie Ihnen immer wieder begegnen werden:

Palliative Care: Palliative Care beschreibt nicht nur die Palliativmedizin an sich, sondern ist der ganzheitliche Ansatz, der viele weitere Angebote miteinbezieht. Sie ist der Bereich der Versorgung, der gezielt Menschen, die an einer Erkrankung sterben werden, sowie deren An- und Zugehörige behandelt und begleitet. Ziel ist dabei die Verbesserung der Lebensqualität eines Menschen mit einer fortgeschrittenen Erkrankung und seiner verbleibenden Zeit und nicht die Heilung der Erkrankung oder die Verlängerung des Lebens. Daher ist hier die sehr wichtige Grundhaltung vorauszusetzen, dass das Sterben eines Menschen akzeptiert und nicht bekämpft wird. Es gibt viele Definitionen von unterschiedlichen Fachgesellschaften. Die Weltgesundheitsorganisation hat im Jahr 2002 Palliative Care wie folgt definiert: *»Palliative Care ist ein Ansatz zur Verbesserung der Lebensqualität von Patient*innen und ihren Familien, die mit einer lebensbedrohlichen Erkrankung konfrontiert sind. Dies geschieht durch Vorbeugung und Linderung des Leidens mittels frühzeitiger Erkennung und korrekter Beurteilung und Behandlung von Schmerzen und anderen Beschwerden körperlicher, psychischer und spiritueller Natur.«* Diese Definition und auch diese Haltung finden Sie in den nun aufgelisteten Angeboten durchgehend wieder.

Palliativstation: Eine Palliativstation ist eine spezielle Station in einem Krankenhaus, auf der Menschen mit fortgeschrittenen und unheilbaren Erkrankungen betreut werden – nicht nur am Lebensende. Ziel ist die Behandlung von belastenden Beschwerden und die Unterstützung bei der Verarbeitung der Erkrankung und der Auseinandersetzung mit dem möglichen Lebensende. Nach der Stabilisierung der Situation sollen Patient*innen wieder entlassen werden, entweder nach Hause oder in eine Einrichtung, in der auch längerfristig die Pflege übernommen werden kann, z. B. in ein Hospiz oder ein Pflegeheim. Auf der Palliativstation arbeitet ein Team aus unterschiedlichen spezialisierten Berufsgruppen (unter anderem Ärzt*innen, Pflegende, Sozialarbeiter*innen, Seelsorger*innen, Psycholog*innen, Psychotherapeut*innen, Physiotherapeut*innen) sowie ehrenamtliche Mitarbeiter*innen.

Es kommt vor, dass Patient*innen immer wieder auf einer Palliativstation aufgenommen werden, wenn es medizinische Umstände gibt, die eine vorübergehende zufriedenstellende Betreuung zu Hause nicht gewährleisten. Natürlich sterben Patient*innen auch auf einer Palliativstation, falls sich ihr Zustand während des Aufenthalts weiter verschlechtert und eine Weitervermittlung in eine andere Einrichtung oder nach Hause nicht möglich ist.

Stationäres Hospiz: Ein Hospiz ist eine von einem Krankenhaus unabhängige Einrichtung, in der Menschen, die in absehbarer Zeit sterben werden, aber keine ärztliche Betreuung rund um die Uhr brauchen, bis zum Lebensende bleiben. Im Vordergrund stehen die pflegerische und psychosoziale Begleitung. Ärzt*innen sind nur stundenweise vor Ort, aber rund um die Uhr erreichbar. Auch weitere Betreuung wie z. B. Physiotherapie oder Seelsorge wird individuell organisiert. Ein wichtiger Baustein in der hospizlichen Versorgung ist das Ehrenamt. Viele ehrenamtliche Hospizbegleiter*innen leisten an diesen und weiteren Orten essenziell wichtige Arbeit. Dies, die spezialisierte Palliative-Care-Ausbildung der in einem Hospiz tätigen Menschen und ein besserer Personalschlüssel sind einige der wichtigsten Unterschiede zu herkömmlichen Pflegeeinrichtungen.

Tageshospiz: Tageshospize sind eigenständige oder einem stationären Hospiz angegliederte Einrichtungen, in denen Patient*innen tagsüber bleiben können; sie sind

Entlastungsangebote für pflegende Angehörige. Wie in stationären Hospizen arbeiten auch in Tageshospizen speziell ausgebildete Pflegekräfte und ehrenamtliche Helfer*innen. Oft werden in Tageshospizen auch soziale Aktivitäten angeboten, die Abwechslung in das Leben der Patient*innen bringen. Leider gibt es in Deutschland, Österreich und der Schweiz nur vereinzelt solche Tageseinrichtungen.

Palliativdienst im Krankenhaus (D) / Palliativer Konsiliardienst (Ö und CH): Diese Palliativteams bestehen aus Spezialist*innen unterschiedlicher Berufsgruppen, meistens Ärzt*innen und Pflegende, die in Krankenhäusern Patient*innen auf allen Stationen mitbetreuen. Sie kommen also zu den Patient*innen und unterstützen sie bei der Schmerztherapie und Symptomkontrolle oder auch bei Fragen zum weiteren Verlauf der Erkrankung oder weiteren Versorgungsmöglichkeiten. Gleichzeitig beraten sie auch die Stationsärzt*innen und Pflegenden, wenn diese vor Herausforderungen mit schwer kranken oder sterbenden Patient*innen stehen. Die Einbeziehung dieses Angebots kann auch schon früher geschehen, wenn es sich beispielsweise um die Entscheidung für eine optimale Therapie für einen schwer kranken Patienten handelt.

Spezielle ambulante Palliativversorgung (SAPV) (D)/mobile Palliativteams (Ö)/mobiler Palliativdienst (CH): Diese Teams, die üblicherweise aus Palliativmedizinern und Palliativpflegenden, aber auch anderen Berufsgruppen bestehen, kommen nach Hause (»zu Hause« kann in diesem Fall auch das Alten- und Pflegeheim sein) und verbessern dort die Lebensqualität von schwer kranken und sterbenden Menschen und deren Angehörigen. Das geschieht durch Schmerz- und Symptombehandlung mit der Verordnung entsprechender Medikamente, aber auch anderer Maßnahmen, die bei der Linderung von Symptomen hilfreich sind. Diese Palliativteams können auch bei der Organisation von Pflegebetten oder anderen Hilfsmitteln unterstützend tätig sein oder einen Pflegedienst organisieren, wenn der Patient sich nicht mehr alleine versorgen kann, und auch weitere therapeutische oder psychosoziale Berufsgruppen vermitteln. Die Teams stehen bei Notfällen rund um die Uhr zur Verfügung; ihr Ziel ist es allerdings, schon im Vorfeld dafür zu sorgen, dass ein Notfall gar nicht eintritt. Die Beratung von Angehörigen, Hausärzt*innen und Pflegediensten bzw. mobilen Pflegeteams gehört ebenso zu den Aufgaben.

Voraussetzung ist auch hier eine fortschreitende Erkrankung mit absehbarem Lebensende und das Vorliegen von komplexen Beschwerden. Dieses Angebot verringert zusätzliche und belastende Krankenhausaufnahmen und Notarzteinsätze. Oft lässt sich mit dieser Unterstützung trotz herausfordernder Probleme bis zuletzt eine gute Lebensqualität in der häuslichen Umgebung erzielen. Wo Sie Einrichtungen in Ihrer Nähe finden, können Sie weiter hinten der Rubrik »Hilfreiche Adressen« entnehmen.

Bei all diesen Angeboten wird der besondere Ansatz der Palliative Care berücksichtigt, dass Patient*innen und deren Familien individuell betrachtet werden. Cicely Saunders, die bereits genannte Begründerin der modernen Hospiz- und Palliativbewegung, hat dies mit der folgenden Aussage auf den Punkt gebracht: »Du bist wichtig, weil du *DU* bist. Du bist bis zum letzten Augenblick deines Lebens wichtig, und wir werden alles tun, damit du nicht nur in Frieden sterben, sondern auch bis zuletzt leben kannst.«

32 Was ist eine ehrenamtliche Hospizbegleiterin?

Die Arbeit von ehrenamtlichen Hospizbegleiter*innen ist ein wichtiger Baustein im Fundament der Hospiz- und Palliativversorgung. Sie sind üblicherweise in regionalen Hospizvereinen und Hospizteams organisiert und werden von einem Koordinator begleitet. Diese Hospizbegleiter*innen haben eine Ausbildung, die über mehrere Abende und/oder Wochenenden geht, in der sie sich mit der Hospizbewegung, der Begleitung von schwer kranken und sterbenden Menschen, aber auch ihrer eigenen Endlichkeit vertraut machen. Diese Menschen verrichten einfache, aber sehr wichtige Tätigkeiten und geben das, was in einer Zeit voller Herausforderungen oftmals keine Selbstverständlichkeit ist: Zeit und Nähe.

Ehrenamtliche Hospizbegleiter*innen sind in allen im Rahmen der Frage 31 vorgestellten betreuenden Einrichtungen zu finden. Je nach Bedarf stehen sie entweder im direkten Kontakt mit Patient*innen und deren Angehörigen, oder sie verrichten administrative Tätigkeiten für die Organisationen.

Ehrenamtliche Hospizbegleiter*innen unterstützen Patient*innen und Angehörige direkt mit psychosozialen Angeboten, die den Alltag erheblich erleichtern und lebenswerter machen: echtes Da-Sein, Zeit und Kompetenz für mitunter schwierige Gespräche rund um den Abschied und die Trauer, Aktivitäten wie Vorlesen oder Miteinander-Spielen, Einkaufsdienste oder andere Besorgungen und Erledigungen sowie Entlastung der Angehörigen. Ein weiteres Angebot sind sogenannte Sitz- oder Nachtwachen: Die ehrenamtlichen Hospizbegleiter*innen sind nachts in unmittelbarer Nähe »einfach« anwesend und können so bei Angstzuständen oder Unruhephasen beruhigend einwirken.

Das Angebot von ehrenamtlichen Begleitungen ist kostenlos. Die Teams und Vereine finanzieren sich üblicherweise durch Spenden. Sie finden diese Angebote weiter hinten in der Rubrik »Hilfreiche Adressen«.

33 Wer zahlt für eine palliative Begleitung?

Die Finanzierung ist derzeit nicht einheitlich geregelt. Die gute Nachricht vorweg: Die Angebote sind meistens mit keinen direkten oder zusätzlichen Kosten für die Betroffenen verbunden.

In ***Deutschland*** ist die Finanzierung der Hospiz- und Palliativversorgung über gesetzliche Rahmenbedingungen geregelt. Ein Aufenthalt auf einer Palliativstation wird von der Krankenkasse finanziert. Die Kosten, die durch Aufenthalte in stationären Hospizen entstehen, sind durch eine Mischfinanzierung geregelt: Pflegeversicherung und Krankenkasse übernehmen 95 Prozent der Kosten, den Rest muss der Träger des Hospizes durch Spenden finanzieren. Die spezialisierte ambulante Palliativversorgung muss von Haus- oder Krankenhausärzt*innen verordnet werden und wird dann, nach Genehmigung durch die Krankenkasse, von dieser übernommen.

In ***Österreich*** arbeitet das von der Bundesregierung eingesetzte Hospiz- und Palliativforum derzeit an einem Entwurf für eine einheitliche Regelfinanzierung (Stand Anfang 2020). Aus diesem Grund empfehlen wir, wenn Sie ein Angebot in Erwägung ziehen, mit den Anbietern die möglichen Kosten zu besprechen, da diese abhängig vom Bundesland oder von den Anbietern variieren können. Derzeit ist nur der Aufenthalt auf Palliativstationen einheitlich geregelt. Diese Kosten werden von den Krankenkassen übernommen, und es fällt nur das in Krankenhäusern übliche Taggeld an. Tageshospize und mobile Palliativteams sind für Patient*innen üblicherweise mit keinen zusätzlichen Kosten verbunden und werden von der Pflegeversicherung und der Krankenkasse übernommen. Der Aufenthalt in stationären Hospizen ist in den Bundesländern unterschiedlich geregelt.

In der ***Schweiz*** ist die Finanzierung kantonal unterschiedlich. Bei stationären Hospizen ist teilweise eine Zuzahlung durch Patient*innen notwendig. Häufig sind Hospiz- und Palliativangebote für Patient*innen allerdings auch kostenlos.

34 Braucht jeder sterbende Mensch Palliativversorgung?

Nein, nicht jeder sterbende Mensch und auch nicht alle An- und Zugehörigen brauchen Angebote aus der Palliativversorgung, wenngleich wir denken, dass alle Schwerkranken, Sterbenden und deren Begleitende von einer Haltung profitieren würden, die der Palliativversorgung zugrunde liegt. Diese Haltung akzeptiert, dass Sterben ein Teil des Lebens ist, dass die Autonomie eines jeden Menschen gewahrt wird und dass er immer im Zentrum aller Entscheidungen steht.

Für manche Sterbende und ihr soziales System ist die Begleitung durch Professionelle aus der Palliativversorgung ein Segen. In Zahlen ausgedrückt, bräuchten etwa 20 Prozent aller Sterbenden und deren Familien direkte Unterstützung durch Angebote der Hospiz- und Palliativversorgung. Manchmal können Krankheit und Sterben zur großen Herausforderung werden, wobei nicht immer nur medizinische Probleme aufkommen. Sterben ist auch ein soziales Geschehen, es kann für einzelne oder alle Beteiligten emotional schwierig sein. Auch spirituelle und ökonomische Themen können die Lebensqualität in der Endphase deutlich beeinträchtigen. Am Beispiel von drei Familien möchten wir Ihnen zeigen, warum und wie diese von einer palliativen Betreuung profitiert haben.

Wir denken hier an Frau K., eine 50-jährige verheiratete Frau und Mutter von zwei Töchtern. Frau K. war vor einigen Jahren an Brustkrebs erkrankt, der trotz verschiedener Therapieversuche nicht geheilt werden konnte. Es war der Familie klar, dass sie irgendwann an dieser Krankheit sterben würde. Frau K. war über lange Zeit körperlich und geistig sehr aktiv, und der bewusste Umgang mit der Erkrankung und der zu erwartenden Endlichkeit des Lebens war für sie und die Familie sogar ein Ansporn, noch vieles gemeinsam zu erleben und zu erledigen. Frau K. war bis kurz vor ihrem Sterben kaum in ihren Aktivitäten eingeschränkt. Aufgrund der Begleitung durch den Hausarzt und ihre Familie schien es lange Zeit, als könnte Frau K. bis zuletzt ohne aufwendige Betreuung leben. Leider stellten Metastasen in der Lunge Frau K., ihre Familie und auch den Hausarzt schließlich doch vor unüberwindbare Herausforderungen. Frau K. litt immer wieder unter starker Atemnot, die von Panikattacken begleitet wurde. Der Leidensdruck für die gesamte Familie wurde enorm. Das vorher so zuversichtliche und eingespielte Familienteam wurde zunehmend von Hilf- und Hoffnungslosigkeit ergriffen. Als Frau K. eines Nachts während einer Atemnot- und Panikattacke stürzte, schlug der Hausarzt Frau K. und der Familie vor, die stationäre Aufnahme in eine Palliativstation zu erwägen. Zwei Tage später wurde Frau K. auf der Palliativstation des nahe gelegenen Krankenhauses untergebracht; dem Ehemann wurde angeboten, die ersten Nächte mit im Zimmer zu übernachten. Während ihres

Aufenthalts erhielt Frau K. entsprechende Medikamente, und sowohl sie als auch die Familie bekamen wertvolle Tipps, was sie selbst in einer Situation der Atemnot und Angst tun konnten. Nach etwa einer Woche wurde Frau K. wieder nach Hause entlassen, und sie und ihre Familie wurden vom spezialisierten ambulanten Palliativteam weiter betreut. Frau K. starb etwa drei Wochen später zu Hause.

Anhand dieses Beispiels sehen Sie, dass starke körperliche Symptome Auswirkungen auf das Wohlbefinden der gesamten Familie haben und eine mögliche Indikation für eine palliative Begleitung sein können.

Ein weiteres Bespiel: Herr L. und Herr F., beide über 80 Jahre alt, waren ein Paar, das seit über 20 Jahren gemeinsam in einem kleinen Haus am Stadtrand lebte. Beide Männer wuchsen in einer Zeit auf, in der Homosexualität unter Strafe stand. In der ersten Hälfte ihres Lebens bedeutete dies, ihre Beziehung geheim zu halten. Die beiden Herren lebten aus diesem Grund, aber auch weil sie sich selbst genügten, ein zurückgezogenes und zufriedenes Leben mit ein paar ausgewählten Kontakten zu Freunden und Familienangehörigen. Herr F. war bereits vor längerer Zeit an den Nieren erkrankt, und über die Jahre hinweg nahm sein allgemeiner Gesundheitszustand stetig ab. Die Auswirkungen von einigen, wenn auch nicht schweren Erkrankungen wurden im Alltag spürbar, bis letztlich Hilfe notwendig war und klar wurde, dass Herr F. in absehbarer Zeit sterben würde. Herr L., selbst auch nicht mehr sehr belastbar, schaffte es, einige Monate lang die Pflege zu übernehmen bzw. zu organisieren. Gelegentlich kam ein ambulanter Pflegedienst, aber schließlich wurde es den beiden Herren körperlich zu anstrengend, und es musste eine Lösung gefunden werden. In einem Gespräch mit dem langjährig betreuenden Hausarzt wurde noch einmal deutlich, wie verletzlich die beiden Männer aufgrund ihrer Geschichte waren. Dem Hausarzt war klar, dass sie einen lebensbejahenden und auch sicheren Ort für die letzten Wochen oder Monate im Leben von Herrn F. brauchten. Er schlug daher vor, dass sie sich das Hospiz der Stadt ansehen sollten. Während des Besuchs im Hospiz waren die beiden betagten Männer durch die ihnen entgegengebrachte Wertschätzung so berührt, dass sie beschlossen, dass dies die letzte Station auf der Reise von Herrn F. sein sollte.

Als nach ungefähr zwei Wochen die Aufnahme möglich war, stellten sich alle in diesem Hospiz arbeitenden Berufsgruppen vor. Unter ihnen auch die Seelsorgerin, die den beiden Männern anbot, stets da zu sein, wenn sie sie brauchten. In zahlreichen Gesprächen ging es viel um die Vergangenheit, schöne Erlebnisse, aber auch um Unerledigtes und offene Wünsche. Eines Tages war Herr F. sehr niedergeschlagen und erzählte der Seelsorgerin, dass er nur eines in seinem Leben bereute – nämlich dass er seinen Lebenspartner nie geheiratet habe. Die beiden Männer hatten zwar oft darüber gesprochen, allerdings siegte stets die Angst, sich öffentlich zu zeigen. In weiteren Gesprächen zu dritt beschlossen die Herren, den Schritt in das Eheleben zu wagen – und schließlich fand im Hospiz die Hochzeit statt. Herr F. und Herr L. gaben sich im Beisein von Freund*innen, Familienmitgliedern und in der Zwischenzeit vertraut gewordenen Mitarbeiter*innen des Hospizes das Jawort. Sieben Wochen nach der Hochzeit verstarb Herr F. im Hospiz.

Mit diesem Beispiel möchten wir Ihnen zeigen, dass Hospiz- oder Palliativeinrichtungen nicht nur für medizinische Herausforderungen zuständig sind. Diese Einrichtungen sind Orte, an denen Angebote für seelische, psychosoziale oder spirituelle Herausforderungen und Wünsche gemacht werden. Es sind »Orte für Reisende«. So bezeichnete der Überlieferung nach eine Patientin von Dame Cicely Saunders die Idee eines Hospizes mit dem Hinweis, dass es dann wohl »St. Christopher's« heißen müsse. Denn der heilige Christophorus sei ja auch der Schutzpatron der Reisenden. Und so bekam eines der ersten modernen Hospize der Welt in London seinen Namen.

Schließlich möchten wir Ihnen noch Familie S. vorstellen; sie umfasst drei Generationen, die unter einem Dach in einem kleinen Ort leben – Frau S., die Tochter mit ihrem Ehemann und die drei Enkelkinder, vier, sechs und sieben Jahre alt. Frau S. ist eine betagte Dame mit fortgeschrittener Demenz und diversen körperlichen Beschwerden. Die Hüfte schmerzt aufgrund einer Arthrose, die Diabeteserkrankung erfordert die regelmäßige Einnahme von Medikamenten, und das Sehvermögen hat deutlich nachgelassen. Sowohl die Tochter als auch der Schwiegersohn haben beschlossen, dass Frau S., wenn möglich, aber vor allem unter der Voraussetzung einer guten Lebensqualität für alle Beteiligten, zu Hause betreut und gepflegt werden und schließlich auch dort sterben sollte. Der Schwiegersohn ist voll berufstätig, wenngleich er an ein bis zwei Tagen pro Woche zu Hause arbeiten kann. Die Tochter war bis vor Kurzem in einem geringfügigen Beschäftigungsverhältnis, das sie aufgrund der Einschulung der mittleren Tochter und des zunehmend aufwendigen Pflegebedarfs ihrer Mutter aufgeben musste. Die Tochter und der Schwiegersohn kümmern sich liebevoll und auch sehr gerne um die ältere Dame, jedoch gibt es ein Problem, das zur großen Herausforderung der Familie geworden ist. Vor zwei Monaten begann Frau S. in der Nacht

»zu wandern«. Sie stand immer wieder auf, ging durch das Haus, öffnete alle Türen und fand nicht mehr in ihr Schlafzimmer zurück. Zudem war sie bei ihren nächtlichen Wanderungen auch schon mehrfach gestürzt. Da dieses Verhalten immer häufiger vorkam, bis zu dreimal pro Nacht, stellte sich sowohl bei der Tochter als auch beim Schwiegersohn nach einigen Wochen eine emotionale und körperliche Erschöpfung ein. An einen erholsamen Schlaf war nicht mehr zu denken, und die Frage stand im Raum, ob die Pflege zu Hause weiterhin mit Berufstätigkeit und Kindererziehung vereinbar war. Die Familie befand sich in einem Konflikt. Der Schwiegersohn rief schließlich beim Hospizverein an, um sich beraten zu lassen, ob es für diese Situationen eine Hilfestellung gäbe. In einem Gespräch zu Hause bei Familie S. erarbeitete die Hospizkoordinatorin gemeinsam mit der Familie folgende Lösungsansätze: Der Hausarzt wurde gebeten zu evaluieren, ob Nebenwirkungen der Medikamente oder sonstige medizinische Ursachen für die nächtlichen Aktivitäten der Großmutter verantwortlich sein könnten. Der Hospizverein bot an, für zwei Nächte pro Woche eine ehrenamtliche Hospizbegleiterin für eine Sitzwache zu schicken. Familie S. lernte im Rahmen dieses Gesprächs, dass bei Menschen mit Demenz häufig Angstzustände und Orientierungslosigkeit die nächtliche Unruhe verursachen oder verstärken. Zudem bekamen sie den Tipp, rund um das Bett vertraute Gegenstände zu platzieren und auch ein Nachtlicht mit Bewegungssensor zu installieren, sodass sich Frau S., wenn sie unruhig wurde, bestmöglich orientieren konnte.

All diese Maßnahmen trugen zu einer raschen Entlastung der Situation bei. Die ehrenamtliche Hospizbegleiterin beruhigte Frau S., wenn sie wach wurde, und erklärte ihr, wo sie sei, und führte Gespräche, bis sie wieder einschlafen konnte. Der Hausarzt veränderte die Medikamentenkombination, die zuvor offenbar die Unruhe geschürt hatte. Die Tochter und ihr Mann konnten wieder schlafen und fühlten sich auch deutlich belastbarer. Selbst der vierjährige Enkelsohn hatte keine Angst mehr, weil seine Großmutter nun nicht mehr mitten in der Nacht in sein Zimmer kam.

An diesen Beispielen sehen Sie, dass oft einfache Lösungen hilfreich sind und große Probleme beheben können. Diese drei Familien und die sterbenden Menschen haben von Hospiz- und Palliativversorgung profitiert. Die Gemeinsamkeiten bestanden darin, dass sie vor beinahe unlösbaren Problemen standen und selbst keine Antworten auf ihre Fragen hatten. Bei diesen Fragen kann es generell um Probleme des*der Patient*in selbst, um Probleme der Angehörigen oder von allen gemeinsam gehen. In den vorliegenden Fällen handelte es sich um körperliche sowie seelische und soziale Probleme. Eine weitere Gemeinsamkeit betraf die Erkrankungen der Patient*innen. Es ist wichtig, zu wissen, dass palliative Versorgung nicht nur bei Krebserkrankungen sinnvoll ist. Angebote der Palliativ- und Hospizversorgung können bei sehr unterschiedlichen Erkrankungen und Lebenssituationen Entlastung schaffen.

35 Wann soll Hospiz- oder Palliativbegleitung beginnen?

Die allgemeine Vorstellung von Hospiz- und Palliativangeboten ist oft eng mit dem unmittelbaren Sterben assoziiert. Viele Menschen meinen, dass man in ein Hospiz und eine Palliativeinrichtung »zum Sterben« geht, also in der Endphase einer schweren Erkrankung. Dadurch ergibt sich beinahe eine sich selbst erfüllende Prophezeiung: Sobald ich ein hospizliches oder palliatives Angebot in Anspruch nehme, geht es wohl zu Ende. Das heißt, je länger ich warte, um eine Hospiz- und Palliativversorgung in Anspruch zu nehmen, desto größer wird die Wahrscheinlichkeit, dass dann das Lebensende sehr nahe sein wird. Dies ist natürlich keine verlockende Vorstellung. Hier ist sicher von Seiten aller Hospiz- und Palliativorganisationen noch einiges an Öffentlichkeitsarbeit zu leisten. Denn es ist tatsächlich sinnvoll, Angebote frühzeitig in Anspruch zu nehmen. Untersuchungen zeigen, dass der frühzeitige Einsatz von palliativen Angeboten zu einer deutlich verbesserten Lebensqualität und mitunter sogar zu einem längeren Leben führt. Wobei hier festzuhalten ist, dass es nicht das primäre Ziel der Palliative Care ist, Menschenleben um jeden Preis zu verlängern; vielmehr geht es darum, die Lebensqualität am Lebensende zu verbessern. Um Cicely Saunders noch einmal zu zitieren: »Es geht nicht darum, dem Leben mehr Tage zu geben, sondern den Tagen mehr Leben.«

Bei vielen Erkrankungen ist es zum Zeitpunkt der Diagnosestellung äußerst fraglich, ob die Erkrankung geheilt werden kann. Früher wurde oft mit »Kanonen auf Spatzen geschossen«; es wurden also Therapien mit massiven Nebenwirkungen angewendet, die viel zerstört haben. Der Patient ist aufgrund des fortgeschrittenen Stadiums seiner Erkrankung dennoch gestorben. Heute sind die Therapien zwar viel ausgefeilter und auch besser verträglich, aber leider hat sich eines nicht geändert: Manche Erkrankungen sind so weit fortgeschritten oder mit dem heutigen Stand der Medizin nicht zu heilen, sodass der*die Patient*in sterben wird. Genau deswegen macht es Sinn, frühzeitig auch Palliativteams mit ins Boot zu holen, um gemeinsam zu entscheiden, welche Wege für den*die Patient*in sinnvoll erscheinen. Diese werden dem Patienten dann vorgeschlagen. Im weiteren Verlauf werden wir auch auf die verbreitete Frage eingehen, ob Sie jede Art von Behandlung fordern bzw. ablehnen dürfen.

Vor einigen Jahren gab es eine Studie, die in der Medizinwissenschaft für großes Aufsehen sorgte. Patient*innen, die an einem bösartigen Lungentumor mit schlechter Prognose erkrankt waren, wurden von einem Onkologen, also einem Facharzt, der auf Krebserkrankungen spezialisiert ist, und einem Palliativmediziner gemeinsam behandelt. Interessant war, dass diese Patienten im Vergleich mit denen, die ausschließlich vom Onkologen behandelt wurden, eine deutlich bessere Lebensqualität hatten und zudem auch länger lebten. Seitdem diskutiert die Fachwelt intensiv darüber, wie eine frühzeitige Integration der Palliativmedizin gelingen kann und wann der richtige Zeitpunkt dafür ist. In einer Untersuchung in Großbritannien hat man versucht, diesen Zeitpunkt genauer zu definieren. Die Forscher kamen zu einer einfachen Antwort: Wenn der behandelnde Arzt, der den Patienten gut kennt, auf die Frage »Würde es Sie überraschen, wenn der Patient innerhalb eines Jahres versterben würde?« mit »Nein, das würde mich nicht überraschen« antwortet, wäre dies ein guter Zeitpunkt, an palliative Angebote zu denken. Das bedeutet nicht, dass die Behandlung der Erkrankung deswegen eingestellt werden muss. Es ist also kein Entweder-oder, sondern die Palliativversorgung soll parallel zur Therapie der Erkrankung angeboten werden. Somit geht es also nicht darum, bei der Palliativmedizin nur an die letzten Tage und Stunden zu denken, sondern an Monate oder vielleicht sogar ein Jahr im Voraus – oder auch wenn noch gar nicht klar ist, wann das Lebensende erreicht sein wird. Denn in der Hospiz- und Palliativversorgung geht es primär um die Verbesserung des Lebens und nicht um den Fokus auf das Sterben.

Der Vorteil des frühzeitigen Einsatzes von palliativen Angeboten besteht darin, dass nicht nur die rein medizinisch-körperlichen Herausforderungen berücksichtigt werden. Im gesamten Verlauf des Sterbens ergeben sich emotionale, psychosoziale, ökonomische, spirituelle und existenzielle Fragen. Der multiprofessionelle, zugewandte und Familie wie Freund*innen miteinbeziehende Ansatz der Palliative Care wird immer versuchen, all diese Dimensionen zu berücksichtigen. Viele dieser Fragen stellen sich schon früh im Verlauf einer Erkrankung.

Oft hören wir und viele andere in der Palliativversorgung Tätige von Patient*innen und deren Angehörigen: »Wenn ich gewusst hätte, wie sehr mir hier geholfen wird, wäre ich viel früher gekommen.« Tragen Sie dazu bei, dass die Scheu vor der Palliativmedizin abnimmt und Menschen, die Unterstützung brauchen, frühzeitig den Kontakt suchen.

36 Wie lässt sich das Sterben zu Hause ermöglichen?

Der Wunsch vieler Menschen ist es, zu Hause zu sterben. Das ist mit Unterstützung durch einen Hausarzt oder eine Hausärztin, einen Pflegedienst und eventuell ambulante Palliativversorgung in der Regel auch möglich. Trotzdem stellt es die Betroffenen vor einige Herausforderungen. Daher sollten Sie sich die folgenden Fragen stellen und sich zu diesen Themen Gedanken machen.

- Wollen alle Beteiligten, dass der*die Patient* in zu Hause stirbt?

- Gibt es zumindest eine sehr belastbare Person, die Ansprechpartnerin sein wird und will und auch nachts vor Ort sein kann?
- Sind alle beteiligten Personen bereit, fremde Hilfe anzunehmen, was auch bedeuten kann, dass fremde Personen in das Haus kommen (und gegebenenfalls dort auch wohnen)?
- Können sich die Personen, die ebenfalls in der Wohnung leben, vorstellen, dort auch weiter zu wohnen, nachdem diese Person tatsächlich zu Hause gestorben ist?
- Sind die Beschwerden der*des Sterbenden gut kontrollierbar, relativ konstant und auch hinsichtlich der Anzahl und Intensität überschaubar?

Wenn Sie diese Fragen überwiegend positiv beantworten können, ist die Wahrscheinlichkeit hoch, dass das Sterben im eigenen Zuhause mit einer guten Lebensqualität für alle Beteiligten möglich sein wird. Denken Sie aber bitte daran, dass die Rund-um-die-Uhr-Versorgung eines Menschen sehr anstrengend sein kann.

Wenn Sie sich entschieden haben, dass die Versorgung eines sterbenden Menschen zu Hause stattfinden wird, sollten Sie überlegen, ob und welche Unterstützung Sie bekommen und zulassen.

Folgende Angebote stehen zur Verfügung, damit der Verbleib zu Hause möglich ist:

- Dienste, die soziale Kontakte fördern, Unterstützung bei alltäglichen Aufgaben anbieten und Essen zur Verfügung stellen: Besuchsdienst, Gemeindepflegedienst, Haus- und Familienpflege, mobile soziale Dienste, Sozialstationen und beispielsweise Essen auf Rädern.
- Dienste, die bei Pflegetätigkeiten unterstützen bzw. diese durchführen: mobile ambulante Pflegedienste, Tages-

pflege, 24-Stunden-Pflegedienste, stationäre Kurzzeitpflege, Tageskliniken und Tageshospize

- Angebote, die herausfordernde medizinische und psychosoziale Situationen und Phasen begleiten und Linderung verschaffen: spezialisierte ambulante Palliativteams (D)/mobile Palliativteams (Ö)/mobile Palliativdienste (CH)
- Begleitende Angebote, die das Sterben zu Hause unterstützen: Hospizteams mit ehrenamtlichen Hospizbegleitern
- Hilfestellung im Notfall: Rettungsdienste und Hausnotruf
- Nichtärztliche Berufsgruppen, die Unterstützung bieten, damit die Selbstständigkeit so lange wie möglich erhalten werden kann: Physiotherapie (z.B. bei Problemen der körperlichen Selbstständigkeit: Kraft, Gleichgewicht etc.), Ergotherapie (z.B. bei notwendigen Anpassungen der Wohnung mit Haltegriffen oder Hilfsmitteln), Logopädie (z.B. bei Sprech- und Schluckstörungen), Ernährungsberatung (z.B. bei Problemen mit der Ernährung)
- Angebote für die seelische Entlastung: Seelsorger, Selbsthilfegruppen, Psycholog*innen und Psychotherapeut*innen

Viele dieser Angebote stehen sowohl in der eigenen Wohnung als auch in Alten- und Pflegeeinrichtungen zur Verfügung.

Es gibt Situationen, in denen es fraglich ist, ob ein Mensch zu Hause bleiben kann oder doch eine stationäre Aufnahme in ein Krankenhaus notwendig ist. Dies kann passieren, wenn Schmerzen oder andere Symptome zu stark werden, wenn unerwartete neue Beschwerden auftauchen oder wenn die Angehörigen überfordert sind. Wir empfehlen, dass der Hausarzt oder jemand mit Palliativerfahrung prüfen sollte, ob eine Aufnahme ins Krankenhaus tatsächlich die einzige Möglichkeit ist. Oft kann durch das Hinzuziehen eines Palliativteams, falls es nicht bereits eingeschaltet ist, eine Verbesserung der Situation erreicht werden. Wenn dies aber nicht möglich ist, dann ist die Einweisung ins Krankenhaus – möglichst auf eine Palliativstation – oft eine gute Alternative, um Entlastung zu schaffen.

Bei alten Menschen, insbesondere auch wenn sie an Demenz leiden, sollte auch bedacht werden, dass es durch den kurzfristigen Verlust des gewohnten Umfelds oft zu unvorhersehbaren Zusatzproblemen kommen kann. Dies kann eintreten, wenn beispielsweise ein demenzkranker Bewohner eines Pflegeheims aufgrund eines Infekts in ein Akutkrankenhaus eingewiesen wird. Die neue Umgebung, die neuen Bezugspersonen, die anderen Abläufe, die damit oft einhergehende fehlende Mobilität, das andere Essen, die Tatsache, dass der betreffende Patient vielleicht gar nicht verstanden hat, warum er verlegt wurde, oder auch gar nicht gefragt wurde, ob er dies möchte – all dies kann ein für diesen Menschen fragiles System rasch aus dem Gleichgewicht bringen. Und die dadurch entstehenden Probleme sind oft größer als das Problem, aufgrund dessen der betagte Mensch überhaupt ins Krankenhaus gebracht wurde. Da Krankenhäuser daran interessiert sind, Patienten rasch wieder zu entlassen, kommen solche Bewohner oft in einem deutlich schlechteren Allgemeinzustand als zuvor wieder zurück in die häusliche Umgebung. Zu Hause ergibt sich dann eine komplexere Situation als zuvor und eine entsprechende Überforderung, sodass der Patient oft erneut ins Krankenhaus transferiert werden muss. Je länger dieser Kreislauf dauert, desto problematischer wird er. Dieser Effekt wird auch »Drehtüreffekt« genannt und beschreibt den Teufelskreis durch rasche Wechsel des Betreuungsorts.

Aus diesem Grund empfehlen wir, dass in herausfordernden Situationen möglichst Spezialist*innen die Behandlung zu Hause übernehmen. Nur wenn dies nicht gelingt oder wenn klar ist, dass ein Problem eine Verlegung in eine andere Einrichtung unbedingt erfordert, sollte das auch geschehen.

Die Möglichkeit, zu Hause zu sterben, hängt auch vom Vorliegen einer Patientenverfügung ab. Auf der Grundlage der Patientenverfügung bzw. der gesundheitlichen Vorausplanung oder des sogenannten Vorsorgedialogs, der in immer mehr deutschen und österreichischen Pflegeeinrichtungen nach dem Einzug angeboten wird, wissen alle Beteiligten, auch Notärzte, ob ein gewisses Vorgehen überhaupt dem Wunsch des*der Patient*in entspricht – insbesondere bei einem plötzlichen Notfall, wenn der sonst zuständige Arzt nicht verfügbar ist. Mehr Informationen zu Patientenverfügungen und weiteren Dokumenten erhalten Sie im Rahmen der Frage 40.

Zuletzt noch eine Bemerkung zum Wunsch, zu Hause zu sterben. Laut Umfragen wünschen dies etwa zwei Drittel der Befragten. Dabei werden allerdings fast immer gesunde Menschen befragt. Auch Betroffene äußern diesen Wunsch, aber durch die Erfahrung der Erkrankung ändert sich häufig die Perspektive. Die Sorge, den Angehörigen zur Last zu fallen, oder die Sicherheit im Krankenhaus führt bei vielen Menschen dazu, dass das Zuhause doch nicht mehr der bevorzugte Ort ist, an dem sie sterben möchten. Nach unserer Erfahrung wird das Sterben zu Hause häufig idealisiert. Das Ziel sollte vielmehr sein, dass ein Mensch dort sterben kann, wo er sterben möchte. Ob das dann zu Hause, im Hospiz oder im Krankenhaus sein wird, ist zweitrangig, sofern der Wunsch des Betroffenen erfüllt werden kann. Daher ist es auch kein Versagen, wenn das Sterben zu Hause letztlich nicht möglich ist.

37 Wie lassen sich bestmögliche Voraussetzungen für das Sterben im Krankenhaus schaffen?

Viele Menschen sterben in Krankenhäusern, denn nicht alle brauchen eine Einrichtung oder ein Angebot der spezialisierten Hospiz- und Palliativversorgung oder können oder möchten zu Hause sterben. Die Hospiz- und Palliativversorgung wurde auch deshalb entwickelt, weil die medizinische Versorgung von schwer kranken und sterbenden Menschen in Krankenhäusern bis weit in die zweite Hälfte des 20. Jahrhunderts nicht optimal war. Die Schmerztherapie und die Behandlung anderer Symptome hatte nicht die heutige hohe Qualität; viele Institutionen sahen ihren Auftrag auch nicht in der Begleitung von Sterbenden. Zudem gab es kaum spezifische Aus- und Weiterbildungsangebote für die Behandlung von Sterbenden und die Begleitung ihrer Angehörigen. Dies hat sich in den letzten Jahrzehnten grundlegend verändert. In vielen Berufsausbildungen und Studiengängen ist das Thema Palliative Care verankert. Es gibt gut strukturierte Weiterbildungen; die Palliativmedizin hat wissenschaftlich viel erforscht und bewiesen, dass sie wesentlich zur Lebensqualität beiträgt. Es hat sich, wenn auch noch nicht überall, das Bewusstsein eingestellt, dass die bestmögliche Versorgung von schwer kranken und sterbenden Menschen sehr wohl zum Aufgabengebiet von Krankenhäusern gehört. Auch die deutsche Bundesärztekammer beschreibt klar, dass es mit zur Aufgabe des Arztes gehört, Sterbenden bis zum Tod beizustehen.

Auch wenn Sterbende und ihre Angehörigen und Freund*innen keinen wirklichen Bedarf für eine spezialisierte Palliativversorgung haben, haben sie doch gleiche oder ähnliche Bedürfnisse. Sterben ist ein intimer Prozess, und wenn der Wunsch nach mehr Privatsphäre besteht, kann in einem Krankenhaus oft für die letzten Tage bis Stunden ein Einzelzimmer bereitgestellt werden. Es ist auch üblich, dass Angehörige rund um die Uhr im Zimmer des Sterbenden bleiben können. Üblicherweise gibt es für Besucher*innen von Sterbenden keine geregelten Besuchszeiten. Häufig kann auf Wunsch auch ein Angehöriger im Zimmer des Sterbenden übernachten. Wenn der*die Patient*in unter körperlichen Beschwerden oder Sorgen und Ängsten leidet oder der begleitende Angehörige das Gefühl hat, dass es dem Patienten nicht gut geht, kann jederzeit ein*eine Mitarbeiter*in der Station gerufen werden. Auch wenn in diesem Fall kein großes Palliativteam verantwortlich ist, gibt es in sehr vielen Krankenhäusern Psycholog*innen, Seelsorger*innen oder andere therapeutische Berufsgruppen, die hinzugezogen und konsultiert werden können. Unter diesen Voraussetzungen sollte das Sterben im Krankenhaus gut verlaufen. Die Qualität ist allerdings von vielen Faktoren abhängig. Eine optimale Begleitung von Sterbenden hängt vom Erfahrungsniveau und der Grundhaltung ab; sie ist nur gegeben, wenn eine Klinik oder eine Station dies auch tatsächlich als eine fundamental wichtige Aufgabe ansieht. Gehen Sie schon frühzeitig mit allen Themen rund um den Tod und das Sterben auf die Ärzt*innen und die Pflegenden zu, und versuchen Sie, einen Eindruck von deren Umgang mit dem Lebensende zu erhalten. Bis zu einem gewissen Zeitpunkt haben Sie die Wahl, sich einen für Sie guten Ort für das Sterben zu suchen. Die gute Kontrolle von Symptomen am Lebensende ist heutzutage in Krankenhäusern überwiegend Standard. Sollten dennoch komplexe Probleme auftreten, stehen in vielen Häusern die oben beschriebenen Palliativdienste bzw. Konsiliardienste zur Verfügung.

38 Wann ist der Aufenthalt in einer Palliativstation oder einem Hospiz sinnvoll?

Für beide Orte ist die Grundvoraussetzung, dass eine fortgeschrittene Erkrankung besteht, die nicht kurativ behandelt werden kann und in absehbarer Zeit zum Sterben des*der Patient*in führen wird, wobei »absehbar« nicht klar definiert werden kann.

Für die ***Palliativstation***, die keine Langzeitpflegeeinrichtung ist, gilt, dass eine medizinisch herausfordernde Situation bestehen muss, um den Aufenthalt zu rechtfertigen. Wie Sie schon wissen, tragen auch emotionale, soziale und spirituelle Probleme zu einer Verschärfung der medizinischen Situation bei. Auch eine akute Belastungssituation der Angehörigen kann eine solche Indikation für die Aufnahme sein. Es darf sich allerdings nicht um ein generelles Versorgungsproblem handeln.

Wann immer also eine Verschlechterung eintritt, die es aktuell nicht ermöglicht, dass der*die Patient*in im derzeitigen Lebensumfeld bleiben kann, ist eine Palliativstation ein sehr guter Ort. Oft wird ein ambulantes Palliativteam einschätzen, ob nicht doch der Verbleib zu Hause möglich ist.

Wichtig ist, dass der*die Erkrankte den Aufenthalt wünscht und weiß, dass seine*ihre Erkrankung in einem fortgeschrittenen Stadium ist und nicht geheilt werden kann. Wie Sie im Rahmen der Frage 31 bereits gelesen haben, ist das Ziel der Palliativstation, die Problematik so weit zu verbessern, dass der Patient wieder nach Hause entlassen oder, wenn dies nicht mehr möglich ist, in eine Pflegeeinrichtung oder ein stationäres Hospiz überwiesen werden kann. Die durchschnittliche Aufenthaltsdauer in einer Palliativstation beträgt zehn bis zwölf Tage, und nur ungefähr die Hälfte der Patient*innen stirbt dort.

Ein ***Hospiz*** ist hingegen eine längerfristige Betreuungseinrichtung, in der ein*eine Patient*in auch tatsächlich bis zu seinem Tod über Wochen oder einige Monate bleiben wird. Die Hauptindikation für eine Hospizunterbringung sind die problematische Pflege- und Betreuungssituation und psychosoziale Herausforderungen. Einen rein medizinischen Grund muss es für die Aufnahme in ein Hospiz nicht geben. Die durchschnittliche Aufenthaltszeit in einem Hospiz beträgt 25 Tage, wobei die Bandbreite hier sehr groß ist.

Sprechen Sie am besten mit Ihrem Hausarzt oder Ihrer Hausärztin über die Sinnhaftigkeit einer dieser Einrichtungen. Er bzw. sie kann Sie überweisen. In Teil 8 dieses Buchs finden Sie auch Hinweise, wie Sie entsprechende Angebote in Ihrer Nähe finden können. Sie können dann auch direkt mit den zuständigen Kontaktpersonen besprechen, welche die bestmögliche Versorgung darstellt und wie eine Aufnahme erfolgen kann.

39 Welche Unterstützung gibt es außerhalb der Palliativversorgung?

Wir möchten Ihnen hier einige Angebote aufzeigen, die eine gute Lebensqualität am Lebensende unterstützen können.

Hausarzt/Hausärztin: Er*sie ist die zentrale Ansprechperson und kennt den Patienten und seine Krankheitsgeschichte, und er*sie verfügt üblicherweise über ein gutes Netzwerk von Kollegen, zusätzlichen Angeboten und weiteren Fachdiensten in der Region.

Pflegedienste: Einen anderen Menschen zu pflegen kann emotional, aber auch körperlich anstrengend sein. Zudem ist dazu auch Fachwissen erforderlich. Professionelle Pflegedienste können Sie beraten; sie können einen Teil der Pflege oder auch die gesamte Pflege übernehmen. Im Rahmen der Frage 25 haben wir näher ausgeführt, was Sie tun können, wenn eine erkrankte Person Pflege ablehnt.

Niedergelassene Psycholog*innen/Psychotherapeut*innen/Psychoonkolog*innen: Eine Erkrankung und die Auseinandersetzung mit dem bevorstehenden Abschied von einem geliebten Menschen, die Pflege und die aufgrund der belastenden Situation sich ergebenden Rollenveränderungen erfordern viel Aufmerksamkeit. Hier ist es immer hilfreich, mit Freund*innen oder in der Familie Gespräche zu führen. Wenn Sie, egal ob als Patient oder als Angehöriger, einen hohen Leidensdruck haben und sich das Gefühl einstellt, dass Sie professionelle Unterstützung brauchen, stehen Ihnen zunächst der Hausarzt oder andere behandelnde Ärzte zur Verfügung. Besondere Unterstützung geben Ihnen Psycholog*innen, Psychotherapeut*innen und im spezifischen Fall für Themen rund um Tumorerkrankungen auch Psychoonkolog*innen. Kontakte zu diesen Berufsgruppen können Sie meist über Ihren Hausarzt oder örtliche Hospiz- und Palliativeinrichtungen bekommen.

Seelsorge: Eine wichtige Aufgabe von Kirchen- und Glaubensgemeinden sowie anderen Gemeinschaften ist die Seelsorge, denn die Seele hat in Phasen des Abschieds einiges zu verkraften. Auch Fragen und Sorgen rund um den Tod sind ein zentrales Thema der Seelsorge. Es gibt professionelle, aber auch ehrenamtliche Seelsorger*innen, die für Gespräche oder einfach nur für gemeinsames Schweigen Zeit haben.

Weitere spezifische Angebote finden Sie auch unter Frage 36 sowie in der Rubrik »Hilfreiche Adressen« am Ende dieses Buchs.

40 Was ist eine Patientenverfügung?

In einer Patientenverfügung halten Sie fest, welche medizinischen Behandlungen Sie in gewissen Situationen oder im Fall, dass Sie selbst nicht mehr entscheiden können, ablehnen bzw. welchen Sie zustimmen. Eine Patientenverfügung können ausschließlich Sie selbst zu einer Zeit verfassen, in der Sie einwilligungsfähig sind. Da eine Patientenverfügung weitreichende Konsequenzen hat, sollten Sie sich vor der Erstellung einer Verfügung über Ihre eigenen Wertvorstellungen sowie Ihre Einstellung zu Leben und Tod Gedanken machen und diese möglichst auch schriftlich festhalten. Viele Patientenverfügungen geben dazu Hilfestellung. Diese Wertvorstellungen können für die Ärzt*innen hilfreich sein, wenn eine Situation eintritt, die die Verfügung nicht genau beschreibt, Sie aber als Patient*in nicht einwilligungsfähig sind.

Die Patientenverfügung tritt in Kraft, wenn Sie nicht mehr in der Lage sind, für sich selbst zu entscheiden. Bis dahin können Sie sie jederzeit widerrufen oder auch in einer aktuellen Situation etwas anderes entscheiden. In einer Patientenverfügung sind zwei wesentliche Inhalte zu bestimmen: welche Behandlung Sie in welcher Situation ablehnen bzw. welche Maßnahmen Sie wünschen, wenn Sie selbst nicht mehr einwilligen können. Je konkreter Sie dies beschreiben, desto einfacher ist es später für die betreuenden Ärzt*innen, zu entscheiden. Wenn eindeutig und konkret formuliert ist und aus der Beschreibung klar hervorgeht, was Sie in welcher Situation ablehnen (z. B. »Ich lehne im Fall einer Demenzerkrankung im Endstadium die Ernährung über eine PEG-Sonde ab«), ist dies für einen Arzt ohne Wenn und Aber bindend. Beachten Sie bitte, dass Wünsche nur unter bestimmten Bedingungen erfüllt werden können bzw. müssen (siehe hierzu Frage 44).

Die gesetzlichen Regelungen sind in den deutschsprachigen Ländern unterschiedlich.

In ***Deutschland*** gilt der Inhalt der Patientenverfügung als expliziter Wille des Patienten und muss in jedem Fall und von jeder medizinischen Berufsgruppe beachtet werden, wenn die Verfügung auf die vorliegende Situation zutrifft. Eine Patientenverfügung muss in Deutschland weder durch einen Notar noch durch einen Rechtsanwalt bestätigt werden. Wenn keine schriftliche Patientenverfügung vorliegt, sind Ärzt*innen verpflichtet, den mutmaßlichen Willen des Patienten zu ermitteln. Dies geschieht in Gesprächen mit Angehörigen und Bevollmächtigten durch Einholung von Informationen über den Patienten, seine Einstellung zum Leben, zu schwerer Krankheit und zum Tod. Eine bevollmächtigte Person können Sie in einer Vorsorgevollmacht benennen (siehe dazu die nächste Frage).

In ***Österreich*** müssen Sie beachten, dass jede Art von Patientenverfügung für die Ermittlung des Patientenwillens herangezogen werden muss, sie jedoch nur dann rechtlich bindend ist, wenn es sich auch um eine »verbindliche Patientenverfügung« handelt. Diese inkludiert ein dokumentiertes ärztliches Gespräch zu den abgelehnten Maßnahmen und eine per Unterschrift dokumentierte rechtliche Belehrung, z. B. durch einen Notar oder Rechtsanwalt. Zudem ist in Österreich auch nur der Arzt an die verbindliche Patientenverfügung gebunden. In der österreichischen Patientenverfügung können Sie eine Person eintragen, die im Fall, dass Sie selbst nicht mehr entscheiden können, informiert werden soll. Dies bedeutet aber nicht, dass diese Person für Sie entscheiden darf. Dies ist entweder der Person vorbehalten, die der Patient in einer Vorsorgevollmacht (siehe nächste Frage) benannt hat oder die gemäß den Bestimmungen des Erwachsenenschutzgesetzes als Erwachsenenvertreter bestimmt wurde.

Auch in der ***Schweiz*** können Menschen in Patientenverfügungen festlegen, welchen medizinischen Maßnahmen sie im Fall der Nichteinwilligungsfähigkeit zustimmen bzw. welche sie ablehnen. Patientenverfügungen sind für Ärzt*innen bindend. Auch in der Schweiz kann ein Vertreter benannt werden, der über medizinische Behandlungen entscheidet, wenn der Verfasser der Verfügung dazu nicht mehr in der Lage ist.

In jedem Fall muss, wenn die Patientenverfügung zum Einsatz kommen soll, bekannt sein, dass diese vorliegt. Die Patientenverfügung stellt somit eine »Bringschuld« Ihrerseits dar. Hinterlegen Sie die Patientenverfügung bzw. eine (beglaubigte) Kopie beim Hausarzt bzw. der Hausärztin; Familienmitglieder sowie die Vertrauensperson, die Sie bevollmächtigt haben, bzw. die Person, die laut Ihrer Patientenverfügung informiert werden soll, wenn Sie selbst nicht mehr entscheiden können, sollten jeweils auch Kopien erhalten. Tragen Sie eine Karte mit sich, in der Sie auf die Patientenverfügung hinweisen; sie sollte unbedingt Angaben enthalten, wo diese zu finden ist und wer informiert werden soll. Nehmen Sie die Patientenverfügung bzw. eine Kopie bei einem geplanten Krankenhausaufenthalt mit, und geben Sie diese dem dort behandelnden

Arzt bzw. Ärztin. Wir empfehlen Ihnen, die Patientenverfügung auch zu Hause an einem Ort aufzubewahren, an dem diese leicht zu finden ist.

Beachten Sie, dass eine Patientenverfügung primär ein Instrument ist, um zu beschreiben, welche medizinischen (nicht pflegerischen) Maßnahmen Sie ablehnen bzw. welchen Sie zustimmen. Sie können auch Behandlungswünsche äußern. Sie können mit einer Patientenverfügung aber keine Maßnahmen oder Behandlungen fordern, die von den Ärzt*innen nicht als indiziert erachtet werden. Verbindlich ist nur das, was Sie ablehnen.

Eine Patientenverfügung sollte regelmäßig erneuert werden, in Deutschland und in der Schweiz etwa alle zwei Jahre, in Österreich alle acht Jahre. Es reicht dazu aus, die Patientenverfügung mit aktuellem Datum neu zu unterschreiben. Wenn eine Veränderung des Gesundheitszustands eintritt, empfehlen wir, dass Sie sich vom Hausarzt bzw. der Hausärztin oder bei einem Hospizverein beraten lassen und die Patientenverfügung neuerlich besprechen und gegebenenfalls abändern. In Österreich können Sie die verbindliche Patientenverfügung durch ein weiteres Arztgespräch erneuern.

41 Was ist eine Vorsorgevollmacht?

In einer Vorsorgevollmacht können Sie, sofern Sie voll geschäftsfähig sind, eine andere Person benennen, die für Sie Entscheidungen trifft. Die Vorsorgevollmacht tritt ab Ausstellung in Kraft und nicht erst, wenn Sie geschäftsunfähig werden, und sie umfasst verschiedene Aufgabengebiete wie den gesundheitlichen Bereich, Aufenthaltsort, Post- und Fernmeldewesen, die Finanzen usw. In der Praxis bedeutet dies, dass die Vorsorgevollmacht auch schon für all jene Situationen zur Verfügung steht, in denen Sie die in der Vollmacht genannte Person in Entscheidungen einbinden möchten, wenn Sie selbst verhindert sind. So können Sie beispielsweise Angelegenheiten in Ihrem Sinne regeln lassen, ohne dass Sie selbst zu einem Termin gehen müssen. Insofern ist eine Vorsorgevollmacht nicht erst dann hilfreich, wenn Sie selbst keine Entscheidungen mehr treffen können.

Die bevollmächtigte Person kann z.B. medizinischen Behandlungen zustimmen oder diese ablehnen. Damit die Person weiß, was sie entscheiden soll, ist es essenziell, dass Sie dies in einer Patientenverfügung festgehalten haben. Denn die Person soll nicht so entscheiden, wie sie selbst meint, sondern vielmehr Sprachrohr Ihres Willens sein.

Eine Vorsorgevollmacht muss schriftlich vorliegen. In ***Österreich*** muss sie zudem von einer rechtskundigen Person (z.B. einem Notar oder Rechtsanwalt) angefertigt werden und wird in das zentrale Vorsorgeregister eingetragen; in ***Deutschland*** ist das nicht notwendig. In der ***Schweiz*** wird diese Vollmacht »Vorsorgeauftrag« genannt und muss ebenfalls bei einem Notar veranlasst werden. Bei Bankvollmachten empfiehlt es sich zudem, die bankeigenen Formulare zu verwenden, da allgemeine Vorsorgevollmachten oft nicht anerkannt werden. Es wird empfohlen, dass Vorsorgevollmachten über den Tod hinaus gültig sein sollten, um Angehörigen Probleme mit Behörden oder anderen Institutionen zu ersparen. In ***Österreich*** erlischt die Vollmacht allerdings mit dem Tod des Vollmachtgebers bzw. auch mit dem Tod des Bevollmächtigten.

42 Darf ich als Sterbende*r eine Behandlung ablehnen?

Grundsätzlich müssen Sie jeder Behandlung, die Sie von einem Arzt bzw. einer Ärztin erhalten sollen, zustimmen. Das heißt, dass eine Behandlung (alle Therapien, Eingriffe oder Operationen) oder Maßnahme (das kann auch nur eine Blutabnahme sein) an Ihnen nicht durchgeführt werden darf, wenn Sie sich nicht vorher einverstanden erklärt haben. Um Ihr Einverständnis zu geben, müssen Sie vorab entsprechend aufgeklärt werden, das heißt, Sie müssen verstanden haben, welchen Nutzen und welche Risiken die Behandlung oder die Maßnahme für Sie bedeuten. Daher können Sie auch jederzeit eine Behandlung ablehnen, wenn Sie diese nicht wünschen. Besonders zum Lebensende hin stellt sich oft die Frage, welche Therapien noch sinnvoll sind, was diese erreichen sollen und ob die Belastung für den Körper nicht zu groß ist.

43 Darf ich als Angehöriger / Freund die Behandlung eines mir nahestehenden Menschen ablehnen?

Als Angehöriger oder Freund dürfen Sie Entscheidungen über Behandlungen eines Patienten nur treffen, wenn Sie vom Patienten dazu bevollmächtigt sind und diese Vollmacht für den Gesundheitsbereich gilt. Ein Naheverhältnis (z. B. Ehefrau / Ehemann) ist dafür nicht ausreichend. Die Vorsorgevollmacht kommt dann zum Tragen, wenn der Patient nicht mehr selbst über seine Behandlung entscheiden kann und die Ärzt*innen eine Zustimmung zu einer Behandlung oder das Einverständnis für die Beendigung einer Maßnahme brauchen. Dabei ist es wichtig, dass Sie nicht entscheiden, was Sie selbst meinen, sondern dass Sie im Sinn des Patienten entscheiden und sozusagen sein Sprachrohr sind, um seinen Willen auszudrücken. Es kann also durchaus sein, dass Sie Maßnahmen zustimmen oder ablehnen, bei denen Sie selbst zwar anders entscheiden würden, aber da der Patient oder die Patientin dies in der Patientenverfügung so festgelegt hat, müssen Sie diesen Willen umsetzen.

44 Kann ich jede medizinische Behandlung fordern?

Nein, Sie können nicht jede medizinische Behandlung fordern. Für die Durchführung einer Behandlung braucht es immer ein Therapieziel, das erreicht werden soll. Therapieziele können die Heilung einer Erkrankung oder, wenn dies nicht mehr möglich ist, eine Lebensverlängerung sein. Aber auch die Verbesserung der Lebensqualität oder zuletzt ein friedliches Sterben können Therapieziele sein. Um ein Therapieziel zu erreichen, müssen Nutzen und Schaden einer Behandlung abgewogen werden, und die Ärzt*innen müssen eine Indikation für die Behandlung stellen. Wenn jedoch kein Nutzen aus der Behandlung gezogen werden kann, wenn z. B. eine Krebserkrankung schon sehr weit im Körper gestreut hat, dann bringt die Operation des Tumors an einer einzigen Stelle nichts. Oder wenn durch eine Viruserkrankung eine Lungenentzündung verursacht wird, helfen Antibiotika nicht. Solche Behandlungen können daher von Patienten nicht gefordert werden.

45 Wie ist die rechtliche Situation in Bezug auf Sterbehilfe?

Es gibt verschiedene Formen der Sterbehilfe, die in Deutschland, Österreich und der Schweiz zum Teil auch bezüglich der rechtlichen Konsequenzen ähnlich sind, sich aber bei manchen Formen der Sterbehilfe deutlich unterscheiden.

Passive Sterbehilfe liegt vor, wenn man bei einer fortgeschrittenen Erkrankung den einsetzenden Sterbeprozess geschehen lässt. Daher wird heute auch eher von »Sterbenlassen« gesprochen. Das bedeutet, dass lebensverlängernde Maßnahmen beendet oder nicht eingeleitet werden, um das Sterben nicht weiter hinauszuzögern. Der Fokus der Behandlung liegt damit auf der Lebensqualität und der Kontrolle von belastenden Symptomen, und alles ist darauf ausgerichtet, dass ein Mensch friedlich sterben kann. Passive Sterbehilfe oder Sterbenlassen sind in Deutschland, Österreich und der Schweiz legal.

Aktive Sterbehilfe ist demgegenüber die gezielte Herbeiführung des Todes auf den tatsächlichen oder mutmaßlichen Wunsch eines Menschen. Daher wird auch von Tötung auf Verlangen gesprochen. Hier würde jemand durch Verabreichung einer Überdosis von Medikamenten das Sterben eines Menschen beschleunigen. Wenn dies ohne ausdrücklichen Wunsch eines Menschen passiert, handelt es sich um Totschlag oder Mord. Tötung auf Verlangen ist in Deutschland, in Österreich und auch in der Schweiz verboten und wird mit einer Haftstrafe von bis zu fünf Jahren belangt. In den Niederlanden, Belgien und Luxemburg ist Tötung auf Verlangen unter bestimmten gesetzlichen Auflagen straffrei.

Indirekte Sterbehilfe bedeutet, dass für die Linderung von Schmerzen, Atemnot oder anderen Symptomen so hohe Dosierungen von Medikamenten notwendig sind, dass es zu einer Verkürzung des Lebens kommt. Dies wird in Kauf genommen, da entscheidend ist, dass der Arzt beabsichtigt, das Leiden zu reduzieren und nicht den Menschen zu töten.

Assistierter Suizid liegt vor, wenn sich ein Mensch selbst mit der Unterstützung durch eine dritte Person, die ein Mittel bereitstellt, das Leben nimmt. Diese Hilfe zum Suizid war in ***Deutschland*** erlaubt, allerdings entstand große Unsicherheit, da die sogenannte geschäftsmäßige Förderung der Selbsttötung 2015 verboten wurde. Dieses Verbot hat das Bundesverfassungsgericht im Februar 2020 aufgehoben und das Recht des Einzelnen auf selbstbestimmtes Sterben betont – inklusive der Freiheit, sich das Leben zu nehmen. Dabei hat der Suizidwillige die Freiheit, auf die freiwillige Hilfe Dritter zurückzugreifen. Die Unterstützung bei einem Suizid ist damit in Deutschland nicht strafbar. Auch in Österreich ist die Beihilfe zum Suizid durch ein Urteil des Verfassungsgerichtshofes erlaubt, und das Parlament hat mit dem sogenannten Sterbeverfügungsgesetz geregelt, unter welchen Voraussetzungen assistierter Suizid durchgeführt werden kann. Demnach muss die Person erwachsen und entscheidungsfähig sein, es muss eine terminale, also todbringende Erkrankung vorliegen und es müssen zwei ärztliche Gutachten bestätigen, dass die Person diese Voraussetzungen erfüllt. Ein Gutachten muss von einer Person mit palliativmedizinischer Ausbildung erstellt werden. In der ***Schweiz*** wird seit vielen Jahren Beihilfe zum Suizid durch Sterbehilfevereine angeboten und ist erlaubt.

46 Welche Möglichkeiten hat ein schwer erkrankter Mensch, der nicht mehr leben will?

Schwer kranke und sterbende Menschen äußern viele Wünsche. Neben denen, die wir schon eingangs beschrieben haben, wie den Wunsch, Dinge noch zu erleben oder Angelegenheiten zu regeln, ist auch der Todeswunsch ein immer wieder geäußertes Anliegen – und natürlich legitim. Der Äußerung eines Todeswunsches ist allerdings hinsichtlich seiner Bedeutung nicht zwangsläufig eine konkrete Handlungsaufforderung oder die Ankündigung, dass ein Mensch seinem Leben ein Ende setzen wird. Es kann sein, dass Todeswunsch und Lebenswunsch gleichzeitig vorhanden sind.

Es ist sehr wichtig, »hinter diese Aussage« bzw. »hinter diesen Wunsch« zu blicken. Die Gründe, warum ein Wunsch zu sterben besteht, können vielfältig sein. Oft sind es konkrete und existenzielle Belastungen oder Ängste, die Menschen dazu führen, sich eher den Tod als das weitere Leben zu wünschen. Ausschlaggebend können aber auch nicht ausreichend behandelte Symptome wie Schmerzen oder Atemnot sein oder auch die Angst, dass unerträglich starke Symptome auftreten könnten. In diesen Fällen ist es sehr wichtig, den Menschen wichtige Informationen zu geben oder die Behandlung zu optimieren. Im Übrigen ist oft auch Folgendes zu beobachten: Wenn gesunde Menschen oder solche, die sich zwar in der Anfangsphase einer schweren Erkrankung befinden, aber noch keine Anzeichen des bevorstehenden Todes verspüren, gefragt werden, welche Entscheidungen sie für sich am Lebensende treffen würden, sind diese oft andere – und durchaus radikaler –, als wenn Menschen bereits erleben, wie sich »Sterben anfühlt«.

Ein sehr häufiger Grund, warum Menschen den Tod

herbeiwünschen, ist die Angst, anderen Menschen zur Last zu fallen. Dies ist natürlich ein soziales Problem, das nur durch Kommunikation und die Bereitstellung bzw. Inanspruchnahme von geeigneten Hilfsangeboten gelöst werden kann. Auch Isolation und Einsamkeit oder die Angst, in naher Zukunft isoliert und einsam zu sein, können einen Todeswunsch begünstigen.

Hinter einem Todeswunsch taucht immer wieder ein zentrales Thema auf: die Angst vor Kontrollverlust. Sowohl die Möglichkeit, sich den Tod zu wünschen, als auch die Möglichkeit, sich tatsächlich frühzeitig zu töten, sind Möglichkeiten der Selbstkontrolle. Um dieser Angst vor dem Kontrollverlust entgegenzuwirken, ist die Förderung der Autonomie und Selbstkontrolle im natürlichen Prozess des Sterbens ein wichtiges Ziel der Hospizbewegung und der Palliativversorgung. Dies ist ein Angebot, damit Menschen nicht bis zum Äußersten gehen müssen und sich aus Angst das Leben nehmen.

Neben all diesen meist zukunftsgerichteten Ängsten können auch sehr klare Wünsche und Optionen, wie das Leben zu Ende gehen soll, durch einen Todeswunsch ausgedrückt werden. Es kann bedeuten, dass ein Mensch sich selbst das Leben nehmen möchte, dass er sich wünscht, dass ein anderer Mensch, z. B. ein Arzt, ihn tötet, oder dass er Unterstützung erhält, sich selbst zu töten (siehe Frage 45).

Wenn ein Mensch tatsächlich sterben will oder nicht möchte, dass sein Leben verlängert wird, gibt es verschiedene Möglichkeiten:

- ***Die Ablehnung von Behandlungen:*** Wie im Rahmen der Frage 42 beschrieben, müssen Menschen jeder ärztlichen Behandlung zustimmen, und sie dürfen auch jede Behandlung ablehnen. Dies betrifft lebenserhaltende Maßnahmen wie Beatmung oder eine Dialyse, aber auch Therapien, wie z. B. eine Chemotherapie oder künstliche Ernährung. Falls es zu einer Situation kommt, in der ein Mensch nicht mehr selbst entscheiden kann, hilft in diesem Fall eine Patientenverfügung und Vorsorgevollmacht, um die für den Betroffenen richtigen Therapieentscheidungen zu treffen.

- ***Freiwilliger Verzicht auf Essen und Trinken:*** Manche Menschen beschließen, das Essen und Trinken einzustellen, um frühzeitiger zu sterben. Das war früher wahrscheinlich häufiger der Fall als heute. Es kann auch sein, dass jemand zuerst aufhört zu essen und später das Trinken einstellt oder nur noch schluckweise etwas Flüssigkeit zu sich nimmt. Die Beschwerden, die durch den Flüssigkeitsmangel auftauchen, wie trockener Mund oder starkes Durstgefühl, können durch gute Mundpflege gelindert werden.
- ***Palliative Sedierung:*** Die palliative Sedierung ist die Gabe von Medikamenten, die das Bewusstsein von Patient*innen stark reduzieren und einen narkoseartigen Zustand erzeugen. Dies kann angewendet werden, wenn Symptome trotz aller Therapieversuche sehr stark sind und nicht ausreichend gelindert werden können. Das Ziel ist auch hier die Linderung von Leid. Manche Menschen sterben in dieser Sedierungsphase.
- ***Assistierter Suizid:*** Unter assistiertem Suizid versteht man die Selbsttötung mit der Hilfe eines weiteren Menschen, der z. B. dem Patienten Medikamente zur selbstständigen Einnahme zur Verfügung stellt. Die rechtlichen Rahmenbedingungen wurden bereits im Rahmen der Frage 45 beschrieben.

Es ist uns ein großes Anliegen, noch einmal zu betonen, dass ein Todeswunsch legitim ist. Dabei ist es wichtig, im

Gespräch herauszufinden, welche Gründe zu diesem Wunsch führen. Bei sehr vielen Menschen ist es ein Hilfeschrei, und diese Hilfe ist in sehr vielen Situationen und bei sehr vielen Symptomen möglich.

47 Sterben Menschen, die sich intensiv mit ihrem Ableben beschäftigen, leichter?

Frau H. war dem mobilen Palliativteam seit langer Zeit bekannt, es hatte sie über viele Monate zu Hause begleitet. Sie war bereits vor einigen Wochen auf der Palliativstation gewesen, weil ihre Lungenerkrankung, mit der sie schon seit einigen Jahren lebte, einige Probleme verursachte. Frau H. war pensionierte Apothekerin, hatte also Hintergrundwissen zu Erkrankungen, kannte die medizinische Sprache, und mit ihrem naturwissenschaftlichen Interesse und Wissen konnte sie sich auch selbst einige Prozesse im menschlichen Körper erklären. Frau H. schien auf alles vorbereitet zu sein. Die Patientenverfügung war stets auf dem neuesten Stand, eine Vorsorgevollmacht eingerichtet, das Testament aufgesetzt; sie hat sogar Abschiedsbriefe an ihre beiden Töchter und die fünf Enkelkinder verfasst und eine Versicherung für ihre Bestattung abgeschlossen. Eine ihrer Töchter berichtete später, dass sie auch Vorschläge für die Musikauswahl für die eigene Trauerfeier gemacht hatte. Frau H. war, wie man landläufig sagt, eine äußerst kooperative, selbstbewusste, offene und auch aktive Patientin mit einer chronischen Erkrankung, bei der sich alle Beteiligten über die Jahre hinweg an die kontinuierlichen Veränderungen anpassen konnten.

Eines Tages im Oktober wurde Frau H., zu diesem Zeitpunkt 74 Jahre alt, wieder auf die Palliativstation aufgenommen, weil viele Probleme ihre Lebensqualität und ihren Allgemeinzustand erheblich eingeschränkt hatten. Die Verschlechterung kam sehr plötzlich, und bei der Aufnahme war nicht klar, ob sie diesen Aufenthalt überleben würde. Frau H. litt vor allem unter massiver Atemnot. Diese war tatsächlich äußerst stark. Frau H. wusste, seit sie die Diagnose kannte, dass sie eines Tages an dieser Erkrankung sterben würde, und sie selbst war es, die aktiv den Weg in eine palliative Versorgung suchte. Es war allerdings nun das erste und vielleicht sogar das letzte Mal, dass sie dem Sterben sehr nah kam, nämlich viel näher, als sie dies wollte und sich vorstellen konnte. Frau H. war paralysiert vor Angst, und als nach zwei Tagen eine hochdosierte Antibiotikatherapie erste Erfolge verzeichnete, wich die Angst einer immensen Wut, die auch die Pflegekräfte und die Angehörigen abbekamen. Nach einigen weiteren Tagen stabilisierte sich der Zustand von Frau H., und sie war dann wieder in der Lage, Gespräche zu führen. In einem dieser Gespräche mit der Ärztin ging es um diese existenzielle Erfahrung der letzten Tage, dem Lebensende so nah zu sein. Frau H. brachte es mit einem Satz auf den Punkt: »Der Weg vom Hirn zum Herz ist ein weiter.«

Erfahrungsgemäß können wir uns alle nur bedingt auf das Sterben vorbereiten, selbst wir Expert*innen nicht, die wir beinahe täglich mit dem Thema konfrontiert sind. Es fehlt uns und vielen anderen Menschen schlicht die Erfahrung des Sterbens oder der sehr schweren Erkrankung. Insofern ist jede Auseinandersetzung mit dem Tod und dem Sterben lediglich eine Annäherung an die Wirklichkeit. Wir werden erst dann wissen, wie leicht oder schwer wir uns mit dem Sterben tun, wenn es so weit sein wird. Perspektiven ändern sich oft durch das eigene Erleben.

Von einem sind wir aber überzeugt: Die Auseinandersetzung mit dem Tod, dem Sterben und der eigenen Endlichkeit – und der der anderen – ist auf jeden Fall hilfreich. Das Bewusstsein der eigenen Endlichkeit lässt uns manche Entscheidungen anders treffen und manche Prioritäten genauer definieren. Wir treffen eher Vorsorge für den Fall, dass wir schwer krank werden, und denken darüber nach, was wir möchten und was wir ablehnen wollen. Die Integration der Auseinandersetzung in das Leben lässt uns die Veränderungen, die auf uns zukommen, viel eher als Prozess erkennen und nicht als isolierten Teil, der uns dann irgendwann sehr plötzlich trifft. Und dennoch können auch wir nicht ausschließen, dass uns der Tod plötzlich aus der Bahn wirft.

Frau H. hat übrigens noch etwa zwei Monate gelebt. In der weiteren Auseinandersetzung in Gesprächen und Reflexionen kam sie auf ein gut verschüttetes Thema, das sie sehr quälte. Es war die Versöhnung mit einem ihr sehr wichtigen Menschen, ihrem Sohn. Mit allem Mut schaffte sie diesen wichtigen Schritt, und wenn wir auf Frau H.s Abschied zurückblicken, können wir heute sagen, dass sie schließlich auch im Sterben ihren Frieden gefunden hat.

Teil 4

Die Krankheit schreitet voran, und das Sterben wird sichtbarer – was hilfreich ist

Die meisten Menschen sterben an vorher diagnostizierten Krankheiten. Diese Krankheiten gehen einerseits mit Krankheitszeichen, sogenannten Symptomen, einher. Andererseits erleben Menschen mit fortgeschrittenen Erkrankungen auch Einschränkungen im Alltag. Die Selbstständigkeit kann nachlassen, und die Kraft nimmt unter Umständen ab. Wir möchten in der Folge Krankheiten nicht nur aus einem rein medizinischen Blickwinkel erörtern, sondern auch die psychologischen und sozialen Aspekte einer Erkrankung betrachten. Zudem ist es uns wichtig, dass Sie verstehen, warum die häufigsten Symptome auftreten und vor allem welche Hilfe zur Verfügung steht. Deswegen auch hier schon die gute Nachricht vorab: Sehr viele Symptome können gut gelindert werden. Durch die Organisation einer professionellen Versorgung und durch persönliches Engagement können Sie selbst als Patient*in und als Angehöriger zu einer Verbesserung beitragen. Wir werden uns nun unter anderem Themen widmen, die oft emotional besetzt sind: Ernährung am Lebensende sowie Schmerz und Atemnot.

48 Gibt es Möglichkeiten, selbst bei einer fortschreitenden Erkrankung die Lebensqualität und Symptome zu verbessern?

Auch wenn die Menschen, um die es in diesem Buch geht, in absehbarer Zeit sterben werden, sollten der Verlauf der Erkrankung und die Lebensqualität nicht dem Schicksal überlassen werden. Die »Erkrankung an sich« kann in der Tat am Lebensende kaum noch oder gar nicht mehr beeinflusst werden. Aber bei all jenen Faktoren, die die Erkrankung »ausmachen« oder ihre Folge sind, kann durchaus etwas verändert werden.

Das sind zum einen die Symptome, also die Beschwerden, die die Erkrankung oder die Therapien mit sich bringen. Zum anderen ist ein Mensch durch die Erkrankung und aufgrund von Symptomen nicht mehr so aktiv, wie er es früher gewohnt war. Diese Einschränkung der Aktivitäten im Alltag kann zur Folge haben, dass auch die Teilnahme am sozialen Leben eingeschränkt ist. Es besteht eine große Gefahr darin, dass erkrankte Menschen nur auf die Erkrankung und auf die dadurch bedingten Probleme reduziert werden. Ein Mensch ist aber auch in dieser Lebensphase weit mehr als die Summe der Symptome seiner Erkrankung, und so möchte er auch wahrgenommen werden.

Begleiten wir Herrn M. während der letzten Monate seines Lebens. Herr M. war ein 72-jähriger pensionierter und verwitweter Lehrer, der seine Freizeit seinen beiden Enkelkindern widmete und diese unter anderem zum Fußballtraining brachte. Auch jeden Sonntag, wenn die Meisterschaftsspiele anstanden, verbrachte er viel Zeit beim Fußball. Er war sehr stolz, dass seine Enkelsöhne recht erfolgreich in der Stammmannschaft ihren Platz gefunden hatten. Im Fußballverein hatte Herr M. die meisten sozialen Kontakte außerhalb seiner Familie. Er war sehr hilfsbereit, organisierte Siegerehrungen, stand bei Meisterfeiern am Grill und war im Laufe der Zeit zur guten Seele des Vereins geworden.

Herr M. erhielt schon vor einigen Jahren die Diagnose Prostatakrebs und wurde mit einer Operation und Hormontherapie behandelt, was über lange Zeit wenig Auswirkung auf sein Leben hatte. Im letzten Jahr verstärkten sich allerdings die Beschwerden, und es wurde ein Rezidiv, ein Wiederauftreten der Krebserkrankung, festgestellt. Diesmal hatte der Tumor auch gestreut, also Metastasen gebildet, und schon recht bald stellte sich heraus, dass die Erkrankung in diesem Fall nicht mehr kurativ behandelt werden konnte, also nicht mehr heilbar war. Durch die Behandlung entwickelte Herr M. eine Harninkontinenz. Dies bedeutete, dass er Gefahr lief, seinen Harn nicht halten zu können. Aufgrund dieses sehr belastenden Symptoms traute er sich nicht mehr aus dem Haus. Zudem hatte er zunehmend starke Schmerzen in der Lendenwirbelsäule, wohin der Tumor gestreut hatte.

Die Differenzierung einer Erkrankung in die Ebenen des Symptoms, der Aktivität und der sozialen Teilhabe ermöglicht Behandler*innen, den Patient*innen selbst und auch Angehörigen verschiedene Ansatzpunkte zu geben, um die Situation zu verbessern. Erfahrungsgemäß haben Einschränkungen bzw. Verbesserungen auf allen drei Ebenen erheblichen Einfluss auf die Lebensqualität.

Solche komplexen Situationen erfordern gut abgestimmte Therapien. Dementsprechend ist es sinnvoll, dass auch verschiedene Berufsgruppen einbezogen werden, die gemeinsam mit den Angehörigen, Freund*innen und natürlich mit dem Patienten selbst versuchen, die Situation bestmöglich zu gestalten.

Gehen wir noch einmal zurück zu Herrn M. Er lebte zu Hause, und die Inkontinenz sowie die starken Schmerzen, die durch Metastasen der Krebserkrankung verursacht wurden, hatten ihn schon seit über drei Wochen fest im Griff. Er verbrachte zunehmend mehr Zeit im Bett und fühlte sich von Tag zu Tag ein wenig schwächer. Neben den körperlichen Schmerzen plagte Herrn M. auch das Gefühl der Hoffnungslosigkeit. Er war sehr traurig, weil sein Körper nun Aktivitäten verweigerte, die er immer gewohnt war. Zum anderen hatte er dadurch kaum mehr soziale Kontakte. Seine Tochter, die genauso wie sein Schwiegersohn selbstständig war und sehr viel arbeitete, bestellte ihm Essen auf Rädern, das zweimal täglich geliefert wurde. Für einen ausgiebigen Plausch hatten die Personen, die das Essen brachten, keine Zeit. Herrn M.s Freunde aus dem Fußballverein hatten gehört, dass es ihm nicht so gut ging, allerdings waren sie sich unsicher, ob sie ihn besuchen können. Sie beschlossen, erst einmal eine Besserung abzuwarten.

Der Hausarzt hatte bereits eine Schmerztherapie begonnen, zog aber den lokalen ambulanten Palliativdienst hinzu, um die Situation von Herrn M. gemeinsam zu verbessern. Dazu wurde zunächst ein ausführliches Gespräch mit dem Patienten geführt. Als Hauptproblem gab Herr M. die starken Schmerzen am Morgen an, derentwegen er kaum aus dem Bett kam. Außerdem traten diese auch im Laufe des Tages immer wieder attackenartig auf. Darüber hinaus litt Herr M. unter zunehmender Schwäche, sodass er sich kaum noch bewegen konnte. Am schlimmsten war für ihn die beinahe vollkommene Isolation. In diesem Gespräch vertraute Herr M. dem Palliativteam zudem an, wie sehr er wegen seiner Inkontinenz unter Schamgefühlen litt.

In der ersten Woche war der Palliativmediziner zweimal zu Besuch, und eine palliative Pflegekraft kam täglich. Schnell war klar, dass Herr M. andere und vor allem dauerhaft wirksame Schmerzmedikamente brauchte. Die Pflegenden beschlossen, eine aktivierende Pflege mit Herrn M. durchzuführen. Ihnen war wichtig, dass er selbst Strategien erlernte, wie er die Körperpflege im Sitzen durchführen und so gut für sich selbst sorgen konnte. Darüber hinaus wurde eine Physiotherapeutin gebeten, mit ihm Methoden zu erarbeiten, wie er besser aus dem Bett kommen, seine Gehstrecke erweitern, mehr Kraft bekommen und auch die Muskulatur des Beckenbodens trainieren konnte. Zudem erhielt Herr M. Hilfsmittel gegen die Inkontinenz und lernte, mit der Situation besser und zunehmend selbstsicher umzugehen.

So erfuhr Herr M., dass trotz der Inkontinenz regelmäßiges Trinken wichtig ist – bevorzugt Kräutertees, Früchtetees und Mineralwasser ohne Kohlensäure – und dass Kaffee, Schwarztee oder auch Alkohol den Harndrang steigern. Herr M. achtete auch auf gute Verdauung, denn Verstopfung führt häufig zu einem erhöhten Bauchdruck und deswegen zu leichterem Harnabgang. Zudem erhielt er auch gut passende Einlagen, mit denen er sich sicher fühlte.

Herr M. schämte sich allerdings sehr, in seinem »erbärmlichen Zustand« auf den Fußballplatz zu gehen. Alleine hätte er es dorthin auch gar nicht geschafft. Er hatte bislang Außenstehenden nichts von seiner Krebserkrankung erzählt, die nun offensichtlicher wurde.

Er willigte ein, dass seine Tochter den nettesten und einfühlsamsten seiner Bekannten anrief, um ihn zu einem zeitnahen Besuch zu bitten. Als dieser dann schon am nächsten Tag kam, konnte Herr M. in seinem eigenen geschützten Rahmen diesem Bekannten erzählen, was ihn so sehr bewegte. Gemeinsam beschlossen sie, dass es Zeit sei, den Fußballplatz vorübergehend in die Wohnung von Herrn M. zu transferieren. Trainiert wurde natürlich weiterhin auf dem Gelände des Sportvereins, aber viele soziale Zusammenkünfte fanden nun bei Herrn M. statt. So wendete sich nach kurzer Zeit das Blatt. Diese wichtige soziale Gruppe begann für Herrn M. alltägliche Erledigungen zu tätigen, und jeden Tag standen Freunde mit Kuchen vor der Tür. Die Enkelsöhne schafften es mithilfe von Videotelefonie, die lokalen Fußballspiele auf den Fernseher in Herrn M.s Wohnzimmer zu übertragen, wo sich einige Vereinskolleg*innen am Sonntag versammelten, um gemeinsam zu schauen. Herr M. gewann auch ein klein wenig mehr Selbstkontrolle und Selbstständigkeit, und so traute er sich eines Sonntags mit Rollator wieder selbst auf den Fußballplatz. An diesem Tag hatten seine Freunde zudem eine Überraschung organisiert. Herr M. wurde für seine Verdienste zum Ehrenmitglied des Vereins ernannt. Nichtsdestotrotz verschlechterte sich sein Zustand. Er wurde schwächer und verstarb einige Wochen später.

Natürlich war der Tod unausweichlich, aber dieses Beispiel zeigt, wie man Sterbenden in ihrer letzten Lebensphase die körperliche und soziale Lebensqualität erhalten kann. Herr M. hatte in diesem letzten Abschnitt seines Lebens eine für ihn sehr gute Lebensqualität zurückgewonnen, weil er palliativ optimal versorgt wurde und sein soziales Umfeld ihn auf besondere Weise in die gewohnten Aktivitäten mit eingebunden hatte. Auch für Herrn M.s Familie war es erleichternd, dass er bis zuletzt so selbstständig wie möglich und mit Würde hatte leben können. Sein Freundeskreis im Verein konnte sich in einer sehr positiven Weise von ihm verabschieden und wird die letzten Wochen mit ihm in guter Erinnerung behalten.

Viel zu oft hören Patient*innen und Angehörige bzw. Freund*innen den Satz: »Wir können leider nichts mehr für Sie tun.« Glücklicherweise kann aber gerade auch bei schwerer Krankheit oder am Lebensende noch sehr viel getan werden. Die Zielsetzung ist am Lebensende eine andere: Es geht nicht mehr darum, das Leben zu verlängern, sondern die Qualität des verbleibenden Lebens zu verbessern. Und dafür gibt es sehr viele Möglichkeiten.

Viele schwer kranke Menschen und ihre Angehörigen und Freund*innen haben große Sorge, dass Schmerzen oder andere Beschwerden am Lebensende nicht kontrolliert werden können. Auch wenn die Beschwerden nicht immer ganz genommen werden können, eine Linderung ist nahezu immer möglich.

Auf den folgenden Seiten möchten wir Ihnen die wichtigsten Informationen zu verschiedenen Symptomen geben und darüber, wie Spezialist*innen diese behandeln und was Sie selbst tun können.

49 Was kann alles wehtun?

Zugegeben eine etwas eigenwillige Frage. Dennoch wird Ihnen die Antwort helfen, einen erweiterten und hilfreichen Blick auf die Situationen von sterbenden Menschen zu erhalten. Cicely Saunders, die Begründerin der modernen Hospizbewegung, hat beschrieben, dass Beschwerden durch eine Erkrankung vielschichtig sind und von mehreren Seiten betrachtet werden sollten, um sie gut behandeln zu können. Die eine Seite ist die rein körperliche. Wenn ein Tumor gegen eine körperliche Struktur drückt, etwa gegen einen Nerv, und dadurch Schmerzsensoren aktiv werden, tut dies weh. Wenn eine Lungenerkrankung besteht und dadurch das Lungengewebe seine Elastizität einbüßt, kann es zur Atemnot kommen. Dies sind zwei Beispiele von Symptomen, deren Ursache ein körperliches Problem ist. Nur beobachten wir immer wieder, dass eine schmerzgeplagte Patientin während der Besuchszeit, in der der kleine Enkelsohn im Krankenbett herumturnt, plötzlich keine Schmerzen mehr erlebt und wie ausgewechselt scheint. Nach der Besuchszeit allerdings klagt die Dame erneut über Schmerzen. Ebenso erleben wir, dass Menschen, die sehr viele Sorgen, Ängste oder z.B. Schuldgefühle haben, viel öfter von quälenden Symptomen berichten als weniger belastete Menschen. Die Atemnot, die oben beschrieben wurde, kann dann, wenn es draußen dunkel wird und der*die Patient*in einsam ist, deutlich stärker erlebt werden als tagsüber, wenn viele Menschen zugegen sind.

Cicely Saunders hat dieses Erleben in ein Denkmodell übersetzt, das sie »Total Pain«, also »Totaler Schmerz« genannt hat. Sie meint damit, dass es neben der körperlichen Dimension des Schmerzes auch immer eine seelische, eine soziale und auch eine spirituell-existenzielle Dimension gibt. Auch wenn es körperliche Gründe für Schmerzen gibt – der Tumor, der in ein Organ wächst, oder der Knochen, der gebrochen ist –, wird die seelische Befindlichkeit eines Menschen, seine Sorge, wie es mit der Krankheit weitergeht, oder seine Angst, sehr leiden zu müssen, das Schmerzempfinden beeinflussen. Genauso ist es mit der sozialen Dimension. Eine junge Mutter, die sterben wird und eine kleine Tochter zurücklässt, wird – ebenso wie ein älterer Herr mit einer fortgeschrittenen Krebserkrankung, dessen Frau an einer Demenz leidet – ihre körperlichen Schmerzen auch wegen der belastenden Situation in der

Familie anders und häufig stärker erleben. Und schließlich kann auch eine spirituell-existenzielle Dimension das Schmerzerlebnis stark beeinflussen. Wenn ein Mensch am Ende des Lebens von vielen Schuldfragen gequält wird oder für sein Leben keinen Sinn findet, kann diese persönliche Belastung das Schmerzerlebnis steigern.

Sie sehen also, dass das Zusammenspiel zwischen körperlichen, sozialen, psychischen und spirituell-existenziellen Faktoren Einfluss auf das Erleben einer Krankheit und auf viele weitere Symptome hat – nicht nur auf Schmerzen.

Das Wissen um dieses ganzheitliche Erleben kann in der Behandlung von Symptomen genutzt werden. Meistens sind es nicht allein Medikamente, die Symptome lindern, sondern auch begleitende Gespräche, die Unterstützung und Stärkung sozialer Beziehungen oder körperliche Zuwendung wie beispielsweise eine entspannende Massage. Wenn der Glaube für einen Menschen sehr wichtig ist, kann dieser ein wunderbarer »Therapeut« sein. Das geliebte Haustier, das dem Sterbenden seit jeher ein treuer Begleiter war, kann das Erleben von Leid positiv beeinflussen. Wir können daraus lernen, dass gerade in komplexen Situationen wie dem Sterben die Medizin, Spiritualität, persönliche Zuwendung und das soziale Umfeld wahre Schätze sind. Diese Ressourcen gilt es bewusst oder unbewusst zu nützen, um die letzte Lebensphase zu verbessern.

50 Was ist grundsätzlich bei der Linderung von Beschwerden zu beachten?

Fortgeschrittene Erkrankungen verursachen in der Regel eine Vielzahl von Beschwerden, die häufig gleichzeitig auftreten. Oft werden Ärzt*innen und Pflegenden nicht alle Symptome genannt, sei es, weil die Sorge besteht, dass es zu viele sind, oder weil der betroffene Mensch glaubt, dass sie zur Erkrankung gehören und sich nicht lindern lassen. Daher ist es wichtig, wenn Sie selbst betroffen sind, dass Sie alle Beschwerden benennen oder dass Sie als Angehöriger den Betroffenen ermuntern, nichts zu verschweigen.

Schmerzen gehören besonders bei Krebspatient*innen zu den Beschwerden, die am häufigsten befürchtet werden. Bei ungefähr drei Viertel dieser Patient*innen treten tatsächlich auch Schmerzen auf. Noch häufiger werden Müdigkeit und Energielosigkeit beklagt. Viele Patient*innen klagen auch über weitere Beschwerden. Dazu gehören Appetitverlust, Gewichtsverlust, Übelkeit und Erbrechen, Atemnot, Verstopfung, Durchfälle, Schlafstörungen, Verwirrtheitszustände, Husten, Schluckauf und Juckreiz. Sorgen und Ängste sowie Depressionen zählen zu den häufigsten psychischen Beschwerden. In der Folge werden wir auf die Beschwerden eingehen.

Die Vielzahl an Symptomen und Problemen mag erschreckend wirken. Auch wenn viele dieser Beschwerden gleichzeitig auftreten, gibt es für die meisten gute Behandlungsmöglichkeiten. Grundsätzlich gilt, dass anhaltende Beschwerden auch eine dauerhafte Behandlung notwendig machen. Das Ziel ist, die Beschwerden auf Dauer zu lindern und im Idealfall ganz unter Kontrolle zu bringen. Dazu ist es notwendig, dass die Medikamente so eingenommen werden, dass sich im Blut ein gewisser Medikamentenspiegel bildet und die Symptome erst gar nicht wieder auftreten können. In der Regel ist es daher erforderlich, die Medikamente nach einem festen Zeitschema einzunehmen, das jeweils davon abhängt, wie lange das jeweilige Mittel wirkt. Hält die Wirkung über 12 Stunden an, genügt es, wenn Sie die Medikamente morgens und abends einnehmen. Ist die Wirkdauer aber kürzer, z.B.

nur vier Stunden, dann müssen Sie das Medikament auch alle vier Stunden einnehmen – also morgens, mittags, am späten Nachmittag und abends gegen 20 Uhr. Trotz der dauerhaften Medikation kann es sein, dass zwischendurch Beschwerden auftreten, beispielsweise Schmerzen bei Belastung oder Atemnot bei körperlicher Aktivität. In diesen Situationen ist es wichtig, ein sogenanntes Bedarfsmedikament einzunehmen, das schnell wirkt, damit die zwischendurch auftretenden Beschwerden gelindert werden. Es ist aber keine Lösung, nur das Bedarfsmedikament einzunehmen, da Sie sonst die Beschwerden immer wieder erleben und keine anhaltende Beschwerdefreiheit erreichen, da sich, wie bereits beschrieben, kein Medikamentenspiegel im Blut bilden kann. Sie brauchen sich keine Sorgen hinsichtlich der Nebenwirkungen oder einer Abhängigkeit zu machen. Die üblicherweise angewendeten Medikamente sind gut verträglich und machen nicht abhängig. Sollten unerwünschte Wirkungen auftreten, können diese behandelt werden, oder es gibt Alternativen. Die Frage nach der Abhängigkeit von Medikamenten taucht immer wieder auf. Daher werden wir sie im Rahmen der Frage 52 noch einmal aufgreifen.

Neben der Gabe von Medikamenten spielen auch Gespräche, Physiotherapie, weitere Therapieformen wie Atem-, Musik-, Ergo- und Kunsttherapie, Logopädie oder die Ernährungsberatung eine Rolle. In stationären Einrichtungen stehen manche dieser Therapieformen regelmäßig zur Verfügung. Auch mobile Palliativteams und Hospizvereine verfügen üblicherweise über ein gutes Netzwerk mit ausgewählten weiteren Berufsgruppen. Natürlich gibt es hier starke regionale Unterschiede. Besprechen Sie weitere und ergänzende Behandlungsformen auch mit Ihrem Hausarzt. Unter der Rubrik »Hilfreiche

Adressen« haben wir weitere Quellen für Sie aufgelistet. In Gesprächen können Ihre Sorgen und Ängste, aber auch der Einfluss der Erkrankung auf Ihre Stimmung angesprochen und mögliche eigene Ressourcen erarbeitet werden. Oft fällt es nicht leicht, über Sorgen und Ängste zu sprechen, und manchmal ist der*die Patient*in sich dessen auch überhaupt nicht bewusst. Viele Menschen finden über den Atem oder ihren Körper, durch Musik, Malen oder andere kreative Aktivitäten leichter Zugang zu ihren Gefühlen als durch Gespräche. Abhängig von regionaler Verfügbarkeit stehen wiederum Atemtherapeut*innen, Kunsttherapeut*innen und natürlich Psychotherapeut*innen zur Verfügung. Angebote finden Sie im Internet, über lokale Hospiz- und Palliativteams oder über Ihren Hausarzt bzw. Ihre Hausärztin.

Ein wichtiger Grundsatz lautet: Vermeiden Sie, wenn irgend möglich, Inaktivität. Uns ist bewusst, dass viele der oben genannten Symptome die Lust auf Bewegung und Aktivität mindern. Dennoch ist es so, dass Bettruhe und das Einschränken von Aktivitäten oft zur Verstärkung der Beschwerden führen. Schnell kann sich der gefährliche Teufelskreis aus mangelndem allgemeinem Training, zunehmender Unsicherheit bei Bewegungen im Alltag, der daraus resultierenden Schonung und noch weiter verringerten Belastbarkeit einstellen. Gerade im Alter, bei chronischen Erkrankungen oder wenn mehrere Erkrankungen gleichzeitig bestehen, ist dies unbedingt zu bedenken. Wie Sie Ihre Aktivität bestmöglich erhalten, haben wir im Rahmen der Fragen 53 und 57 ausgeführt.

Zum Schluss noch eine Bemerkung dazu, inwieweit Schmerzen und andere Symptome bei fortgeschrittener Erkrankung zur Gänze gelindert werden können. Wenn man Patient*innen mit fortgeschrittener Erkrankung fragt, was sie von der Therapie erwarten, sagen die meisten, dass sie sich eine deutliche Linderung wünschen, die Beschwerden aber nicht unbedingt ganz weggehen müssen. Es ist tatsächlich so, dass eine gute Linderung in der Regel erreicht werden kann und die Beschwerden in vielen Fällen sogar ganz verschwinden. Manchmal ist eine komplette Beschwerdefreiheit aber nur gleichzeitig mit stärkeren Nebenwirkungen der Medikamente – wie beispielsweise Schläfrigkeit oder Übelkeit – möglich, die die Patienten dann aber meist ablehnen.

Es ist wichtig, dass Sie Ihrem Arzt oder Ihrer Ärztin und allen anderen Begleiter*innen regelmäßig davon berichten, wie es Ihnen geht und was Sie belastet. Das frühzeitige Einbeziehen von Spezialisten kann zu einer wirklichen Verbesserung der Qualität am Lebensende führen.

51 Schmerzen: Was hilft, wenn der Schmerz so groß ist?

Wie oben beschrieben, kommen Schmerzen besonders häufig bei Krebserkrankungen vor. Aber auch Menschen mit chronischen Herz- oder Lungenerkrankungen klagen immer wieder über Schmerzen. Die Ursachen können vielfältig sein. Sprechen Sie Ihren Arzt oder Ihre Ärztin an, wenn die Schmerzen länger anhalten, und warten Sie nicht zu lange damit, sich Unterstützung zu holen.

In der Regel müssen anhaltende Schmerzen auch dauerhaft mit Schmerzmitteln behandelt werden. Verschiedene Arten von Schmerzmitteln werden in der Regel so verordnet, dass zuerst mit schwächeren Medikamenten begonnen wird, um dann einem zunehmenden Schmerzgeschehen mit stärkeren Präparaten begegnen zu können. Zu den starken Schmerzmitteln gehören die sogenannten

Opiate oder Opioide, die dem Opium ähnlich sind. Der wichtigste und bekannteste Vertreter ist das Morphin. Mit Morphin werden eine Vielzahl von Mythen, aber auch Ängste und Sorgen verbunden, die aber unbegründet sind. Deshalb werden wir im Rahmen der folgenden Frage detailliert auf Morphin eingehen.

Oft werden Schmerzmittel mit verschiedenen Wirkmechanismen kombiniert, meist um verschiedene Arten von Schmerzen besser zu behandeln. Bei besonderen Schmerzarten, wie z. B. Nervenschmerzen, werden auch Medikamente verordnet, die keine typischen Schmerzmedikamente sind, aber eine schmerzlindernde Wirkung entfalten. Dazu gehören Medikamente, die normalerweise gegen epileptische Anfälle oder gegen Depressionen eingesetzt werden. Wenn Sie unsicher über die Art des Schmerzmittels sind oder wissen wollen, warum Sie ein bestimmtes Medikament einnehmen müssen, fragen Sie Ihren Arzt bzw. Ihre Ärztin.

Schmerzmedikamente können auf verschiedene Arten verabreicht werden. Ein Grundsatz in der medikamentösen Therapie ist stets »keep it simple«. In der Regel versucht man also, Schmerzmittel auf einfache und nicht invasive Art zu verabreichen. Dies bedeutet im Alltag, dass Tabletten oder Tropfen »oral« verabreicht werden. Eine weitere einfache Methode ist die »transdermale« Verabreichung. Hierbei werden Medikamente über die Haut zugeführt. Dies sind in der Regel Schmerzpflaster. Der Vorteil beider Verabreichungsformen ist – und häufig reichen diese Methoden für eine gute Lebensqualität aus –, dass man keinen großen Aufwand betreiben muss und kein Fachpersonal erforderlich ist. Nur wenn diese Methoden nicht wirken oder es medizinische Gründe gibt, die eine Anwendung unmöglich machen (z. B. wenn eine erkrankte Person nicht schlucken kann oder die Haut in einem schlechten Zustand ist), können Medikamente mittels Injektionen oder Infusionen gegeben werden.

Bei Menschen mit Tumorerkrankungen kann es sein, dass palliative Therapien gegen Krebs (z.B. Chemotherapien oder Immuntherapien) oder palliative Bestrahlungen sinnvoll sind. Auch wenn ein Tumor dadurch nicht gänzlich zurückgedrängt wird, kann das Wachstum verlangsamt werden, und es wird eine gewisse Linderung der Symptome erzielt. Welche Arten von Therapie möglich sind, wird immer individuell unter Berücksichtigung der Belastbarkeit des Patienten und der Erfolgsaussichten der Therapie entschieden.

Neben der medikamentösen Therapie gibt es weitere nicht medikamentöse Verfahren, die bei Schmerzen sinnvoll eingesetzt werden können.

Es gibt eine große Bandbreite an ***Hilfsmitteln***, die Auswirkungen auf das Schmerzerleben haben. Diese reichen von Strumpfanziehhilfen oder Greifzangen, wenn das Bücken nicht mehr möglich ist, über Gehhilfen wie Rollatoren oder Gehstöcke bis hin zu Rollstühlen, verstellbaren Krankenbetten oder Treppenliften. Ärzt*innen, Pflegekräfte, Physiotherapeut*innen oder Ergotherapeut*innen können Situationen beurteilen und beraten. Auf Internetseiten oder in Katalogen von Orthopädietechniker*innen, Sanitätshäusern und Bandagisten finden Sie einen Überblick über die vielfältigen Möglichkeiten.

Je nach Ursache der Schmerzen kann ***Physiotherapie*** gut wirken. Bewegungstraining, Wärme- oder Kälteanwendungen, Kräftigungsprogramme, Massagen, Lymphdrainagen oder auch Elektrotherapien wie TENS können Abhilfe schaffen und Patient*innen darin unterstützen, ihre Alltagsaktivitäten wieder zu verrichten. Bedenken Sie, dass

Inaktivität und Schonung auch bei Schmerzen selten eine gute Lösung sind. In der Physiotherapie lernen Sie, wie Sie sich schmerzfrei oder zumindest schmerzreduziert bewegen und auch der Angst vor Schmerz begegnen können. Schmerzen sollten kein Grund sein, sich nicht zu bewegen. Oft ist körperliche Aktivität unter Schmerzmedikamenten eine gute Lösung.

Auch ***komplementäre Verfahren*** wie Akupunktur oder Akupressur können hilfreich sein.

Erinnern Sie sich noch einmal an das Konzept vom »Totalen Schmerz« (siehe Frage 49). Auch emotionale, soziale und spirituell-existenzielle Herausforderungen können Schmerzen verstärken. Insofern können Gespräche, Psychotherapie, kreative Therapiemethoden, Entspannungstraining, Gebete oder Meditation zu einer Verbesserung der Schmerzsituation beitragen.

Abschließend möchten wir Ihnen noch den sogenannten ***Aufmerksamkeitsscheinwerfer*** vorstellen. Menschen, die im Alltag dauernd unter Schmerzen leiden, nehmen naheliegenderweise kaum mehr etwas anderes wahr als dieses Schmerzgeschehen. Sie können sich das so vorstellen, als ob Sie nachts mit dem Auto fahren, und Sie sehen nichts anderes als das, was im Kegel des Scheinwerfers wahrgenommen werden kann. Bei Menschen mit Schmerzen ist der Scheinwerfer auf das Schmerzgeschehen gerichtet bzw. auf andere Symptome, die mit ihrer Erkrankung einhergehen. Egal ob Sie mit dem Auto unterwegs sind oder ob Sie Schmerzen haben – die Welt besteht aus mehr als dem, was derzeit sicht- oder spürbar ist. Menschen mit Schmerzen brauchen Unterstützung, damit sie den Aufmerksamkeitsscheinwerfer wenden und auch gute Lebensmomente beleuchten können. Denken Sie an die Enkelsöhne von Herrn M. am Anfang dieses Kapitels. Sie haben die Welt des Fußballplatzes in das Wohnzimmer ihres Großvaters geholt und ihm dadurch die Möglichkeit gegeben, seinen Scheinwerfer auf die Außenwelt zu richten. Ohne den Patienten zu bevormunden, können Sie beispielsweise gemeinsam die Sportschau oder einen Film ansehen oder ein Audiobook hören, oder Sie können Freund*innen einladen, die gemeinsam mit dem Patienten Erinnerungen teilen. Wenn Sie einen Balkon, eine Terrasse, einen Garten haben oder sich in unmittelbarer Nähe ein Park befindet, sollten Sie das Krankenlager dort hinausverlegen. Wenn Sie vom Markt z.B. exotische Früchte mitbringen, können auch andere Sinne angeregt und gefordert werden. Es gibt sehr viele Themen und Angebote, auf die Sie den Scheinwerfer richten können. Probieren Sie es einfach aus!

52 Ist Morphin schädlich, und macht es abhängig?

Zu den Opioiden, also den Medikamenten, die dem Opium ähnlich sind, gehören eine ganze Reihe von Medikamenten: Buprenorphin, Fentanyl, Hydromorphon, Methadon, Morphin, Oxycodon, Tilidin oder auch Tramadol. Alle haben ähnliche Eigenschaften und sind äußerst wichtige Medikamente zur Therapie von Symptomen. In der Behandlung von Erkrankungen, die vor allem mit Schmerzen oder Atemnot einhergehen, spielen sie eine bedeutende Rolle. Sie sind notwendig – im wahrsten Sinne des Wortes –, um die Not zu wenden. Es gibt keine anderen Medikamente, die diese positiven Wirkungen erzielen.

Das Problem ist allerdings, dass diese Medikamente historisch gesehen einen äußerst negativen Ruf haben. Da ist der Gedanke an Drogensucht genauso präsent wie Bilder aus Opiumhöhlen. Die Vorstellung, dass mehr Schaden durch Nebenwirkungen angerichtet als Nutzen gewonnen wird, ist bei vielen Menschen tief verwurzelt. Eine gute Nachricht zu Beginn: Opioide gehören, wenn richtig angewendet, zu den sichersten Medikamenten überhaupt.

Wir wollen uns im Folgenden auf Morphin konzentrieren, da es am bekanntesten ist und am häufigsten eingesetzt wird. Sie können die folgenden Informationen aber auch auf die anderen genannten Opioide übertragen. Lassen Sie uns gemeinsam Mythen betrachten und diese durch die Realität ersetzen.

Mythos: Morphin verkürzt das Leben. Morphin trägt durch die Linderung von Schmerzen oder Atemnot zu einer besseren Lebensqualität bei. Oft werden durch die Linderung von körperlichen Beschwerden auch psychische Befindlichkeiten positiv verändert. Dies ist eine entscheidende Voraussetzung dafür, dass Menschen wieder Aktivitäten aufnehmen können. Erst durch die Linderung der Schmerzen wird es möglich, sich wieder auf andere Dinge zu konzentrieren und nicht nur den Schmerz oder die eigene Atemnot zu beobachten. Wenn die Dosis an der Stärke der Beschwerden orientiert ist und keine höheren Dosen verabreicht werden, kommt es nicht zur Verkürzung des Lebens.

Mythos: Morphin macht abhängig. Zu einer psychischen Abhängigkeit gehört, dass die Dosis oft und schnell gesteigert wird und Menschen nach immer mehr verlangen. Dies ist bei Menschen mit Tumorschmerzen, die am häufigsten Morphin zur Schmerztherapie brauchen, nicht zu beobachten. Meist reichen mittlere Dosierungen über eine längere Zeit aus. Wenn eine Steigerung der Dosis notwendig ist, liegt das in der Regel an einem Fortschreiten der Erkrankung und stärker werdenden Schmerzen. Von der psychischen Abhängigkeit ist eine Gewöhnung des Körpers an das Medikament zu unterscheiden. So wie sich der Körper an viele Medikamente gewöhnt, ist es auch bei Morphin. Über lange Zeit eingenommene Medikamente sollten in der Regel nicht plötzlich abgesetzt werden, da es körperliche Probleme und Entzugserscheinungen geben kann. Dies trifft auch auf Morphin zu. Selbst wenn in sehr seltenen Fällen eine Abhängigkeit von Morphin entstehen sollte, ist dies in Anbetracht der sehr kurzen Lebenserwartung nicht mehr wichtig, da die Verbesserung der Lebensqualität im Vordergrund steht.

Mythos: Morphin unterdrückt die Atmung. Wenn Morphin in Dosierungen gegeben wird, die deutlich über die Schmerzstillung oder die Linderung der Atemnot hinausgehen, kann es zu Problemen bei der Atmung kommen, da dann das Atemzentrum unterdrückt wird. Das aber ist bei einer sachgerechten Anwendung nicht der Fall. Schmerzen sind im Gehirn der natürliche Gegenspieler zur Dämpfung der Atmung durch die Opioide. Das bedeutet: Solange Schmerzen vorhanden sind oder die Medikamentendosis nicht über eine Schmerzlinderung hinaus gesteigert wird, gibt es keine Probleme.

Morphin und alle anderen Opioide haben eine Reihe von Nebenwirkungen. Diese sollten Sie kennen, damit Sie nicht überrascht werden, wenn sie auftauchen. Auch hier zuerst die gute Nachricht: Die Nebenwirkungen bestehen nicht bei jedem Opioid in gleicher Weise und können gut behandelt werden.

Die häufigste und hartnäckigste Nebenwirkung ist die Verstopfung, weil der Darm durch Morphin träge wird. Die Verstopfung hält an, solange das Medikament eingenommen wird. Damit sie nicht zum Problem wird und die Betroffenen über mehrere Tage keinen Stuhlgang haben, sollten während der gesamten Therapie mit Opioiden gleichzeitig Abführmittel eingenommen werden.

Übelkeit und Erbrechen tauchen bei etwa jedem fünften Patienten auf, der Morphin bekommt. Meistens verschwinden diese Symptome aber nach zehn bis vierzehn Tagen wieder. Diese Zeit muss mit Medikamenten gegen Übelkeit und Erbrechen überbrückt werden.

Weitere seltenere Nebenwirkungen sind Müdigkeit, Verwirrtheit oder Juckreiz. Sie brauchen sich über diese Nebenwirkungen keine Sorgen zu machen, auch wenn die Beipackzettel für Sie erschreckend klingen mögen. Sollte die eine oder andere Nebenwirkung auftreten, sprechen Sie die Ärztin darauf an, da die meisten Nebenwirkungen gut behandelt werden können.

Wir möchten noch einmal betonen, dass Morphin ein Medikament ist, das Ihnen und Ihren Angehörigen durch Linderung belastender Symptome vor allem wertvolle Lebensqualität geben kann. Die Einnahme muss natürlich genau nach den Vorgaben des Arztes geschehen.

53 Atemnot: Was hilft, wenn die Luft immer weniger wird?

Atemnot ist im Vergleich zu anderen Symptomen nicht sehr einfach vorstellbar, weil sie, im Vergleich zu Schmerzen, im Alltag selten erlebt wird oder wurde. Dennoch bitten wir Sie, sich kurz zu erinnern: Sicher kennen Sie die Situation im Schwimmbad aus Ihrer Kindheit, als Sie von einem anderen Kind – aus Jux und Tollerei – mit dem Kopf unter Wasser gedrückt wurden. Vermutlich haben Sie sehr schnell Panikgefühle erlebt. Obwohl Sie damals nur wenige Sekunden unter Wasser waren und die Situation an sich nicht bedrohlich war, reagierten Ihre Psyche und Ihr Körper sehr schnell mit typischen Angstreaktionen. Dieses Bild und diese Erfahrung sind auch für die Behandlung und das Verständnis von Menschen mit Atemnot wichtig, denn die Intensität dieses Symptoms ist fundamental vom Verhalten und den Emotionen des Betroffenen und der ihn umgebenden Menschen abhängig. Atemnot hat immer eine körperliche und eine emotionale Komponente.

Warum haben Menschen mit lebenslimitierenden Erkrankungen Atemnot? Das kann unterschiedliche Gründe haben. Wenn die Lunge durch Krebs oder eine andere chronische Erkrankung betroffen ist, kann die Aufnahme von Sauerstoff und das Abatmen von Kohlendioxid nicht mehr ausreichend stattfinden. Das Gefühl von Atemnot selbst entsteht allerdings im Gehirn. Daher ist Atemnot nicht nur von den körperlichen Veränderungen in der Lunge, sondern auch vom psychischen Befinden, von Angstgefühlen oder von Erinnerungen abhängig.

Atemnot ist ein sehr komplexes Symptom, daher sind unterschiedliche Maßnahmen notwendig, um eine Linderung zu erreichen. Da Atemnot bei fast allen Betroffenen zu einer veränderten, angestrengten und nicht immer effizienten Atmung führt, ist die gezielte Physiotherapie zur Verbesserung der Atemtechnik eine wesentliche Maßnahme. Gegen Angst und Panik hilft alles, was zur Entspannung beiträgt, manchmal aber ein ganz einfaches Ritual, um wieder Kontrolle über die Situation zu erlangen. Versuchen Sie zur Ruhe zu kommen, lassen Sie die Schultern fallen, und versuchen Sie seufzend auszuatmen.

Verständlicherweise neigen Menschen mit Atemnot, die in der Regel unter Belastung auftritt, zur körperlichen Schonung, da sie damit Atemnotattacken vermeiden möchten. Leider hat das zur Folge, dass der Körper an

Kondition verliert und sich an das niedrigere Aktivitätsniveau anpasst. Dann taucht die Atemnot schon bei geringerer Belastung auf, und es kommt zu einer Abwärtsspirale. Aus diesem Grund ist angemessene körperliche Betätigung bis hin zu Training mit Spaziergängen, Fahrradfahren, Treppensteigen oder anderen Aktivitäten ein wichtiger Baustein. Wenn wir Sie während dieser Aktivitäten fragen würden, wie Sie sich fühlen, und Sie antworten: »Das ist etwas anstrengend« oder: »Das ist durchaus anstrengend«, dann wüssten wir, dass dies eine gute Intensität für Sie ist. Wie so oft gilt es, Inaktivität zu vermeiden und sich Belastung zuzutrauen. Versuchen Sie diese Aktivitäten regelmäßig durchzuführen, egal ob am Stück oder über den Tag verteilt. Eine gut trainierte Muskulatur geht effektiver mit dem zur Verfügung stehenden Sauerstoff um.

Bei bestehender Atemnot ist ein Rollator ein wichtiges Hilfsmittel. Durch das Aufstützen auf den Rollator werden wichtige Atemhilfsmuskeln im Bereich der Schultern und des Brustkorbs entlastet. Außerdem bietet der Rollator Sicherheit bezüglich des Gleichgewichts; er ermöglicht Sitzpausen und schafft einen deutlich erweiterten Bewegungsraum sowohl im Haus als auch draußen. Viele Patienten mit Atemnot berichten von einer neu gewonnenen Freiheit.

Auch andere Hilfsmittel wie Greifzangen, Schuhlöffel, Sitzhilfen für Badezimmer und Küche oder eine elektrische Zahnbürste können helfen, um bei alltäglichen Situationen nicht so sehr außer Atem zu geraten.

Wenn Sie tief ein- und ausatmen, werden Sie erleben, dass sich Ihr Brustkorb bewegt bzw. bewegen muss. Wenn Muskeln und Gelenke Ihres Brustkorbs und des Schultergürtels wenig elastisch und beweglich sind, hat dies Auswirkung auf Ihre Atmung. Ein*eine Physiotherapeut*in kann Ihnen einfache Übungen zeigen, wie Sie Ihren Oberkörper beweglich halten oder beweglicher machen.

Wichtig ist auch Entspannung. Entspannungstrainings senken die Herzfrequenz, beruhigen die Atmung und haben positiven Einfluss auf das emotionale Erleben. Psycholog*innen, Psychotherapeut*innen, Entspannungstrainer*innen, Physiotherapeut*innen oder Atemtherapeut*innen können Sie dabei unterstützen, dies zu erlernen. Auch CDs und Onlinematerial, z. B. zur progressiven Muskelentspannung nach Jacobson, stehen zur Verfügung.

Sollten Sie als Erkrankte*r oder als Angehörige*r das Gefühl von Atemnot und Angst erleben bzw. miterleben, sind folgende Maßnahmen in einer Akutsituation hilfreich:

Aus der Sicht des*der Patient*in:

- Versuchen Sie *aus*zuatmen. Es mag Ihnen seltsam vorkommen, dass Sie von uns den Rat erhalten, in einer Situation, in der Sie das Gefühl haben, nicht genügend Luft zu bekommen, auszuatmen. Dies hat aber mit dem nicht abgeatmeten Kohlendioxid zu tun und nicht mit zu geringem Sauerstoffgehalt im Blut. Erst wenn Sie diesen zu großen Anteil an Kohlendioxid durch langes Ausatmen reduziert haben, wird sich die Atmung regulieren. Am einfachsten geht dies, indem Sie versuchen, sich zu entspannen und durch die aufeinandergelegten Lippen langsam und lange auszuatmen. Versuchen Sie es mehrfach hintereinander und üben Sie das auch in Zeiten, in denen Sie keine Atemnot haben. Üben Sie diese Atemtechnik auch in Bewegung, z. B. beim Gehen.
- Sitzen Sie, wenn möglich. Richten Sie sich in Sitzstellung auf, falls dies geht, und stützen Sie die Hände auf Ihre Oberschenkel. Falls das nicht geht, unterlagern Sie

Ihre Arme mit großen Kissen und den unteren Teil Ihres Rückens, sodass der Rücken möglichst aufgerichtet ist.

- Lassen Sie die Schultern fallen. Versuchen Sie die Schultern, die in solchen Atemnotsituationen oft bis zu den Ohren hochgezogen werden, zu senken oder »fallen zu lassen«. Begleiten Sie diese Bewegung am besten mit der Ausatmung.
- Versuchen Sie, die Luft zu spüren und zu »sehen«. Das Spüren und Sehen von Luftbewegung teilt dem Gehirn über Nervenbahnen mit, dass genug Sauerstoff vorhanden und der »Panikmodus« gar nicht notwendig ist. Am besten gelingt das Spüren mit einem günstigen batteriebetriebenen Handventilator, den Sie sich vor das Gesicht halten. Dieses »Therapeutikum« möchten wir Ihnen wärmstes empfehlen. Die Wirksamkeit ist wissenschaftlich gut belegt. Natürlich geht dies auch mit einem Tischventilator oder einem Fächer. Öffnen Sie auch die Fenster, damit Sie frische Luft einatmen und anhand der Bewegung der Vorhänge die Luftzufuhr sehen können.
- Legen Sie kalte Kompressen auf die Stirn oder Wangen. Kälte zu erleben ist für Menschen mit Atemnot in der Regel hilfreicher als Wärme.
- Teilen Sie sich mit. Sagen Sie den Sie umgebenden Menschen, was Sie brauchen und was nicht. Angehörige und Freund*innen neigen manchmal in Situationen, wenn eine andere Person Angst hat, zu unangenehmer Nähe, oder sie reagieren selbst panisch. Menschen mit Atemnot berichten häufig vom Gefühl, »zu wenig Raum« zu haben. Scheuen Sie sich nicht davor, Menschen zu bitten, etwas Abstand zu halten oder kurzfristig den Raum zu verlassen.

Aus der Sicht von Angehörigen:

- Bleiben Sie ruhig, und entspannen Sie sich. Atemnot gehört zu den Symptomen, die am intensivsten durch die Reaktionen der Umgebung beeinflusst werden. Dies gilt sowohl in eine positive als auch in eine negative Richtung. Wenn Sie sich entspannen, selbst ruhig bleiben und tief atmen, vor allem auch ausatmen, wird sich auch der Mensch mit Atemnot entspannen können. Scheuen Sie sich nicht davor, andere möglicherweise panische Menschen zu bitten, kurz den Raum zu verlassen.
- Öffnen Sie das Fenster, sorgen Sie für spürbaren Luftzug mit dem Handventilator oder den oben genannten anderen Hilfsmitteln, und lassen Sie den Patienten diesen Luftzug im Gesicht spüren. Fragen Sie den Patienten auch, ob Sie bleiben sollen oder sich besser etwas entfernen. Es kann auch sinnvoll sein, wenn Sie eine schwere Bettdecke zurückschlagen. Viele Menschen mit Atemnot erleben Decken oder gar T-Shirts in einer akuten Phase als Einengung.
- Bereiten Sie kühle Umschläge vor, und fragen Sie die unter Atemnot leidende Person, ob sie diese auf Stirn und Wangen auflegen möchte.
- Üben Sie die Ausatmung. Versuchen Sie gemeinsam mit dem Erkrankten die Ausatmung zu üben.

Bei weiter fortgeschrittener Erkrankung, wenn sich Atemnot vielleicht sogar in Ruhephasen oder bei ganz geringer Belastung einstellt, sollten auch Medikamente gegen Atemnot eingenommen werden. Hier ist das Mittel der Wahl Morphin, das Sie als starkes Schmerzmittel kennen. Wissenschaftliche Studien zeigen, dass Morphin in kleinen Dosierungen einen deutlichen Unterschied im Erleben der Atemnot machen kann und Betroffenen eine deutliche Linderung verschafft. Oft werden auch Beruhigungsmedikamente verordnet, besonders wenn Angst im Vordergrund steht. Allerdings sind die Studien hier nicht so eindeutig wie bei Morphin, sodass hier mehr Zurückhaltung geboten ist.

Abschließend möchten wir Ihnen noch das Atemnotgedicht mit auf den Weg geben, das Sie aus der Atemnot führen kann. Es wird bei akuter Atemnot helfen:

Sei still – sei ruhig
lass die Schultern fallen und
seufze tief aus – und – aus
hör' deinen leisen Atem – haaaah – leicht und ruhig
nun hast du es wieder in der Hand
friedvoll und beschützt
Jenny Taylor

Wir empfehlen Ihnen, dieses Gedicht auszudrucken oder aufzuschreiben. Hängen Sie es dorthin, wo Sie es gut sehen können, beispielsweise an das Fußende Ihres Bettes, oder rahmen Sie es ein, und stellen Sie es auf den Nachttisch. So werden Sie einen stetigen und hilfreichen Begleiter haben, wenn Sie wieder einmal das Gefühl von Atemnot erleben. »Üben« Sie das, was im Gedicht beschrieben ist, täglich – vor allem in der Zeit, in der Sie keine Atemnot haben. Dann fällt es Ihnen leichter, in einer akuten Situation auf dieses Wissen und Können zurückzugreifen.

54 Appetitlosigkeit: Was hilft, wenn der Hunger ausbleibt?

Bei fortgeschrittener Erkrankung klagen die Erkrankten häufig über Appetitlosigkeit oder Abneigung vor bestimmten Speisen, insbesondere Fleisch. Die Appetitlosigkeit kann viele Gründe haben. Meist ist es die Erkrankung, manchmal können aber auch Therapien oder andere Folgen der Erkrankung zu Problemen wie einem wunden Mund, Pilzbefall des Mundes, Übelkeit, Erbrechen oder Angst führen. Wie auch bei anderen Symptomen wird der Arzt bzw. die Ärztin nach behandelbaren Ursachen suchen und eine entsprechende Therapie beginnen.

Bei fortgeschrittenen Erkrankungen und zum Lebensende hin ist der Kalorienbedarf oft nicht mehr so hoch, bzw. der Körper kann eine größere Nahrungsmenge auch nicht mehr gut verarbeiten. Hier sollte man sich auf das konzentrieren, was der*die Kranke gerne isst. Mehrere kleine Mahlzeiten und kleine appetitlich zubereitete Portionen können helfen, wieder etwas mehr Lust auf das Essen zu bekommen. Fruchtig-frische Nahrung und Eis werden oft bevorzugt. Auch ein Gläschen Babynahrung kann einmal ein guter Ersatz sein. Manche Kranke nehmen auch gerne sogenannte Astronautennahrung oder Trinknahrung zu sich. Sie müssen eventuell verschiedene Geschmacksrichtungen ausprobieren, um die für Sie am besten geeignete zu finden.

Essen und Trinken hält, wie das Sprichwort sagt, Leib und Seele zusammen. Kochen, gemeinsam am Tisch zu sitzen und zu essen sind sehr wichtige soziale Rituale. Für jemanden zu kochen ist oft auch ein Liebesbeweis. In dieser Phase des Lebens ist der Fokus mehr auf Qualität und, wenn möglich, auf Genuss zu legen als auf die Quantität der Nahrung. Wenn all dies nicht mehr möglich ist, weil der Appetit weniger wird, ist dies, vor allem auch für Angehörige, oft schwer zu akzeptieren. Bedenken Sie bitte, dass ein Mensch nicht stirbt, weil er nichts mehr isst, sondern er isst nichts mehr, weil er stirbt. Auch wenn es schwerfällt, ist es zu akzeptieren, dass der*die Kranke nichts mehr oder nur sehr wenig essen möchte. Es kommt nicht selten vor, dass die Patient*innen gar nicht darunter leiden, dass sie nicht mehr viel essen, die Angehörigen dafür umso mehr.

55 Übelkeit und Erbrechen: Was hilft gegen starkes Unwohlsein?

Übelkeit und Erbrechen treten bei fortgeschrittener Erkrankung als Folge von Veränderungen am Magen oder Darm (Verstopfung, Darmverschluss) oder als Nebenwirkung von medikamentösen Therapien auf. Aber auch Angst und Sorge sowie Veränderungen im Gehirn oder bei den Blutsalzen können zu Übelkeit und Erbrechen führen. Obwohl die beiden Symptome Erbrechen und Übelkeit sehr eng zusammenhängen, treten sie durchaus auch getrennt auf, also Übelkeit, ohne dass der*die Erkrankte erbrechen muss, oder Erbrechen, ohne dass dem*der Erkrankten vorher übel ist.

Zunächst sollten Sie mit dem Arzt oder der Ärztin sprechen, welche möglichen Ursachen für Übelkeit und Erbrechen bestehen und ob diese behoben werden können. Eventuell muss eine Verstopfung behandelt werden, oder es müssen bestimmte Medikamente, die das Symptom hervorrufen, reduziert oder abgesetzt werden.

Außerdem sollten Sie versuchen, eher mehrere kleine Mahlzeiten und Lieblingsspeisen zu sich zu nehmen als wenige große. Viele Patient*innen ziehen kalte Speisen vor, besonders Eis ist beliebt. Starker Essensgeruch wird oft als sehr unangenehm empfunden. Denken Sie daran, gut zu lüften und die Küchentür zu schließen. Planen Sie genug Zeit zum Essen ein, und sorgen Sie für eine ruhige und entspannte Atmosphäre. Wenn Patient* innen in dieser Lebensphase auf Essen verzichten, sollte dies akzeptiert werden. Empfindet der*die Patient*in Essensgeruch als unangenehm, nehmen Sie Ihre Mahlzeiten bitte in einem anderen Zimmer ein. Manchen Patient*innen hilft auch Entspannung durch autogenes Training.

Wenn Übelkeit und Erbrechen nur gelegentlich auftreten, reicht bei Bedarf oft die Gabe eines Medikaments gegen Übelkeit und Erbrechen. Bei anhaltenden Symptomen sollten die Medikamente aber wie oben beschrieben regelmäßig und vorbeugend eingenommen werden.

56 Verstopfung: Was hilft, wenn der Stuhlgang nicht mehr funktioniert?

In der letzten Lebensphase ist Verstopfung (Obstipation) ein häufiges Problem, das für Menschen unterschiedlich belastend sein kann. Eine Verstopfung führt nicht nur zu unregelmäßigem Stuhlgang und Völlegefühl, sondern auch zu hartem Stuhl und Beschwerden bei der Darmentleerung. Viele Menschen klagen schon im normalen Leben über Verstopfung und nehmen Abführmittel ein.

Es gibt verschiedene Gründe für Verstopfung: Zunächst nimmt bei Menschen mit fortgeschrittenen Erkrankungen aufgrund der zunehmenden körperlichen Schwäche die allgemeine Mobilität ab. Dies führt zu Darmträgheit. Meist werden in dieser Zeit auch weniger Ballaststoffe und Flüssigkeit aufgenommen. Dadurch verändert sich die Konsistenz des Stuhls, und in Kombination mit der Darmträgheit funktioniert die Ausscheidung nicht mehr so gut. Manchmal leiden die Menschen unter Übelkeit und Erbrechen, was Essen und Trinken erschwert, und dies hat wiederum Einfluss auf die Ausscheidung. Schließlich führen viele Medikamente zu Verstopfung oder verstärken diese. Am bekanntesten sind starke Schmerzmittel, die

Opioide, wie z.B. Morphin. Wenn diese Medikamente die Hauptursache für die Verstopfung sind, werden sie einen negativen Einfluss auf die Darmtätigkeit haben. Aus diesem Grund wird die Verstopfung mit Abführmitteln, sogenannten Laxantien, bestmöglich behandelt.

Häufig liegt nicht nur eine Ursache für die Verstopfung vor, sondern es kommen alle oben genannten Gründe in Betracht. Deshalb ist es gut, verschiedene Therapieansätze parallel zu versuchen. Neben der medikamentösen Therapie mit Abführmitteln ist es wichtig, sich so viel wie möglich zu bewegen, die Ernährung zu optimieren und ausreichend zu trinken.

Die Einnahme von sogenannten Quellmitteln, also Leinsamen oder Kleie, die Menschen sonst oft nehmen, ist allerdings nicht zu empfehlen, da oft nicht genug Flüssigkeit, die für die Wirkung notwendig ist, aufgenommen werden kann. Erfahrene Pflegekräfte oder Ernährungsberater*innen können Sie hier unterstützen.

Die Physiotherapie kann bei Verstopfung auch eine wirksame Option darstellen. Die Kombination aus sanften Massagetechniken, Wärmeanwendungen auf dem Bauch und Atemtechniken können die Beweglichkeit des Darms und dadurch die Ausscheidung verbessern. Wenn es Ihnen angenehm ist, können Sie sich eine Wärmflasche auf den Bauch legen, die Bauchatmung forcieren und sich so viel wie möglich bewegen.

Vergessen Sie bei Verstopfung nicht die psychische Komponente. Bei so intimen Verrichtungen wie der Ausscheidung Hilfe zu brauchen oder auch nur darüber sprechen zu müssen, kann zu einem Zurückhalten dieser Bedürfnisse führen. Gehen Sie als Angehöriger sensibel mit diesem Thema um. Ermöglichen Sie dem*der Erkrankten die notwendige Intimsphäre, und geben Sie nur so viel Hilfe wie nötig. Das Ziel in der Palliativmedizin ist im Übrigen, dass ein Mensch etwa alle drei Tage Stuhlgang haben sollte.

57 Erschöpfung: Was hilft, wenn die Müdigkeit bei Erkrankungen überhandnimmt?

Ausgeprägte Müdigkeit und Erschöpfung, von den Fachleuten auch Fatigue genannt, ist mit das häufigste Symptom bei Menschen mit fortgeschrittener Erkrankung. Sie ist einerseits durch die Krankheit selbst bedingt, aber auch viele Therapien wie Chemotherapie, Immuntherapie oder Bestrahlung führen zu einer ausgeprägten Abgeschlagenheit oder verstärken eine bereits bestehende Müdigkeit. Das beste Mittel gegen Erschöpfung ist körperliche Aktivität. Das mag Sie vielleicht verwundern, denn üblicherweise würden Sie sich doch ausruhen, wenn Sie müde sind. Die wahrnehmbare Müdigkeit in diesem Fall hat aber nichts mit einer vorangegangenen Aktivität zu tun, sondern mit der Erkrankung an sich; sie ist also ein Symptom und kann demnach auch nicht durch Ausruhen und Schlafen gemindert werden. Inaktivität, Isolation, ständig kreisende Gedanken und wenige äußere Reize verstärken das Gefühl von Müdigkeit. Bei gesunden Menschen führen körperliche Aktivität und Sport zu mehr Fitness, sie steigern das Wohlbefinden, und so verhält es sich auch bei kranken Menschen. Eine Vielzahl von Studien zu ganz unterschiedlichen Erkrankungen zeigt, dass die Erschöpfung nachlässt und Wohlbefinden sich einstellt, wenn Menschen aktiv sind.

Hier einige praktische Tipps, wie Sie Ihre Aktivität fördern können:

Körperliches Training ist der Schlüssel zur Verbesserung, unabhängig von Ihrem Gesundheitszustand. Das Trainingsprogramm muss an Ihren Zustand angepasst werden. Vielleicht läuft es bei Ihnen auf regelmäßiges Spazierengehen und den Besuch des Fitnessstudios oder Fahrradfahren hinaus. Vielleicht sind aber auch Übungen zu Hause angezeigt, beispielsweise Treppensteigen oder wiederholt von einem Stuhl aufzustehen und sich wieder hinzusetzen. Es können aber auch einfach Übungen mit den Armen und Beinen im Sitzen oder Liegen sein. Physiotherapie kann Sie hier unterstützen. Eine Mischung aus einem sogenannten Kraft- und Ausdauertraining ist die beste Möglichkeit, Ihre Lebenssituation zu verbessern.

Wichtig ist die Regelmäßigkeit. Versuchen Sie, sich jeden zweiten Tag mindestens 30 Minuten körperlich zu belasten, wobei es nicht wichtig ist, ob Sie dies an einem Stück oder über den Tag verteilt machen. Wie auch bei Frage 53 zur Atemnot beschrieben, sollten Sie das subjektive Gefühl haben, dass das Training ansatzweise oder durchaus anstrengend ist. Wenn Sie hingegen das Gefühl haben, dass das Training sehr leicht oder umgekehrt viel zu anstrengend ist, wird es nicht den gewünschten Effekt gegen die Erschöpfung und Müdigkeit erzielen. Am besten wäre es, wenn es Ihnen Freude macht. Sie werden aber auch ohne die Freude schon nach wenigen Tagen merken, dass Sie sich wohler fühlen. Es gibt in vielen Sportvereinen oder auch in Krankenhäusern entsprechende Angebote für krankheitsspezifische Gruppen, die durch einen Physiotherapeut*innen oder ausgebildete Trainer*innen angeleitet werden. Im Internet finden Sie vor allem auf den Seiten der Stiftung Deutsche Krebshilfe interessante Informationen zum Thema Bewegung und Sport (siehe auch unter der Rubrik »Hilfreiche Adressen«). Vielleicht können Sie auch jemanden bitten, mit Ihnen gemeinsam solche Übungen zu machen.

Tagesstruktur und Verhalten. Die Devise lautet: Die Zeit im Bett soll auf die normalen Schlafenszeiten, also nachts, reduziert werden. Vermeiden Sie, wenn möglic,h auch den Mittags- oder Tagesschlaf. Versuchen Sie dadurch und auch durch den Verzicht auf Nikotin, Kaffee oder schwarzen Tee vor dem Zubettgehen wieder einen normalen Tag-Nacht-Rhythmus herzustellen bzw. aufrechtzuerhalten. Tragen Sie tagsüber auch keinen Pyjama oder kein Nachthemd, sofern es die Situation zulässt. Normale Alltagskleidung oder ein Trainingsanzug wird Sie daran erinnern, dass es nicht Zeit ist, zu schlafen. Achten Sie auf Ihre Energiereserven. Teilen Sie sich die Energie über den Tag und die Woche hinweg gut ein. Vergleichen Sie Ihre Energie mit einem Bankkonto. Sie können all Ihre Energie, die Sie haben, auf einmal verbrauchen oder über den Tag bzw. die Woche hinweg gut verteilen. Planen Sie proaktiv Ihren Tag und Ihre Woche. Überlegen Sie bei den Aktivitäten, die Sie viel Kraft kosten, ob Sie Hilfe brauchen. Wenn Sie sich sehr erschöpft und energielos fühlen, empfehlen wir Ihnen die Verwendung von Hilfsmitteln und die Adaption Ihrer Umgebung. Eine Gehhilfe, Sitzgelegenheiten in Bad und Küche, ein Treppenlift, entsprechende Vorrichtungen in der Toilette oder die Verlegung des Schlafplatzes in das Erdgeschoss bis hin zu Bettgittern, die Ihnen beim Umdrehen im Bett Hilfe leisten, können eine Erleichterung darstellen. Ein*eine Physio- oder Ergotherapeut*in kann Sie beraten, welche weiteren Hilfsmittel für die Erleichterung des Alltags zur Verfügung stehen.

Medikamentöse Therapie. Es gibt kaum Medikamente, die gegen diese Art von Müdigkeit helfen; einige wenige können einen Effekt haben. Besprechen Sie dies am besten mit dem behandelnden Arzt bzw. der Ärztin. Gerade im Kontext der Erschöpfung ist es wichtig, auch andere

Symptome wie z. B. Schmerzen, Atemnot, Schwäche oder psychische Symptome wie Angst und Depressivität gut zu behandeln. Oft beeinflussen diese Symptome die Müdigkeit – und umgekehrt.

Wie bereits eingangs erwähnt, ist in diesem Fall Aktivität »die beste Medizin«. Gerade Menschen mit chronischer Erschöpfung erhalten sehr oft den Rat, sich doch einmal auszuschlafen oder sich auszuruhen. Dies ist zwar gut gemeint, führt in der Regel aber zu einer Verschlechterung der Situation.

58 Wie kann die Selbstständigkeit bestmöglich erhalten bleiben?

Im Laufe einer Erkrankung werden Menschen immer schwächer, da die Krankheit oder die Inaktivität dem Körper viel Kraft nimmt. Oft ist diese Schwäche nicht von der gerade beschriebenen Müdigkeit zu unterscheiden. Auch hier besteht die Gefahr, sich der Schwäche zu sehr hinzugeben. Damit verbunden ist dann oft, dass auch die Selbstständigkeit abnimmt. Das beginnt vielleicht damit, dass der betroffene Mensch nicht mehr so gerne aus dem Haus gehen möchte, immer öfter auf der Couch sitzt und sich vielleicht nicht mehr selbst waschen und anziehen kann.

So lange wie möglich selbstständig zu bleiben, ist für das eigene Wohlbefinden wichtig. Auch wenn Aktivitäten etwas länger dauern, ist es besser, sie selbst durchzuführen, als sich bei allem von anderen helfen zu lassen. Da muss oft viel Geduld mit sich selbst aufgebracht werden, denn früher gingen die meisten Dinge schneller und besser. Sich zuzugestehen, dass dies nicht mehr so leicht geht, fällt vielen Betroffenen schwer und kann traurig machen.

Auch für Angehörige ist es nicht einfach, diese neue

Langsamkeit zu akzeptieren. Natürlich geht es häufig schneller, etwas für den kranken Menschen zu tun oder ihm Alltagsaktivitäten abzunehmen. Oft ist dies ja gut gemeint. Aber für das Wohlbefinden der Betroffenen ist es besser, dass diese die Dinge selbst machen und dadurch ihre Selbstständigkeit erhalten. Der Alltag ist oft der beste Trainer. Sicher wird es Situationen geben, in denen Hilfe angebracht ist, z. B. beim Einkaufen von schweren Sachen oder bei der Körperpflege.

Es gibt viele verschiedene Hilfsmittel, die es kranken Menschen ermöglichen, länger selbstständig zu bleiben. So kann z. B. ein Rollator nicht nur helfen, dass der Betroffene weiter gehen kann, sondern er hat auch seinen eigenen Sitz zum Ausruhen dabei und einen Korb, damit eine Tasche oder andere Dinge, die mitgenommen werden sollen, abgelegt werden können. Ein Duschhocker oder eine Sitzerhöhung der Toilette machen die Selbstversorgung im Bad leichter. Mit Klötzen unter den Füßen des Bettes kann das Aufstehen aus dem so erhöhten Bett erleichtert werden. Bei fortgeschrittenen Beschwerden kann auch ein besonderes Pflegebett, wie Sie es aus dem Krankenhaus kennen, organisiert werden. Auch die Gabe von Sauerstoff ist unproblematisch zu Hause möglich und erfordert keinen Krankenhausaufenthalt. Diese und viele andere Hilfsmittel für beinahe alle Alltagssituationen stehen – auch auf Leihbasis – zur Verfügung und werden von den Krankenkassen abgerechnet. Eine Pflegekraft, ein*eine Physio- oder Ergotherapeut*in oder ein*eine Sozialarbeiter*in sind dafür gute Ansprechpartner*innen.

Auch wenn der Bewegungsradius im Laufe der Zeit durch das Fortschreiten der Erkrankung kleiner wird, sollten Sie jeden Tag versuchen, Ihre Aktivitäten aufrechtzuerhalten. Es gibt einen Spruch, der für den Erhalt körperlicher Kraft und Ausdauer zutrifft: »Use it or lose it«, also »Verwende es, oder verliere es«. Der Körper verliert sehr schnell Fähigkeiten, die er nicht einsetzen muss. Untersuchungen zeigen, dass der Verlust an Muskelkraft bei Inaktivität gerade bei älteren und kranken Menschen dramatisch ist. Pro Tag Bettruhe kommt es zu einer Verringerung der Muskelkraft von ein bis fünf Prozent. Vielleicht schaffen Sie nur noch den Weg zum Briefkasten, oder Sie gehen innerhalb der Wohnung auf und ab oder treiben den Rollstuhl mit Ihren eigenen Beinen an – aber trauen Sie sich, sich körperlich zu belasten!

59 Angst: Was hilft, wenn sich Panik einstellt?

Angst kommt bei Menschen mit fortgeschrittenen Erkrankungen häufig vor und hat unterschiedliche Ausprägungen und Ursachen. Sie kann von der Ängstlichkeit als Grundeigenschaft eines Menschen über situationsbedingte Angst bis zur ausgeprägten und »generalisierten« Angststörung reichen. Zunächst muss herausgefunden werden, ob die Angst benannt werden kann und wodurch sie ausgelöst wird. Ängste können vielfältige Ausprägungen haben und sich im Verlauf einer Krankheit verändern. Je genauer Sie wissen, wovor Sie Angst haben, desto beherrschbarer wird sie.

Der Angst in die Augen sehen. Betroffene Menschen haben konkrete Ängste vor möglicherweise auftretenden körperlichen Beschwerden wie Schmerzen und anderen Symptomen oder davor, körperliche Funktionen einzubüßen. Auch die Angst vor den nächsten Stadien der Krankheit beschäftigt viele Patient*innen und Angehörige. Die möglichen Auswirkungen einer Therapie, z. B. Erbrechen oder Haarausfall bei Chemotherapie, führen zu Ängsten. Besonders das Sterben und das Bewusstsein des nahen Lebensendes machen uns Menschen Angst. Dazu kommen spirituelle Fragen und Vorstellungen, welche Auswirkungen das bislang gelebte Leben auf eine Existenzform nach dem Tod hat. Das können Ängste vor dem Fegefeuer oder vor dem Nichts sein. Manche von uns haben weniger Angst vor dem Sterben als vielmehr davor, tot zu sein. Auch die Angst vor zunehmendem Kontrollverlust über das eigene Leben wird häufig genannt. Diese Beispiele zeigen jedenfalls, dass eine differenzierte Betrachtung nötig ist, um maßgeschneiderte Antworten auf diese Ängste zu erarbeiten.

Angst kann viele Symptome wie Schmerzen oder Atemnot noch verstärken. Auch eine Depression (siehe Frage 60) geht oft mit Angst einher. Beide Symptome verstärken sich dabei gegenseitig. Viele Ängste hängen mit mangelnder Information oder schlechter Kommunikation zusammen. Versuchen Sie daher, mit Ihrem*Ihrer behandelnden Ärzt*in oder einem*einer Psycholog*in oder Psychotherapeut*in über die Ängste zu sprechen, um diese durch Information oder entsprechende Therapien zu lindern oder gar aus dem Weg zu räumen. Oft ist es schon eine Erleichterung, die Angst auszusprechen und sie nicht mit sich alleine herumzutragen.

Wenn Ängste Sie stark belasten oder auch nach wiederholten Gesprächen weiter bestehen, sollten Sie sich fachliche Unterstützung bei einem*einer Psycholog*in, Psychotherapeut*in oder Psychiater*in holen – auch wenn Ängste mit Panikattacken auftreten, zu Albträumen führen oder Sie überhaupt nicht mehr loslassen.

Neben therapeutischen Gesprächen können Entspannungsverfahren, Achtsamkeitstherapie, Atemtherapie oder kreative Therapiemethoden wie Kunst- und Musiktherapie – eventuell auch in der Kombination mit anderen Maßnahmen – helfen, Ängste in den Griff zu bekommen. Je nach zugrunde liegender Ausprägung der Angst kann auch ein*eine Seelsorger*in eine gute Begleitung sein.

Bei sehr starker Angst oder wenn andere Verfahren nicht ausreichend helfen, kann die Gabe von angstlösenden Medikamenten notwendig sein. Diese sollten Sie jedoch nur nach Rücksprache mit einem Arzt einnehmen. Bei dauerhafter Einnahme ist zu bedenken, dass angstlösende Medikamente unter Umständen abhängig machen.

60 Depression: Was hilft, wenn die Traurigkeit alles überschattet?

Bei Menschen, die sich dem Lebensende nähern, ist es normal, dass sie neben Phasen der Freude, Hoffnung und Dankbarkeit auch immer wieder traurig sind. Der Übergang von Traurigkeit zu einer möglichen Depression ist in einer solchen Lebenssituation fließend. Auch Menschen, die früher nie unter Depressionen gelitten hatten, können nun als Reaktion auf die Erkrankung, die Therapien oder das bevorstehende Lebensende depressiv werden. Das wird oft deutlich, wenn sie aus den traurigen Phasen nicht mehr herausfinden, sich über nichts mehr freuen können – selbst nicht über den Besuch der Enkelkinder oder des Hundes, was früher so viel Freude bereitete.

Charakteristisch für die Depression sind die sogenannten Losigkeitsgefühle: Wertlosigkeit, Hoffnungslosigkeit, Lustlosigkeit, Freudlosigkeit oder Antriebslosigkeit. Die Patient*innen machen sich Vorwürfe, schlafen schlecht und verlieren den Appetit. Eine Depression verstärkt körperliche Beschwerden wie Schmerzen oder Atemnot und führt dazu, dass diese Beschwerden schwieriger zu lindern sind. Daher sollte in Betracht gezogen werden, dass bei schwer kranken und sterbenden Menschen eine Depression vorliegen könnte, die es zu behandeln gilt. Scheuen Sie sich nicht davor, Ihren Arzt oder Ihre Ärztin oder Pflegende anzusprechen, wenn Sie sich oft oder dauerhaft traurig fühlen. Zunächst sollte geprüft werden, ob es sich wirklich um eine Depression handelt. Wenn das zutreffen sollte, helfen oft Gespräche über die Situation und die bestehenden Sorgen. Mit einem*einer Psycholog*in oder Therapeut*in können eigene Ressourcen für den Umgang mit Traurigkeit und schweren Lebenssituationen erarbeitet werden. Was hat Ihnen früher in einer schwierigen Lebensphase geholfen? War es die Natur? Oder Musik? Oder die Nähe eines lieben Menschen? Aus der Erinnerung und der Erkenntnis, welche Ressourcen Ihnen zur Verfügung stehen – eigene und die Ihnen nahestehender Menschen –, können Sie diese bewusst in Ihr Leben integrieren. Manchmal sind Gespräche mit Vertrauenspersonen nicht ausreichend, dann sollten auch Medikamente gegen Depressionen, sogenannte Antidepressiva, eingesetzt werden. Haben Sie keine Bedenken, wenn der Arzt oder die Ärztin Ihnen vorschlägt, solche Mittel einzunehmen. Viele Menschen gewinnen dadurch deutlich an Lebensqualität.

Eine Eigenart der Depression sind Ohnmachtsgefühle. Die Förderung der Aktivität, auch körperlicher Aktivität, kann wesentlich dazu beitragen, sich wieder als aktive Person zu erleben und zu wissen, dass man manche Dinge selbst in der Hand hat. Ähnlich wie bei ausgeprägten Erschöpfungszuständen (siehe Frage 57) empfehlen wir auch hier regelmäßiges körperliches Training.

Als Angehöriger eines Menschen mit Depression kommen Sie unter Umständen schnell in die Situation, dem* der Erkrankten viel abnehmen zu wollen – Aktivitäten wie auch Entscheidungen. Dies bestärkt allerdings in der Regel nur dessen Gefühl der Wertlosigkeit. Binden Sie deshalb einen Erkrankten aktiv in Entscheidungen ein, und fördern Sie seine Selbstverantwortung.

61 Schlaflosigkeit: Was hilft, wenn man nachts wach liegt?

Schlaf ist wichtig für die körperliche Erholung und zum Verarbeiten von Emotionen. Kranke Menschen erlangen durch einen erholsamen Nachtschlaf die notwendige Energie zurück, die ihnen die Krankheit nimmt. Allerdings leiden Kranke sowie ihre betreuenden Angehörigen und Freund*innen oft unter schlechtem Schlaf. Das Einschlafen fällt schwer, und nachts wachen sie häufig auf und können dann nicht weiterschlafen. Es gibt viele Gründe, warum der Schlaf nachts nicht so erholsam ist, wie es sich Menschen wünschen. Zunächst stellt sich die Frage, was Sie wach hält oder aufwachen lässt. Sind es Gedanken oder Sorgen? Oft melden sich nachts Probleme, die wir untertags wegschieben – auch in Träumen oder gar Albträumen. Oder es sind Schmerzen, die einen nicht zur Ruhe kommen lassen. Auch eine Depression (siehe Frage 60) kann zu Schlafstörungen führen. Wenn jemand aufgrund seiner Erkrankung tagsüber wenig aktiv ist, viel im Bett liegt oder auch oft schläft, braucht der Körper nachts nicht mehr viel Schlaf.

Wenn körperliche Beschwerden die Schlafstörungen auslösen, steht die medizinische Behandlung an. Wenn Ängste und Sorgen einen kranken Menschen wach halten, ist es hilfreich, diese anzusprechen. Das Benennen der Probleme nimmt ihnen oft schon ihre Macht. Im Gespräch lassen sich Sorgen und Ängste klären oder zumindest lindern, sodass die Schlafstörungen nachlassen sollten.

Achten Sie auf eine regelmäßige Tagesstruktur. Versuchen Sie morgens aufzustehen, und zwar immer zur gleichen Zeit. Halten Sie regelmäßige Mahlzeiten ein, vermeiden Sie Tagesschlaf so gut wie möglich, und tragen Sie tagsüber keinen Pyjama. Versuchen Sie, sich tagsüber körperlich zu betätigen, damit Sie tatsächlich müde werden, und vermeiden Sie Koffein und Teein schon einige Stunden vor dem Zubettgehen. Schlafen gehen sollten Sie ebenfalls immer etwa zur gleichen Zeit, wobei begleitende Rituale hilfreich sein können: ein Glas Milch mit Honig, ein Tagebucheintrag, ein Buch lesen, ein Gebet oder eine Meditation. Übrigens schlafen manche Menschen besonders gut beim Hören eines Audiobooks ein. Menschen mit schweren Einschlafschwierigkeiten kann eine sogenannte paradoxe Intervention helfen, also der Versuch, das Gegenteil zu bewirken. Probieren Sie einmal, wenn Sie im Bett liegen und nicht schlafen können, unter allen Umständen wach zu bleiben. Oft kommt der Schlaf dann doch ganz überraschend.

Als zusätzliche Intervention kann eine Lichttherapie helfen, um den Tages- und Nachtrhythmus zu erhalten, gerade wenn Menschen untertags viel im Bett liegen und keinen Zugang zu Sonnenlicht haben. Durch die Lichttherapie wird die innere Uhr für den Schlaf-Wach-Rhythmus beeinflusst. Dabei unterdrückt das Licht die Bildung von Melatonin, einem körpereigenen Hormon, das müde macht und schlaffördernd wirkt.

Viele dieser Möglichkeiten gelten auch für Menschen, die sehr viel oder die ganze Zeit im Bett verbringen müssen. Und wenn alle angesprochenen Maßnahmen nicht ausreichen, kann die Gabe von Schlafmitteln hilfreich sein. Die richtige Wahl sollte mit dem behandelnden Arzt bzw. der behandelnden Ärztin besprochen werden.

62 Wann braucht ein sterbender Mensch eine Ernährungssonde?

Eine Ernährungssonde ist in der Regel dann notwendig, wenn die normale Nahrungsaufnahme durch Schluckstörungen, z. B. nach einem Schlaganfall oder bei Engstellen im Rachen oder in der Speiseröhre, nicht mehr möglich ist. Eine Ernährungssonde kann entweder als dünner Schlauch über die Nase und den Rachenraum in den Magen gelegt werden oder über einen Schlauch durch die Bauchdecke direkt in den Magen. Diese sogenannten PEG-Sonden können auch über eine längere Zeit liegen bleiben.

Da Menschen in der Sterbephase meistens nicht mehr essen und trinken, ist in dieser Phase das Anlegen einer Ernährungssonde nicht notwendig. Sie stellt eher eine Belastung dar, da der Körper die in der Sterbephase durch Sondennahrung zugeführte Energie nicht mehr ausreichend verwerten kann. Wenn eine Ernährungssonde schon vorhanden ist, bedeutet das aber nicht, dass die künstliche Ernährung in der Sterbephase automatisch weitergeführt werden sollte. So wie ein Mensch in der Sterbephase automatisch aufhört zu essen, sollte auch die künstliche Zufuhr von Nahrung reduziert und dann beendet werden. Noch einmal ein Gedanke, den wir bereits formuliert haben: Ein Mensch stirbt nicht, weil er nicht mehr isst oder trinkt – in diesem Fall, weil er keine Nahrung mehr über die Sonde erhält –, sondern er isst oder trinkt nichts mehr, weil er stirbt. In diesem Fall kann die Sonde nach dem Einstellen der Ernährung für die Gabe von Medikamenten weiterverwendet werden.

63 Wie sollte man vorgehen, wenn Medikamente nicht mehr geschluckt werden können?

Es kann viele Gründe geben, warum ein schwer kranker oder sterbender Mensch Medikamente nicht mehr schlucken kann. Dazu gehören Probleme beim Schlucken selbst, ein wundes Gefühl im Mund mit Schmerzen beim Schlucken oder eine Enge im Hals und in der Speiseröhre. Es kann aber auch sein, dass ein Mensch im fortgeschrittenen Stadium einer Demenz oder Verwirrtheit nicht verstehen kann, was mit einer Tablette zu tun ist. Vielleicht mag ein kranker Mensch aber auch einfach nicht mehr so viele Tabletten einnehmen. Wenn sich das Schlucken verändert und dazu führt, dass ein kranker Mensch nichts mehr zu sich nehmen kann oder es eben nicht mehr möchte, sollten Sie den behandelnden Arzt bzw. die Ärztin darauf aufmerksam machen. Er bzw. sie wird dann überlegen, welche Maßnahmen, abhängig von der Ursache der Schluckprobleme, ergriffen werden sollten und auch welche Medikamente verzichtbar sind.

Wenn das Schlucken in der Sterbephase aus welchen Gründen auch immer nicht mehr möglich ist, stellt sich oft die Frage, wie dann die Medikamente, die für die Linderung von belastenden Beschwerden notwendig sind, verabreicht werden können. Zunächst werden die behandelnden Ärzt*innen prüfen, ob es Medikamente gibt, die in der Sterbephase nicht mehr notwendig sind. Dazu gehören in der Regel Medikamente gegen Bluthochdruck, Herzerkrankungen, Diabetes, zur Blutverdünnung und einiges mehr. Diese Medikamente können üblicherweise ohne Probleme abgesetzt werden. Medikamente gegen Schmerzen, Atemnot, Übelkeit oder Unruhe können über eine Infusion in die Vene verabreicht werden. Es hat sich auch bewährt, viele dieser Medikamente mit einer kleinen

Nadel unter die Haut zu geben. Man nennt dies Subkutangabe. Unter der Haut wird der Wirkstoff des Medikaments in das Körpersystem aufgenommen. Die Infusionsnadel kann gewöhnlich mehrere Tage liegen bleiben und wird mit einem durchsichtigen Pflaster verklebt, damit man immer auf die Einstichstelle schauen kann. So erspart man es den Patient*innen, dass sie immer wieder gestochen werden müssen. Die Medikamente können entweder einzeln verabreicht oder über eine kleine Pumpe dauerhaft gegeben werden. Diese Gabe der Medikamente unter die Haut wird in der Palliativmedizin häufig angewendet.

Es gibt noch weitere Darreichungsformen von Medikamenten, wenn Schlucken nicht mehr möglich ist. Pflaster, Sprays, Tropfen oder Tabletten, die sich unter der Zunge auflösen, stehen zur Verfügung. Welche Art der Gabe die sinnvollste ist, kann Ihnen der behandelnde Arzt oder die behandelnde Ärztin erklären.

Sie sollen wissen, dass selbst in der Sterbephase, wenn Menschen stark in ihren körperlichen Fähigkeiten und ihrer Kommunikation eingeschränkt sind, viele Möglichkeiten bestehen, eine gute Lebensqualität ohne Leid zu gewährleisten.

Teil 5

Die Sterbephase: Was geschieht und was hilfreich ist

Als Sterbephase werden die letzten Tage bzw. eventuell auch nur Stunden vor dem Eintritt des Todes bezeichnet. Es ist eine sehr intime Phase im Leben eines Menschen, in der es nicht mehr so sehr um das Tun, sondern vielmehr um das Sein geht. Es ist die Hinwendung zum Ende des Lebens und damit zum Tod. Als Begleitende bleiben wir in dieser Phase schon ein Stück im Unwissen. Da wir alle selbst den Prozess des Sterbens noch nie erlebt haben, sind wir neben unserem theoretischen Wissen noch viel mehr auf gute Beobachtung, unser Gefühl und Vertrauen angewiesen. Und genau deswegen gibt es in dieser Phase bei Angehörigen und Begleiter*innen viele Unsicherheiten, was getan werden soll, was getan werden kann und was vielleicht unterbleiben sollte.

In diesem Teil des Buchs möchten wir Ihnen Sicherheit vermitteln – ganz nach dem Motto: »Wenn nichts mehr zu machen ist, ist noch vieles zu tun.« Es wird um gewisse Symptome und Veränderungen des Körpers gehen. Wir gehen der Frage nach, ob Kommunikation mit dem*der Sterbenden in dieser Phase überhaupt möglich oder sinnvoll ist, und betrachten Ihre eigenen Gefühle, wenn Sie das Sterben eines nahestehenden Menschen miterleben müssen oder dürfen. Darüber hinaus beantworten wir auch »technische Fragen«, etwa ob ein Herzschrittmacher das Sterben verhindert oder ein Patient leiden muss, wenn lebenserhaltende Maschinen abgeschaltet werden.

64 Was passiert in den letzten Tagen bis Stunden im Körper?

Zunächst müssen wir unterscheiden, wo und unter welchen Bedingungen ein Mensch sterben wird. Für Menschen, die auf einer Intensivstation beatmet werden oder bei einem Verkehrsunfall plötzlich sterben, gelten die im Folgenden beschriebenen Zeichen der Veränderungen nicht bzw. nur bedingt. Auf einer Intensivstation können die Anzeichen, die einen nahen Tod erklären, oft nicht so gut erkannt werden. Die Patient*innen sind häufig durch Medikamente in ihrem Bewusstsein stark eingeschränkt, und medizinische Maßnahmen wie eine Beatmung oder andere Maschinen führen mitunter zu einer Verlängerung der Sterbephase. Zudem liegt der Fokus der Betreuung viel mehr auf Laborwerten oder anderen messbaren Werten, die aber nicht immer etwas über die verbleibende Lebenszeit aussagen.

Bei den Menschen, über die wir in diesem Buch schreiben, ist das Sterben meist ein wahrnehmbarer Prozess von Veränderungen im Zusammenhang mit chronischen und fortschreitenden Erkrankungen.

Eine wesentliche Veränderung in der Sterbephase ist die Müdigkeit. Sie werden einen sterbenden Menschen als sehr müde, schläfrig und zunehmend teilnahmslos erleben. Die Phasen, in denen der Sterbende wach ist, werden immer kürzer und die Schlafphasen immer länger. Dies liegt daran, dass die Organe in dieser Phase kontinuierlich weniger arbeiten.

Die Durchblutung reduziert sich auf die inneren Organe, was man Zentralisierung nennt. Diese Zentralisierung wiederum bewirkt, dass Beine oder Hände spürbar kälter werden. Der Körper schaltet sozusagen in einen Modus, in dem er die wichtigen Teile bezüglich der Energiebereitstellung bevorzugt. Herz und weitere innere Organe sind in diesen Phasen demnach wichtiger als Hände oder Beine. Sie können die verringerte Durchblutung der Haut auch sehen, da sie meist weiß und wächsern erscheint. Gerade im Gesicht kann es sein, dass diese weißliche Verfärbung im Bereich des Mundes und der Nase stärker ausgeprägt ist. Oft erscheint auch die Nase spitzer als vorher. An der Körperunterseite können Sie unter Umständen eine Verfärbung sehen, die der Zeichnung eines Marmorsteins entspricht. Dies liegt daran, dass auch der Blutdruck sinkt und dadurch das Blut, der Schwerkraft nachgebend, nach unten, also Richtung Körperunterseite, fließt. Durch den niedrigen Blutdruck wird das Blut nicht mehr mit der bei Gesunden üblichen Kraft durch die Blutgefäße gepumpt. In den kleinen Gefäßen an der Körperunterseite sammelt sich also Blut, und dies zeigt sich in der sogenannten Marmorierung der Haut. Diese Veränderung tritt in der Regel erst nach dem Tod auf, aber manchmal kann man sie bereits in der Phase des Sterbens beobachten.

Zunehmend versagen dann die inneren Organe. Die Nieren, die wichtige Ausscheidungsorgane sind, arbeiten im Sparmodus. Aus diesem Grund und weil sterbende Menschen üblicherweise wenig oder nichts trinken, wird kaum Harn ausgeschieden. Das merken Sie daran, dass sich weniger gelbliche Flüssigkeit im Urinbeutel neben dem Bett ansammelt, falls der sterbende Mensch einen sogenannten Blasenkatheter bekommen hat (was übrigens nicht immer notwendig ist). Oder Sie erkennen dies daran, dass weniger Flüssigkeit in der Inkontinenzeinlage zu finden ist. Gelegentlich schwitzen Menschen in dieser Phase vermehrt. Da auch der Darm weniger arbeitet, kommt es in der Regel nicht mehr zu Stuhlgang.

Manche Sterbende sind in dieser Phase verwirrt, die

Sprache kann unzusammenhängend sein. Auch das hat mit der Veränderung der Organe zu tun, entweder mit der abnehmenden Aktivität der Niere oder der Leber. Bei guter Funktion sind die beiden Organe unter anderem dafür verantwortlich, Giftstoffe aus der Blutbahn zu filtern. In der Sterbephase, in der die Leber und die Nieren nicht mehr voll funktionsfähig sind, lässt diese Entgiftungsfunktion nach. Die Giftstoffe werden nicht mehr ausreichend aus der Blutbahn gefiltert und gelangen in das Gehirn. Dort verursachen sie dann die für Sie sicht- oder hörbare Verwirrtheit oder auch Halluzinationen.

Sie können bei manchen Sterbenden eine mäßige bis starke körperliche Unruhe wahrnehmen, die wiederum mit der Veränderung der Organfunktion und den Halluzinationen zu tun haben kann. Restlos geklärt ist die Ursache für die Unruhe nicht. Es kann ein Klammern am Bettrand sein, oder es sind Bewegungen mit den Armen zu beobachten, ein dauerndes Zupfen an der Bettdecke oder der Versuch, sich aufzurichten. Wenn diese Unruhe sehr stark wird, kann eine Ärztin dem Patienten Medikamente verabreichen, damit sich der*die Sterbende entspannen kann (was natürlich auch zur Entspannung der anwesenden Angehörigen und Freund*innen beiträgt). Aber auch Berührungen, leichte Massagen an den Fußsohlen, ein sanftes Umbetten, Musik, Gespräche und vertraute Stimmen oder manche Duftöle können hier Abhilfe schaffen. Diese Prozesse sind, auch wenn sie beunruhigend aussehen mögen, normale Veränderungen im Sterbeprozess. Wichtig ist es in erster Linie, zu überlegen, ob der sterbende Mensch darunter leidet. Das merken Sie daran, dass er angespannt wirkt, die Stirn runzelt, schneller atmet oder einen schnellen Pulsschlag hat. Dann sollten Sie mit der Ärztin überlegen, ob eine Beruhigung durch Medikamente hilfreich sein könnte.

Am Ende des Lebens verlieren Menschen das Interesse an Essen und Trinken und haben auch kein Durst- und Hungergefühl mehr, da sie keine oder kaum mehr Energie verbrauchen. Weil Hunger und Durst nicht vorhanden sind, können Sterbende nicht verhungern oder verdursten. Üblicherweise verläuft die Krankheit selbst schneller und führt zum Tod, als dass fehlende Nahrung hier eine Rolle spielen könnte.

In den letzten ein bis zwei Tagen vor dem Tod haben Sterbende üblicherweise auch große Probleme zu schlucken. Sie können in dieser Phase dem Sterbenden Essen und Trinken anbieten, sollten aber respektieren, wenn dieser Nahrung ablehnt, oder auch damit rechnen, dass der Schluckprozess nur sehr langsam vor sich geht. Falls sich der sterbende Mensch beim Versuch, etwas zu sich zu nehmen, »verschluckt«, sprechen Sie bitte mit den Pflegenden oder einem Arzt bzw. einer Ärztin. Diese können aus fachlicher Sicht beurteilen, ob das Anreichen von Essen und Trinken weiterhin sinnvoll ist. Wenn dies nicht mehr gemacht werden soll, ist das Befeuchten der Lippen und des Mundinnenraums vorteilhaft. Näheres dazu finden Sie im Rahmen der Frage 70.

Sie werden auch eine Veränderung der Atmung feststellen. Üblicherweise wird die Atmung flacher. Das heißt, dass der sterbende Mensch nicht mehr so tief atmet. In den letzten Stunden des Lebens können Sie unter Umständen eine Unregelmäßigkeit der Atemzüge beobachten. Wir haben der sich veränderten Atmung und der Frage, ob es zum gefürchteten Ersticken kommt, einen eigenen Abschnitt (siehe Frage 67) gewidmet.

Die sichtbaren Veränderungen, die wir beschrieben haben, kommen bei vielen Menschen vor. Doch wie das Leben selbst verläuft auch das Sterben individuell – sowohl was die Sichtbarkeit der Veränderungen betrifft als auch die Dauer dieser letzten Phase. Wir haben manche Menschen in dieser Phase begleiten dürfen, bei denen die letzten Veränderungen sehr rasch vorangeschritten sind; einige von ihnen, die am Tag zuvor noch ein paar Schritte gehen konnten, sind tags darauf gestorben. Andere Menschen hingegen haben über viele Tage kontinuierlich Fähigkeiten verloren und sind langsam und über einen längeren Zeitraum hinweg gestorben.

65 Tut Sterben weh?

Soweit es sich beurteilen lässt, ist Sterben selbst kein schmerzhafter Prozess. Es gibt Hinweise, dass in der Sterbephase körpereigene schmerzstillende Botenstoffe im Gehirn freigesetzt werden, die unter anderem die Schmerzwahrnehmung unterdrücken. Zudem erhalten viele Patient*innen schon während der Erkrankung zur Behandlung von Schmerzen Medikamente. Wenn also Schmerzen in der Sterbephase auftauchen würden, sind sie eher durch die Veränderungen im Rahmen der Erkrankung bedingt. Dann müssen die Schmerzmedikamente natürlich in der Sterbephase weitergegeben werden. Üblicherweise ist in der Sterbephase keine deutliche Dosissteigerung von Schmerzmedikamenten notwendig.

In der Sterbephase kann sich ein Mensch in der Regel nicht mehr äußern und sagen, dass er Schmerzen hat. Dann sind auch die begleitenden Personen – Angehörige, Freund*innen – darauf angewiesen, Veränderungen beim Sterbenden zu beobachten. Sie können selbst darauf achten, ob der*die Sterbende z. B. die Stirn runzelt, einen angespannten Gesichtsausdruck hat, unruhig ist oder stöhnt. Auch ein sehr schneller Puls oder Schwitzen können ein

Ausdruck sein, dass es diesem Menschen gerade nicht gut geht. Dann stellt sich zunächst die Frage, was dieses Unwohlsein ausmacht, und da steht die Frage nach Schmerzen immer im Vordergrund. Wenn Sie also das Gefühl haben, dass ein sterbender Mensch Schmerzen hat, informieren Sie die Pflegenden oder die Ärztin bzw. den Arzt. In dieser letzten Phase, in der sich der*die Sterbende selbst oft nicht mehr verständlich äußern kann, ist die Kombination aus Bauchgefühl, Beobachtung und der Expertise von erfahrenen Menschen eine wichtige Basis für Entscheidungen. Beobachten Sie den Gesichtsausdruck, oder fühlen Sie die Körperspannung, wenn Sie den*die Sterbende*n umlagern oder ihn*sie anderweitig bewegen. Fragen Sie die betreuenden Fachkräfte auch, ob die Reaktionen des*der Sterbenden »normal« sind oder ob hier Schmerzen oder Unwohlsein vorhanden sein können.

66 Kann man den Tod hinauszögern oder sogar aufhalten?

Bis zu einem gewissen Grad kann das Sterben eines Menschen hinausgezögert werden. Dies geschieht zunächst durch die Behandlung der zugrunde liegenden Erkrankung oder der Komplikationen, die durch eine Erkrankung oder die Therapien entstehen. Auch Wiederbelebungsmaßnahmen versuchen, den Tod zu verhindern. Viele dieser Maßnahmen hängen von der Situation des Patienten ab. Ein Mensch, der gesund ist und einen plötzlichen Herzstillstand erleidet, kann möglicherweise durch Wiederbelebungsmaßnahmen wieder ins Leben zurückgeholt werden. Bei einem Patienten mit einer weit fortgeschrittenen Krebserkrankung sind die Erfolgsaussichten für Wiederbelebungsmaßnahmen deutlich geringer oder sogar aussichtslos. Daher werden Wiederbelebungsmaßnahmen bei sehr weit fortgeschrittenen Erkrankungen kritisch gesehen.

Bei all diesen Maßnahmen spielt natürlich der Wille des Patienten eine große Rolle. Ein Mensch kann keine medizinischen Behandlungen verlangen, die nicht indiziert sind. Aber Menschen müssen allen Maßnahmen, die Ärzt*innen durchführen wollen, zustimmen, sonst dürfen sie nicht eingeleitet werden. Das bedeutet, dass Sie als Patient Wiederbelebungsmaßnahmen vorsorglich (in einer Patientenverfügung) ablehnen können, Sie selbst hingegen und auch Ihre Angehörigen und Freund*innen keine medizinischen Eingriffe (zu denen auch die Wiederbelebung zählt) verlangen können, wenn nach der besten Beurteilung Ihres betreuenden Teams das Therapieziel und eine Besserung Ihres Zustands nicht erreicht werden kann.

67 Die Atmung verändert sich – heißt das, dass der Sterbende nun qualvoll ersticken wird?

Die Atmung verändert sich in der Sterbephase sicht- und hörbar. Wenn Sie als Begleiter in dieser Situation sind, kann Sie dies auf den ersten Blick erschrecken und verstören. Deswegen ist es wichtig, zu verstehen, warum sich die Atmung verändert und was der Sterbende wahrnimmt.

Gleich zu Beginn eine wichtige Nachricht: Unserer Erfahrung nach nehmen Sterbende die deutlich verminderte Atmung und die Atemgeräusche, die sich in der Phase des Sterbens oft verändern, nicht wahr und wirken nicht belastet. Für Angehörige ist es oft aber sehr belastend, die Atemgeräusche und die zum Teil sehr langen Pausen während der Atemzüge zu erleben.

Atmen bedeutet – im übertragenen Sinne – Leben. Deshalb ist es nicht überraschend, dass Atmungsveränderungen auch emotional erlebt und bewertet werden. Im alltäglichen Leben denken Sie vermutlich nicht oft über Ihre Atmung nach, außer Sie leben mit einer Erkrankung der Atemwege oder sind sehr verkühlt. In einer solch intimen und üblicherweise auch ruhigen Atmosphäre wie der letzten Phase des Lebens fällt eine veränderte Atmung besonders ins Gewicht.

Der Rhythmus und auch die Tiefe der Atmung verändern sich. Die Abstände zwischen einzelnen Atemzügen werden deutlich länger, und teilweise scheint es, als ob die Atmung ganz zum Stillstand gekommen ist. Diese Pausen zwischen Atemzügen dauern zunächst nur wenige Sekunden, können dann aber bis zu einer Minute anhalten. Dann beginnt der sterbende Mensch fast unerwartet, aber erhofft, wieder zu atmen. Oft folgt ein Seufzer mit einigen tiefen Atemzügen, die dann wieder flacher werden, bis die oben beschriebene Pause kommt. Diese Veränderungen der Atmung sind am Ende des Lebens normal und gehören zum Prozess des Sterbens.

Und schließlich gibt es noch die sogenannte Rasselatmung, irritierenderweise auch als »Todesrasseln« bezeichnet. Alleine der Name dieses Phänomens klingt beängstigend. Das muss aber nicht sein. Dieses Geräusch klingt in etwa so, wie wenn Sie einen Strohhalm in ein mit Wasser gefülltes Glas tauchen und dann durch den Strohhalm blasen.

In der letzten Phase des Lebens können Menschen nicht mehr ausreichend schlucken oder husten. Die Speicheldrüsen und die Drüsen in den Atemwegen bilden aber weiterhin Sekret, also Flüssigkeit. Deshalb kommt es zu der Situation, dass Speichel in die Luftröhre fließt. Oft sind dies nur ganz kleine Flüssigkeitsmengen, die durch das Ein- und Ausatmen hin- und herbewegt werden. Aufgrund des Resonanzraums des Brustkorbs und des Halses klingt diese Flüssigkeitsbewegung dennoch sehr laut. Auch das ist eine normale Veränderung am Lebensende.

Die Rasselatmung kann noch stärker werden, wenn in der Sterbephase mittels Infusionen Flüssigkeit zugeführt wird. Diese kann der Körper nicht mehr verarbeiten, und das führt dazu, dass mehr Schleim und andere Sekrete gebildet werden.

Aus Sicht des*der Sterbenden müsste die Rasselatmung nicht unbedingt behandelt werden, weil Sterbende dabei nicht belastet wirken. Für Sie als Angehörige oder andere Anwesende kann es aber sehr belastend sein, wenn Sie am Bett sitzen und über Stunden die brodelnde Atmung hören müssen. Aus diesem Grund sollte eine Behandlung stattfinden.

Manchmal hilft es bereits, wenn Sie das Kopfteil des Bettes, in dem der Sterbende liegt, etwas aufrichten oder den Sterbenden leicht auf die Seite drehen. Dadurch verlagert sich die Flüssigkeit, der Schwerkraft folgend, nach unten und kann bei den Atembewegungen dieses Geräusch nicht mehr oder zumindest nicht mehr so laut verursachen. Oft aber reicht es nicht aus, die Lagerung zu verändern. Es gibt Medikamente, die die Produktion des Speichels und des Sekrets in der Luftröhre und den Bronchien, also den Atemwegen, verringern. Wenn die Atmung schon rasselt, können diese Sekrete nicht mehr unterdrückt werden. Daher sollte früh mit der Gabe von Medikamenten zur Unterdrückung der Schleimbildung begonnen werden.

Eine Maßnahme sollte aber unterbleiben: das Absaugen dieser Flüssigkeit. Sehr oft, auch wenn das Absaugen sehr behutsam durchgeführt wird, werden die Atemwege dabei so gereizt, dass mehr Flüssigkeit gebildet wird und dadurch die Geräusche schlussendlich verstärkt werden. Außerdem ist es für Sterbende, die schon in ihrem Bewusstsein eingeschränkt sind, eine sehr stressvolle Erfahrung und führt oft zu Unruhe und abwehrendem Verhalten. Nur in Ausnahmefällen, wenn die Flüssigkeit sichtbar im Rachen ist, kann das Absaugen der Flüssigkeit hilfreich sein. Allerdings nur dann, wenn gleichzeitig mit Medikamenten etwas gegen die weitere Bildung der Flüssigkeit getan wird.

In dieser Phase braucht der*die Sterbende nichts mehr zu trinken, da auch Schlucken nicht mehr möglich ist. Jeder Trinkversuch birgt die Gefahr in sich, dass die Flüssigkeit auf direktem Weg in die Luftröhre gelangt. Und dort verursacht sie die oben genannten Probleme. Sie können aber weiterhin den Mundraum und die Lippen befeuchten, worauf wir im Rahmen der Frage 70 weiter eingehen werden.

68 Was nehmen Menschen in der Sterbephase noch wahr?

Diese Frage kann nicht mit Sicherheit beantwortet werden, denn durch die Müdigkeit, die langen Schlafphasen und die bereits beschriebenen Veränderungen der Organ- und Gehirnfunktionen ist die Kommunikation eingeschränkt. Diese Veränderungen im Gehirn führen auch dazu, dass ein Mensch andere Personen, sich selbst, Räume und auch die Zeit nicht oder nicht immer korrekt benennen kann. Wenn dieser Mensch Sie also nicht sofort erkennt oder sich nicht an gewisse Dinge, Situationen oder Personen erinnert, kann dies damit erklärt werden. Manche Sterbende haben vereinzelte klare Phasen, manche blühen kurz vor dem Sterben sogar noch einmal richtig auf, während andere Menschen so wirken, als ob sie kontinuierlich in den Tod gleiten würden, ohne wache Phasen zu haben.

Manche Sterbende berichten, sie seien wach und hätten dennoch die Augen geschlossen, denn durch die große Müdigkeit sei das Offenhalten der Augen schlicht zu anstrengend. Insofern sollten Sie sich immer so verhalten, als ob der Sterbende Sie wahrnehmen kann, auch wenn er zu schlafen scheint.

Bedenken Sie, in welcher körperlichen Verfassung der Mensch vor der unmittelbaren Sterbephase war. Wenn er schlecht gehört oder schlecht gesehen hat und Sie das Gefühl haben, er kann Sie nicht sehen oder hören, sollten Sie prüfen, ob er etwaige Hilfsmittel wie Brille oder Hörapparat trägt.

Von allen Sinnen funktioniert der Hörsinn am längsten, insofern ist die Wahrscheinlichkeit hoch, dass ein sterbender Mensch Ihre Anwesenheit wahrnimmt. Sie werden vielleicht beobachten, dass sich das Gesicht des*der Sterbenden entspannt, wenn er*sie Ihre vertraute Stimme hört. Da wir davon ausgehen, dass Sterbende bis zuletzt hören, können Sie ihnen auch etwas erzählen, ihnen sagen, was Ihnen wichtig ist, alte Erinnerungen wecken oder auch um Verzeihung bitten. Es wird allerdings so sein, dass die Reaktionen anders oder deutlich reduziert sind.

Wie bereits im Rahmen der Frage 23 ausgeführt, stimmt der aus vielen Filmen bekannte Satz »Der Patient ist nicht ansprechbar« nicht. Ein Mensch ist immer ansprechbar, nur seine Reaktion mag anders ausfallen, als Sie es erwarten. Versuchen Sie, die Kommunikation mit dem Sterbenden so »normal wie möglich« zu gestalten. Sie brauchen weder zu flüstern noch extrem laut, langsam oder deutlich zu sprechen – es sei denn, dies war auch vor der Sterbephase notwendig –, damit dieser Mensch Sie versteht.

Eine oft geäußerte Sorge von Angehörigen und Freund*innen des*der Sterbenden ist, dass der Patient in der Sterbephase noch Schmerzen hat oder andere Symptome wahrnimmt. In dieser Phase erhalten Menschen üblicherweise auch Medikamente. Je nachdem, welche Probleme in früheren Phasen vorgeherrscht haben (z. B. Schmerzen, Atemnot, Übelkeit oder Angst), werden diese Medikamente in der Sterbephase weitergegeben. Dadurch wird eine gute Kontrolle der Symptome gewährleistet, auch wenn der Patient bzw. die Patientin sich nicht mehr äußern kann. Ärzt*innen planen hier voraus und stellen notwendige Medikamente zur Verfügung.

Wenn Sie Fragen haben, wenn Sie Beobachtungen beim Sterbenden machen, sollten Sie das Gespräch mit den betreuenden Personen suchen und all die Fragen stellen, die Ihnen in der Situation wichtig sind. Wenn Sie verstehen, warum manches getan wird und manches nicht, dann können Sie solche herausfordernden Situationen auch besser meistern.

69 Soll, darf oder muss ich in der Sterbephase beim Sterbenden bleiben?

Einen anderen Menschen in der Sterbephase zu begleiten, kann vielfältig erlebt werden – bereichernd, angstvoll oder auch sehr anstrengend. Auf der einen Seite werden Sie ganz besondere Eindrücke erhalten, die Ihnen in Erinnerung bleiben werden. Zum anderen können die emotionale »Verwundbarkeit«, der Schmerz und die Trauer, die Nächte mit wenig oder schlechtem Schlaf, die vielen Gedanken und Gespräche, die ganz neu für Sie sind, die Erwartungshaltung der Umgebung und das Gefühl, dass der andere wichtiger ist als Sie selbst, auch Spuren hinterlassen. Prinzipiell können Sie dann eher hilfreich sein, wenn es Ihnen gut oder so gut wie möglich geht.

Das Wichtigste zuerst: Es gibt keine Verpflichtung, beim Sterben eines anderen Menschen dabei zu sein. Viele Menschen möchten dies aber, und Hospizbegleiter*innen erfahren – was auch die Fachliteratur beschreibt –, dass Menschen, die Sterbende bis zuletzt und sogar über den Tod hinaus begleitet haben, oftmals besser mit der neuen Situation und der Trauer umgehen können.

Wenn Sie sich in der Lage fühlen, dabei zu sein, würden wir Ihnen das empfehlen. Zudem wünschen sich auch viele Sterbende, in der letzten Phase des Lebens nicht allein zu sein. Falls Sie sich dazu entschieden haben, bei dem* der Sterbenden zu bleiben, möchten wir Ihnen hier ein paar Gedanken und Erfahrungen weitergeben, was anderen Menschen, die in einer ähnlichen Situation waren, geholfen hat.

Sie müssen nicht rund um die Uhr beim Sterbenden sein. Erlauben Sie sich, auch Pausen in der Begleitung des* der Sterbenden einzulegen, und lassen Sie sich nicht von der Angst leiten, den Zeitpunkt des Todes möglicherweise zu verpassen. Sie können dies nicht kontrollieren (siehe auch Frage 71). Wechseln Sie sich mit Freund*innen und Familienmitgliedern ab. Machen Sie zwischendurch kurze Spaziergänge an der frischen Luft. Vielleicht hilft es Ihnen, dass Sie immer mit einer anderen Person gemeinsam beim sterbenden Menschen sind. Trinken Sie ausreichend, und essen Sie, auch wenn der Hunger nicht groß ist. Wenn Sie Ihren Angehörigen in einer Institution begleiten, sollten Sie fragen, ob Sie ein Bett für sich selbst im selben Zimmer haben können – das ist in vielen Einrichtungen möglich. Wenn Sie einen Menschen zu Hause begleiten, dann richten Sie das Zimmer so her, dass auch Sie es wirklich bequem haben. Tragen Sie bequeme Kleidung, lüften Sie den Raum regelmäßig, hören Sie ein Audiobook, das vielleicht auch dem sterbenden Menschen gefallen würde, lesen Sie vor, oder singen Sie. Und erzählen Sie anderen Menschen im Raum Geschichten – gerne auch über den Menschen, der sterben wird. Erlauben Sie sich und anderen, wenn es passend ist, auch zu lachen oder heiter zu sein. Es sind generell alle Gefühle erlaubt. Stellen Sie sicher, dass Sie nicht gestört werden, wenn Sie dies nicht wollen. Sterben ist eine sehr intime Situation. Wenn Sie einen sterbenden Menschen im Krankenhaus begleiten und Sie die Möglichkeit einer Unterbringung in einem Einzelzimmer haben, können Sie die Pflegenden bitten, gegebenenfalls ein Schild »Bitte nicht stören« an die Tür zu hängen.

Im Frühjahr 2020 hat sich für viele Menschen wegen der Corona-Pandemie die umgekehrte Frage gestellt: »Was mache ich, wenn ich bei einem sterbenden Menschen sein möchte, ich es aber nicht darf oder kann?« Diese Situation war damals und ist in ähnlichen Fällen belastend. »Da-Sein« ist auch möglich, wenn die physische Präsenz nicht möglich ist. Auf Möglichkeiten des Abschieds mit räumlicher Distanz gehen wir in der Folge noch ein.

Und dennoch wissen wir aus vielen Gesprächen, dass oft gerade die Möglichkeiten, sich persönlich ein letztes Mal zu sehen, sich ein letztes Mal zu berühren, die letzten Momente der Zweisamkeit zu erleben, sowohl für Angehörige als auch für Sterbende wichtig sind.

70 Was kann ich als Angehöriger/Freund für den Sterbenden in der Sterbephase tun?

Wenn wir auf diese große Frage für Sie zwei ganz kurze Antworten geben sollten, so wären es diese: anwesend sein, wenn Sie das selbst möchten und der Sterbende es auch will, und gut auf Ihre eigenen Bedürfnisse achten. Natürlich werden Sie noch weitere Ideen entwickeln, wie Sie hilfreich sein können.

Die gute Nachricht: Sie können prinzipiell nichts falsch machen, sofern Sie wohlwollend und einfühlsam begleiten. Nutzen Sie Ihr Wissen über den sterbenden Menschen, und überlegen Sie, was er sich in dieser Situation gewünscht hätte. Die Erfahrung zeigt, dass es für Menschen, die Sterbende begleiten, oft erträglicher ist, wenn sie noch aktiv sein und für den Menschen, den sie begleiten, etwas tun können.

Es kann nicht mit Sicherheit gesagt werden, was ein sterbender Mensch tatsächlich wahrnimmt. Vielleicht erhalten Sie auf das, was Sie anbieten und tun, eine Reaktion von dem sterbenden Menschen, vielleicht aber nicht. Wenn der Sterbende nicht reagiert, heißt das nicht, dass dieses Tun nicht gut für ihn ist. Sie haben bereits gelesen, dass die Reaktionen aufgrund von Müdigkeit und einer veränderten Aktivität des Gehirns nachlassen und sich verändern können. Achten Sie darauf, ob der Sterbende irgendwelche Abwehrreaktionen zeigt. Dies kann eine plötzlich auftretende erhöhte Körperspannung sein, ein abwehrender Gesichtsausdruck, eine Unmutsäußerung oder eine andere körperliche Reaktion. Genauso können Sie aber auch beobachten, dass sich das Gesicht entspannt oder dass der Sterbende sogar lächelt, wenn es ihm »gut« geht. Egal was Sie tun, versuchen Sie, nicht in Eile zu sein und immer wieder abzuwarten, ob und, wenn ja, welche

Reaktion von dem*der Sterbenden kommt. Auch seine*ihre Reaktionen können verzögert erfolgen.

Berührung: Sie können einen sterbenden Menschen und übrigens auch einen toten Menschen berühren. Hände halten, streicheln, eine liebevolle Umarmung, ein Kuss, eine sanfte Massage der Hände oder der Füße oder z.B. das Kämmen der Haare – all das ist natürlich erlaubt. Falls der*die Sterbende bzw. Verstorbene eine Infektionskrankheit hat bzw. hatte, die durch Körpersekrete, eine Schmierinfektion oder über die Bindehäute der Augen übertragen werden kann, ist eine Berührung unter Umständen überhaupt nicht möglich oder nur mit entsprechenden Schutzmaßnahmen wie Einmalhandschuhen, Kittel und Mund-Nasen-Schutz. Falls Sie unsicher sind, ob Sie den*die Verstorbene*n berühren dürfen, fragen Sie den betreuenden Arzt.

Wenn Sie einen Sterbenden berühren, brauchen Sie keine Angst zu haben, dass Sie dabei dem Menschen schaden oder Schmerzen zufügen, sofern Sie davon ausgehen können, dass auch die sterbende Person diese Art von Nähe als angenehm erlebt. Manche sehr alte Menschen haben bereits eine sehr dünne Haut. Hier sollten Sie lediglich behutsam mit möglicherweise bestehenden kleinen Hautverletzungen sein. Selbstverständlich sollten Sie auch keine anderen offenen Wunden berühren.

Versuchen Sie Ihre Berührung »klar und deutlich« auszuführen. Flächige und gut spürbare Kontakte sind meist angenehmer als allzu sanfte. Konzentrieren Sie die Berührung zunächst auf eine Körperstelle, bevor Sie zu einer anderen wechseln. Gehen Sie auch hier wieder nach Ihrem Gefühl vor: Welche Art von Berührung hätten Sie selbst gern? An welchen Körperstellen würden Sie, wenn Sie sehr krank wären, gerne berührt werden und an welchen weniger gerne? Denken Sie auch daran, was der sterbende Mensch gerne hätte.

Bei Menschen, die sehr viel schlafen oder komatös sind, empfehlen wir, mit einer immer gleichen »Initialberührung« Kontakt aufzunehmen. Berühren Sie einen Menschen z. B. zu Beginn immer an der gleichen Schulter und sagen Sie dabei immer die gleichen Worte. Dies kann Ihrem Gegenüber Sicherheit vermitteln; es ist ein Ritual, das Sie und den kranken Menschen verbindet. Dieses Ritual kann bedeuten: »Ich bin jetzt wieder hier bei dir« oder: »Ich bleibe nun ein wenig an deinem Bett sitzen« oder: »Ich werde dich nun umlagern«.

Wenn ein sterbender Mensch sehr unruhig und verwirrt ist, kann es hilfreich sein, wenn Sie ihm behutsam eine Hand unter den Nacken legen, in etwa so, wie Sie ein Baby halten würden. Möglicherweise kann es gelegentlich auch sinnvoll sein, den Sterbenden so zu positionieren, dass er seine Fußsohlen auf dem Boden, auf der Matratze oder dem Bettende spürt. Wenn Sie es sich zutrauen und eine gute Beziehung zum Sterbenden haben, können Sie sich auch zum Sterbenden ins Bett legen und mit Ihrem Körper eine große Kontaktfläche herstellen. Das kann zur Beruhigung beitragen und Sicherheit und Geborgenheit vermitteln. In der Fachsprache wird auch von »Kangarooing« gesprochen.

Beruhigend wirken auch sanfte Massagen der Handflächen oder, wenn passend, auch der Fußsohlen. Dies können Sie mit einem Massage- oder Aromaöl oder einer Pflegelotion machen.

Berührung ist übrigens keine »Einbahnstraße«; Sie werden auch selbst berührt und fühlen, wenn Sie einen anderen Menschen streicheln. Berührung ist eine Form der Nähe und kann eine wunderbare gemeinsame Erfahrung sein. Es kann aber auch sein, dass Sie selbst diese Nähe und Berührung viel eher brauchen als ein sterbender Mensch – und natürlich auch umgekehrt. Im Alltag erleben wir den Umgang mit Nähe und Berührung in allen Facetten. Von Nähe und Berührung, die ausschließlich für funktionale Zwecke stattfindet (z.B. Hilfestellung bei der Körperpflege), bis hin zu erdrückender Nähe. Wir wollen diese Vielfalt nicht bewerten, denn es gibt viele Gründe, warum die eine Art von Berührung für einen Menschen sehr angenehm ist und dieselbe für einen anderen Menschen eine absolute Grenzüberschreitung bedeutet. Gehen Sie achtsam mit Nähe und Berührung um. Beobachten Sie den Menschen bei jeder Berührung, denn es kann sein, dass er diese gegebenenfalls nicht oder aber viel mehr davon möchte. Grundsätzlich gilt: Fragen Sie immer, ob Nähe erwünscht und erlaubt ist.

Befeuchten des Mundes: Sterbende Menschen atmen in der Regel durch den Mund, und dadurch werden die Schleimhäute sehr trocken. Auch die Gabe von Sauerstoff fördert diese Trockenheit. Ein trockener Mund bedeutet nicht, dass dieser Mensch Durst hat. Das Befeuchten der Lippen und des Mundes ist sinnvoll, das Anbieten von Getränken hingegen weniger. Nehmen Sie Wattestäbchen (in der Apotheke oder in einem Krankenhaus gibt es auch größere Größen), und befeuchten Sie diese mit Wasser oder dem Lieblingsgetränk (es darf auch ein alkoholisches Getränk sein). Berühren Sie damit die Lippen, die Innenseiten der Wangen und die Zunge. Vermeiden Sie aber vor allem den hinteren Teil der Mundhöhle, da sonst ein Würgereiz ausgelöst werden kann.

Sie können auch eine kleine Plastikpipette nutzen, mit der Sie dem Sterbenden ein paar Tropfen auf die Lippen oder Zunge geben. Alternativ können Sie eine kleine Sprühflasche mit Wasser oder einem Getränk befüllen und damit den Mundinnenraum befeuchten. Sowohl Plastikpipetten als auch Sprühfläschchen bekommen Sie in der Apotheke. Mit einem schonenden Lippenbalsam oder Vaseline können Sie die Lippen eincremen, wenn diese trocken oder spröde sind. Wenn Sie unsicher sind, was und wie Sie es tun können, sollten Sie sich Rat und Anleitung bei den Pflegenden holen.

Körperpflege: Generell wird die Körperpflege aufgrund der Belastung für den Sterbenden reduziert. Vielleicht werden Sie von den Pflegenden, die den Sterbenden professionell betreuen, gefragt, ob Sie mithelfen möchten. Das kann Ihnen tatsächlich guttun. Wenn Sie nicht gefragt werden, dies aber möchten, dann bitten Sie darum, mithelfen zu dürfen. Oft werden die Pflegenden die Körperpflege in der Sterbephase auf das Gesicht beschränken oder vielleicht auch die Arme und Beine einreiben. In dieser Phase geht es weniger um die komplette Körperpflege als vielmehr darum, wahrzunehmen, was dem Sterbenden guttut und wie er sich am wohlsten fühlt.

Lagerung: Weniger ist hier mehr. Das Ziel von Lagerungen bzw. Umlagerungen ist das Wohlbefinden des Sterbenden oder dass Kommunikation und Teilhabe am Leben erleichtert oder ermöglicht werden. Vielleicht gibt es ja eine Lieblingsposition des Sterbenden oder eine bevorzugte Seite. Lagerungen müssen in der Sterbephase nicht nach festen Uhrzeiten durchgeführt werden, und Sie brauchen auch keine Angst zu haben, dass sich der Sterbende wund liegen könnte und unter Druckgeschwüren leidet.

In dieser Phase des Lebens ist die Wahrnehmung eingeschränkt, und manche Handlungen können in diesem Zustand von der sterbenden Person schwer eingeordnet werden. Stellen Sie sich vor, Sie selbst schlafen tief und fest, träumen intensiv oder haben hohes Fieber, und ein anderer Mensch zieht und drückt an Ihnen. Ein gelegentliches Umlagern, wenn überhaupt, reicht vollkommen aus. Diese Lageveränderungen können auch nur in kleinem Ausmaß erfolgen; vielleicht ein kleines Kissen in den Rücken oder ein gerolltes Handtuch, um die Lagerung auf die Seite zu unterstützen.

Sie können mit einer Bettschlange oder einer gerollten Decke auch ein Nest für den Sterbenden gestalten. Das wird häufig bei Babys und Kindern gemacht, hilft aber auch am Lebensende. Diese Lagerung kann beruhigend wirken, da die Sterbende die eigenen Körpergrenzen besser spüren kann.

Bei gelegentlich auftretender Atemnot ist eine Position im Bett mit leicht erhöhtem Oberkörper empfehlenswert. Sie können die Kissen regelmäßig auflockern oder neu beziehen, wenn der Sterbende sehr schwitzt, und ihn in diesem Fall nur mit dünnen Laken zudecken.

Achten Sie beim Umlagern von anderen Menschen vor allem auch auf Ihre eigene Gesundheit. Lassen Sie sich das rückenschonende Durchführen von Lagerungen von Pflegenden oder einer Physiotherapeutin zeigen.

Kommunikation: Gehen Sie davon aus, dass Ihre Anwesenheit dem*der Sterbenden Sicherheit bietet. Auch wenn er*sie nicht mehr spricht oder nur sehr leise und Sie mit Ihrem Ohr ganz nah an den Mund des Menschen gehen müssen, um zu hören, was er sagt, müssen die letzten Tage oder Stunden nicht im Schweigen miteinander verbracht werden. Lesen Sie aus der Zeitung oder einem Buch vor, das der*die Sterbende gern gelesen hat; erzählen Sie Geschichten aus der Vergangenheit, aber auch alltägliche Erlebnisse. Es ist auch erlaubt, dass Sie mit den anderen Menschen im Raum sprechen. Viele Menschen haben

Scheu, diese »normalen« alltäglichen Gespräche angesichts der besonderen Situation zu führen. Denken Sie auch hier noch einmal daran, dass es sein kann, dass die sterbende Person Sie hören und verstehen kann. Achten Sie also auch darauf, was Sie sagen.

Düfte: Es kann sein, dass im Sterbeprozess starke Gerüche auftreten. Die Ursache kann eventuell eine schon vorher bestehende Wunde sein, oder die sterbende Person hat etwas Urin im Bett verloren. Auch der Atem eines sterbenden Menschen kann durch die Veränderungen im Körper anders riechen. Wenn die Leber versagt, entsteht ein intensiver, süßlicher, leicht fauliger Geruch. Wenn die Nieren versagen, kann der Atem nach Urin riechen. Menschen reagieren unterschiedlich auf unterschiedliche Gerüche. Oftmals kommt Ekel auf, der kaum verborgen werden kann und auch nicht verborgen werden muss. Erfahrene Pflegekräfte, Aromatherapeut*innen oder Apotheker*innen können Ihnen zeigen, wie diese Gerüche neutralisiert oder abgemildert werden können. Dazu gibt es Mischungen von speziellen hochwertigen Aromaölen wie Rosen-, Lavendel- oder Zedernholzöl. Einfache Hausmittel gegen starke Gerüche bestehen darin, eine Schüssel mit frisch gemahlenem Kaffeepulver in den Raum zu stellen oder eine Orange mit Gewürznelken zu spicken. Wenn Sie von einem Lieblingsduft des sterbenden Menschen wissen, können Sie auch diesen verwenden. Seien Sie aber generell sparsam mit Düften. Zu intensive Gerüche können auch unangenehm sein, und bekanntlich kann man die Nase im Gegensatz zu den Augen ja nicht einfach schließen.

Entspannen und auch für sich selbst sorgen: Wir alle wissen, dass Gefühle manchmal ansteckend sind. Sie können sich vielleicht daran erinnern, wie eine nervöse Person Sie selbst auch nervös gemacht hat. In einer Situation, in der jemand sterben wird, also in einer Ausnahmesituation, spielen Gefühle eine sehr große Rolle und sind berechtigt. Versuchen Sie, sich immer wieder zu entspannen. Machen Sie ein paar tiefe Atemzüge, ein paar Schritte, um sich die Beine zu vertreten. Trinken Sie ausreichend, achten Sie darauf, dass Sie selbst bequem sitzen. Ein Gebet oder eine Meditation – was immer für Sie passend ist – kann zur Beruhigung beitragen. Denken Sie daran, dass Ihre eigene Entspannung ansteckend wirkt auf alle anderen Menschen im Raum – auch auf die Sterbende.

In Situationen, in denen keine physische Präsenz der Angehörigen möglich ist, kann über das Pflegepersonal oder, wenn möglich und erlaubt, über ehrenamtliche Hospizhelfer*innen mit dem kranken Menschen Kontakt gehalten werden.

Kommunikation über (technische) Hilfsmittel: Senden Sie der erkrankten Person Briefe, Fotos, Gedichte, Gebete oder auch Texte, von denen Sie wissen, dass sie diese gerne hat. Nutzen Sie aber auch das Telefon, Textnachrichten oder Videotelefonie, um mit dem kranken Menschen in Kontakt zu bleiben. Wenn er in einer Phase der Müdigkeit nicht antworten kann, ist es sinnvoll, dass Sie Sprachnachrichten und auch Videobotschaften aufnehmen und senden, die er dann zu einem späteren Zeitpunkt anhören bzw. ansehen oder gezeigt bekommen kann. Falls Sie sich selbst mit diesen technischen Möglichkeiten nicht auskennen, ist dies eine wunderbare Möglichkeit, andere Menschen, z.B. Kinder und Enkelkinder, in diesen Abschiedsprozess mit einzubeziehen. Wir haben auch Menschen erlebt, sowohl Sterbende als auch Angehörige, die Videotagebücher erstellt und versendet haben. Unter Umständen müssten Sie die Personen, die sich um Ihren*Ihre

Angehörige*n oder Freund*in kümmern, bitten, die technischen Voraussetzungen für diese Art der Kommunikation zu ermöglichen (z.B. Aufladen des Handys etc.).

Geschenke: Vielleicht möchten Sie dem sterbenden Menschen ein Geschenk oder Abschiedsgeschenk übermitteln. Es kann ein gekauftes, aber natürlich auch ein selbst gebasteltes Geschenk sein, Blumen aus dem Garten, vielleicht auch ein selbst gebackenes Stück Kuchen oder die Zeichnung eines Kindes. Suchen Sie nach Möglichkeiten, wie dieses Geschenk an die erkrankte Person übergeben werden kann, und wenn möglich bitten Sie den Überbringenden, ein Foto der Übergabe zu machen. Dies soll natürlich nicht der Kontrolle dienen, sondern es kann eine sehr schöne Erinnerung und besondere Form der Nähe darstellen. Es ist dieses Geschenk, dass Sie und den Sterbenden verbindet. Falls eine Übergabe nicht möglich erscheint, machen Sie selbst ein Foto dieser Geschenke, und senden Sie es dem erkrankten Menschen. Es wird Ihrem Angehörigen oder Freund zeigen, dass es Menschen gibt, die ihm Zeit widmen und, trotz Distanz, nahe sind. Diese Gesten sind sehr tröstlich.

Haben Sie Vertrauen: Abschied über Distanz zu erleben erfordert auch viel Vertrauen zu jenen Personen, die den Sterbenden physisch begleiten. Besprechen Sie mit ihnen, wie Sie am besten mit ihnen Kontakt halten können. Sie können beispielsweise vereinbaren, dass Sie zu bestimmten Zeiten anrufen und sich nach dem Zustand des*der Sterbenden erkundigen, oder Sie bitten darum, dass Sie angerufen werden, wenn sich der Zustand deutlich verändert oder Ihr Angehöriger verstorben ist.

71 Ich habe Angst, dass ich den Zeitpunkt des Todes verpasse. Kann ich das verhindern?

Viele Menschen haben das Bedürfnis, den Sterbenden auch im Moment des Todes zu begleiten, und versprechen dies dem geliebten Menschen. Sie sind nahezu immer da und gehen vom Bett des Sterbenden kaum weg. Und doch passiert es immer wieder, dass Menschen genau in dieser halben Stunde sterben, in der die Angehörigen oder Freund*innen beim Kaffeetrinken sind, sich die Beine vertreten oder unter der Dusche stehen. Das ist für die Angehörigen oft sehr schmerzhaft, oder sie machen sich sogar Vorwürfe, dass sie in der entscheidenden Zeit nicht da waren.

Es gibt aber auch Situationen, in denen jemand auf dem Weg zur Sterbenden ist, vielleicht sogar von weit her anreist. Es ist wichtig, dies den Sterbenden zu sagen. Nicht selten warten Sterbende auf diese Menschen. Sie kennen vielleicht die Erzählungen, dass ein Mensch kurz nachdem ein lieber Mensch angekommen war, gestorben ist.

Es ist nicht vorhersagbar, ob ein Mensch alleine oder in Anwesenheit von Angehörigen stirbt. Daher gibt es auch keine Garantie, wie Sie es bewerkstelligen können, den Zeitpunkt des Todes nicht zu verpassen. Wir machen immer wieder die Beobachtung, dass der*die Sterbende es ein Stück weit bestimmen wird, ob er*sie alleine oder in Anwesenheit eines Menschen stirbt. Manche Menschen können vielleicht bei der andauernden Präsenz eines Angehörigen nicht sterben, da sie sich nicht frei oder sogar festgehalten fühlen. Seien Sie auch vorsichtig mit dem Versprechen, dass Sie auf jeden Fall beim Sterben dabei sein werden.

72 Warten Sterbende auf Angehörige / Freunde, um sich zu verabschieden, bevor sie sterben?

Die vorsichtige Antwort auf diese Frage lautet: Ja, das tun Sterbende. Wir erleben immer wieder, dass sterbende Menschen erst dann sterben, nachdem bestimmte Personen anwesend waren. Allerdings können wir nicht ausschließen, dass auch andere Gründe dazu beigetragen haben, weshalb der Tod zu dieser bestimmten Zeit eingetreten ist. Erfahrene Hospizbegleiter*innen wissen, dass die Wünsche nach Verabschiedung, sich für bestimmte Taten zu entschuldigen oder beispielsweise jemanden noch einmal zu sehen oder zu hören, immer wieder geäußert werden. Wir empfehlen Ihnen, dieses Thema mit dem Sterbenden zu besprechen und demnach auch die Personen, die für ihn von Bedeutung sind, in die Begleitung am Lebensende zu integrieren und rechtzeitig über das nahende Lebensende zu informieren. Sagen Sie sterbenden Menschen auch, wenn sich bestimmte Personen auf den Weg gemacht haben, um sie zu besuchen bzw. sich zu verabschieden.

73 Darf ich vor dem Sterbenden weinen?

Natürlich dürfen Sie weinen. Für sich allein, vor anderen und auch vor dem sterbenden Menschen. Weinen ist eine ganz natürliche und gesunde Reaktion. Wussten Sie, dass in der Tränenflüssigkeit Stresshormone enthalten sind? Wenn Sie weinen, bauen Sie tatsächlich körperlich Stress ab. Und eine Phase zu erleben, in der ein Mensch so kurz vor dem Tod steht, kann für Ihren Körper und Ihre Seele purer Stress sein.

Und noch ein Gedanke dazu: In einer Phase, in der ein anderer Mensch stirbt oder gestorben ist, müssen Sie nicht stark sein. Es spricht doch für die Qualität Ihrer Beziehung, wenn ein kommender oder auch ein vergangener Verlust traurig macht. Manche Menschen haben Angst davor, dass sie, wenn sie einmal zu weinen beginnen, vielleicht gar nicht mehr aufhören können. Diese Befürchtung brauchen Sie nicht haben. Jeder Mensch, der einmal begonnen hat zu weinen, hört auch wieder auf.

74 Ich werde gefragt, ob der*die Sterbende die Krankensalbung erhalten möchte. Welche Entscheidung soll ich treffen?

Im Christentum gibt es das Sakrament der Krankensalbung. Dies ist ein Ritus mit dem Gebet um Stärkung und innere Heilung. Die Krankensalbung ist insofern kein Sterbesakrament, macht aber für gläubige Menschen in solch kritischen Situationen des endgültigen Hinübergehens Sinn. Die Krankensalbung kann sowohl wiederholt als auch frühzeitig angeboten werden. Die Beantwortung dieser Frage hängt vor allem davon ab, wie gut Sie den sterbenden Menschen kennen. Wir empfehlen Ihnen, auch diese Frage frühzeitig mit der sterbenden Person zu besprechen. Rituale, egal ob sie Bestandteil einer Religion sind oder andere Hintergründe haben, können hilfreich sein. Rituale unterstützen dabei, in herausfordernden Situationen oder wenn Worte fehlen, Orientierung und ein Stück Sicherheit zu geben. Bei Ritualen handelt es sich oft um formatierte und strukturierte Handlungsabläufe, die in einer unsicheren Übergangssituation Halt und Sprache geben. Dies ist in einer Zeit hilfreich, in der vieles in Auflösung zu sein scheint. Wenn Rituale mit anderen Menschen begangen werden, unterstützt dies auch das Zusammengehörigkeitsgefühl. In der religiösen Welt sind das

Gebet, die Krankensalbung, die Krankenkommunion oder das Abendmahl im Krankenzimmer bewährte Rituale in der letzten Lebensphase.

Wenn ein Ritual angeboten wird, sollten Sie überlegen, wie sich der*die Sterbende entschieden hätte, aber denken Sie auch darüber nach, ob es Ihnen selbst guttun würde. Sie dürfen auch für sich selbst entscheiden. Fragen Sie auf jeden Fall den*die Sterbende*n, sofern er*sie noch selbst entscheiden kann.

75 Woran kann ich erkennen, dass der Tod nun unmittelbar bevorsteht?

Folgende Veränderungen können Hinweise bieten, dass der Tod unmittelbar bevorsteht. Die Muskulatur im Gesicht erschlafft. Dadurch wird der Mund weiter geöffnet, und die Augen liegen tiefer und sind eingefallen. Es kann sein, dass das Gesicht eine gräuliche Farbe annimmt. Außerdem wird der Pulsschlag langsamer, und die Atempausen werden immer länger. Nach dem letzten Pulsschlag ist der Mensch verstorben. Es kann sein, dass anschließend noch ein oder zwei kurze Atemzüge zu vernehmen sind.

76 Wie stirbt ein Mensch mit einem Herzschrittmacher oder einem implantierten Defibrillator?

Ein Herzschrittmacher unterstützt zwar den Herzrhythmus, kräftigt aber nicht das Organ; insofern wird ein schwaches Herz trotz Schrittmacher aufhören zu schlagen. Andererseits würde ein Mensch nicht sofort, sondern nur in wenigen Fällen sterben, wenn der Herzschrittmacher abgeschaltet würde. Daher ist es nicht notwendig, bei einem Sterbenden den Herzschrittmacher zu deaktivieren; es kann aber gemacht werden. Das Thema sollte allerdings mit schwer kranken und sterbenden Patienten, die einen Herzschrittmacher tragen, besprochen werden, denn in dieser Hinsicht bestehen immer wieder Ängste.

Ein eingebauter Defibrillator bzw. ein Herzschrittmacher mit einem integrierten Defibrillator ist hingegen eine lebensverlängernde Maßnahme und kann den Sterbeprozess tatsächlich verlängern. Dieses Gerät erkennt lebensbedrohliche Herzrhythmusstörungen bzw. einen Herzstillstand und sendet elektrische Impulse mit einem Stromstoß, damit das Herz wieder normal zu schlagen beginnt. Diese Stromstöße sind für Patienten zum Teil sehr unangenehm und sollten in der Sterbephase vermieden werden. Daher sollte frühzeitig im Gespräch mit dem*der Patient*in besprochen werden, ob der Defibrillator im Herzschrittmacher abgeschaltet werden sollte. Falls sich der Patient nicht mehr äußern kann, sollte dies in einem Gespräch mit dem Arzt und den nahen Angehörigen bzw. dem Vorsorgebevollmächtigten geklärt werden.

77 Was passiert, wenn man »die Maschinen abstellt«?

Die oben beschriebenen körperlichen Veränderungen und Verhaltensweisen sind bei einem Menschen, der auf einer Intensivstation an Maschinen hängt und dort stirbt, unter Umständen nicht so gut zu beobachten. In der Intensivmedizin werden verschiedene Maschinen, die bestimmte Organfunktionen übernehmen, zur Behandlung und oft auch zur Lebenserhaltung eingesetzt. Der Einsatz dieser Maschinen erfolgt mit dem Ziel, eine bestimmte Zeit zu überbrücken, in der ein oder auch mehrere Organe nicht hinreichend funktionieren. Wenn sich die Organe wieder erholen, kann die Unterstützung durch die Maschinen langsam reduziert werden; sie werden dann abgeschaltet, da der Körper wieder seine Funktionen selbst übernimmt. Wenn es aber nicht zur erhofften Erholung bzw. Genesung kommt und sich das Ziel der Behandlung ändert bzw. das angestrebte Ziel nicht erreicht werden kann, können die Ärzt*innen mit den Angehörigen beschließen, dass der Patient friedlich sterben kann. Um das Leiden nicht weiter zu verlängern, werden dann in der Regel die Maschinen abgeschaltet. Allerdings heißt das nicht, dass einfach ein Schalter umgelegt wird, sondern dass entsprechende Maßnahmen ergriffen werden, damit der Mensch friedlich sterben kann. Dazu gehört meist eine verstärkte Ruhigstellung des Patienten oder eine vorsorgliche Gabe von Medikamenten gegen möglicherweise auftretende Symptome wie Atemnot, Unruhe oder Verwirrtheit.

Die beiden wichtigsten Maschinen in der Intensivmedizin dienen der Beatmung und der Dialyse. Wir möchten kurz erklären, wie sie funktionieren und was passiert, wenn sie abgestellt werden.

Wenn die Lunge derart geschädigt ist, dass ein Mensch selbstständig nicht mehr ausreichend Sauerstoff einatmet und Kohlendioxid abatmet, wird eine künstliche Beatmung meistens über einen Schlauch in der Luftröhre vorgenommen. Wenn das Beatmungsgerät abgeschaltet wird, hängt es davon ab, ob der Patient noch selbstständig (aber nicht ausreichend) atmet oder überhaupt nicht mehr atmet. Wenn er noch selbstständig atmet, aber die Unterstützung durch das Beatmungsgerät fehlt, wird er in der Regel innerhalb von Minuten bis Stunden sterben. Wenn das Gerät aber der einzige Antrieb zum Atmen ist, stirbt der

Patient sofort nach Abschalten des Geräts. In jedem Fall werden ausreichend Beruhigungsmittel und eventuell auch ein Opioid gegeben, damit eine belastende Unruhe oder Atemnot vermieden wird.

Wenn die Niere die im Körper anfallenden Giftstoffe nicht mehr ausreichend abbaut bzw. ausscheidet, kann eine Dialyse diese Funktion der Niere übernehmen. Eine Dialyse kann grundsätzlich über lange Zeit – auch über Jahre hinweg – durchgeführt werden. Wird die Dialyse beendet, werden die Giftstoffe im Blut unweigerlich ansteigen und dann zum Sterben führen. Dies wird maximal einige Wochen dauern, kann aber auch innerhalb von wenigen Tagen eintreten. Ein Mensch stirbt also nicht unmittelbar nach Abstellen des Geräts. Durch die zunehmenden Giftstoffe im Blut kann es zu Unruhe, Schläfrigkeit, Verwirrtheit oder Übelkeit kommen. Diese Beschwerden müssen mit Medikamenten behandelt werden, damit der Patient nicht leidet.

Die Entscheidung, ob eine Therapie und der Einsatz von Maschinen fortgeführt wird oder nicht, kann für die Angehörigen sehr belastend sein und Ängste auslösen. Wichtig ist, dass diese Entscheidung von den behandelnden Ärzt*innen und nicht von Ihnen als Angehörige getroffen wird. Sie müssen, wenn Sie eine Vorsorgevollmacht haben, der Entscheidung zustimmen; im Prinzip sollte aber die Entscheidung im Einvernehmen zwischen den Angehörigen und dem behandelnden Ärzteteam erfolgen. Bitten Sie die Ärzt*innen um detaillierte Informationen hinsichtlich des Zustands Ihres Angehörigen. Fragen Sie auch, ob Sie dabei sein können, wenn die Geräte abgestellt werden, und ob Sie danach bei Ihrem Angehörigen in der Sterbephase sein dürfen. Sterben auf Intensivstationen wird oft als sehr belastend erlebt, weil in der zwangsläufig betriebsamen Umgebung die Privatsphäre kaum gewahrt werden kann. Viele Intensivstationen versuchen aber, für ausreichend Ruhe und einen abgeschirmten Bereich zum Abschiednehmen zu sorgen. Manchmal ist es auch möglich, dass Patient*innen noch auf eine Normalstation oder auch auf eine Palliativstation verlegt werden, um dort sterben zu können.

Teil 6

Der Tod: Die Abläufe und was mit Verstorbenen passiert

Sie haben einen sterbenden Menschen begleitet und kümmern sich nun nach dessen Tod um alle weiteren erforderlichen Schritte. In der Folge möchten wir auf Fragen eingehen, die oft nach dem Eintritt des Todes aufkommen. Wie schnell muss ein Mensch bestattet werden? Wird jeder Tote obduziert? Warum ist zwingend ein Arzt oder eine Ärztin erforderlich, damit ein Mensch bestattet werden kann, nicht aber unbedingt ein Priester?

Neben organisatorischen Fragen möchten wir Ihnen darlegen, warum es sinnvoll sein kann, dass Sie selbst eine aktive Rolle einnehmen, wenn es um die Bestattung geht, und wie wichtig es ist, Abschied zu nehmen. Gleichzeitig möchten wir Sie auch darauf vorbereiten, wie sich ein toter Körper verändert. Gerade rund um diese Veränderungen gibt es viele Mythen, die für einen befriedigenden Abschied vielfach hinderlich sind.

78 Woran erkennt man, dass der Tod eingetreten ist?

Stille. Viele Menschen beschreiben als das Auffälligste, was sie wahrnehmen, nachdem ein Mensch gestorben ist, Stille und eine friedvolle Stimmung. All das, was Sie zuvor gehört oder gesehen haben, was Sie vielleicht beruhigt oder beunruhigt hat – beispielsweise das Heben und Senken des Brustkorbs oder das Rasseln der Atmung –, ist nun vorbei. Sie werden erkennen, wenn ein Mensch gestorben ist.

Von der medizinischen Betrachtungsweise sind hier die sogenannten unsicheren Todeszeichen zu sehen und zu spüren. Dazu gehören unter anderem der Stillstand des Pulses und der Atmung, die Blässe der Haut, das Fehlen des Pupillenreflexes und auch das Öffnen der Schließmuskeln. Aufgrund des letzten Punktes kann es vorkommen, dass der nunmehr verstorbene Mensch Harn und Stuhl verliert, sofern sich überhaupt noch Urin oder Stuhl in der Blase bzw. im Darm befinden. Da viele Menschen schon lange vor dem Sterben keine Nahrung mehr zu sich genommen haben und auch wenig oder nichts getrunken haben, kann dies auch ausbleiben.

79 Wie verändert sich der Körper, nachdem der Tod eingetreten ist?

Nach einer gewissen Zeit werden die in der Medizin als sichere Todeszeichen bezeichneten Veränderungen sichtbar. Sichere Todeszeichen sind unter anderem die Totenflecken. Sie zeigen sich ungefähr eine halbe Stunde bis eine Stunde nach dem Eintritt des Todes und haben nicht nur die Größe von Flecken, sondern können auch einen großen Teil einer Körperregion einnehmen. Da das Herz nun stillsteht und es keine Kreislaufzirkulation und keinen Blutdruck mehr gibt, sinkt das Blut, der Schwerkraft folgend, in die untere Körperhälfte. Wenn ein Mensch auf dem Rücken liegend gestorben ist oder nach dem Eintritt des Todes auf den Rücken gedreht wurde, kommt es zur Färbung der dem Bett zugewandten Körperhälfte. Die zunächst rötlichen Totenflecken färben sich mit dem fortschreitenden Sauerstoffabbau meist bläulich. Wenn Sie den verstorbenen Menschen beim Umlagern oder Ankleiden anfassen, kann es sein, dass Sie durch den Druck Ihrer Finger die Totenflecken wegdrücken. Dies ist normal, solange das Blut noch eine recht flüssige Konsistenz hat.

Ein zweites sicheres Todeszeichen ist die Totenstarre. Dabei handelt es sich um das Erstarren der Muskulatur, das durch chemische Prozesse im Körper hervorgerufen wird. Wenn sich der*die Verstorbene in einem normal temperierten Raum befindet, setzt die Totenstarre etwa zwei Stunden nach Eintritt des Todes ein. Üblicherweise beginnt sie im Bereich der Augenlider, gefolgt von der Kiefer- und Mundmuskulatur. Aus diesem Grunde werden Verstorbenen rasch die Augen geschlossen; das Kinn wird hochgebunden, oder es wird eine Rolle unter das Kinn gelegt, damit nach Eintritt der Totenstarre die Augen und der Mund nicht geöffnet bleiben. Die Totenstarre ist nämlich so stark, dass sie sich nur mit sehr viel Kraftaufwand »brechen« lässt. Der Volksmund irrt übrigens, wenn er das Brechen der Totenstarre mit dem Brechen der Knochen gleichsetzt. Tatsächlich wird dabei nur das verhärtete Gewebe gedehnt. Etwas später folgt die Muskulatur des Halses, der Arme und dann der Beine. Die Totenstarre ist nach etwa sechs bis zwölf Stunden vollständig ausgeprägt. Durch die sogenannte Autolyse, das Auflösen von abgestorbenen Körperzellen, lässt die Totenstarre nach etwa 24 Stunden wieder nach und sollte sich nach insgesamt etwa zwei Tagen vollständig aufgelöst haben.

Eine weitere Veränderung ist das Absinken der Körpertemperatur. Da alle Körperprozesse, die zu Lebzeiten die Körpertemperatur konstant gehalten haben, nun abgeschlossen sind, kühlt der Körper ab und passt sich der Umgebungstemperatur an. Der Körper wird pro Stunde etwa einen halben bis einen Grad kälter.

Wenn Sie einen verstorbenen Menschen bewegen, werden Sie feststellen, wie schwer sich dieser Körper anfühlt. Bevor die Totenstarre einsetzt, ist die natürliche Muskelspannung, der sogenannte Muskeltonus, vollkommen reduziert, wodurch sich der Körper bzw. die Körperteile so schwer anfühlen.

Es gibt auch einige Mythen rund um die körperlichen Veränderungen nach dem Todeseintritt. So sollen angeblich die Fingernägel und der Bart nach dem Sterben weiterwachsen. Das ist natürlich nicht der Fall, auch wenn es oft den Anschein hat. Da der Körper zunehmend austrocknet, wird die Haut nicht mehr durch Flüssigkeit »gepolstert«. Dadurch kommen Bartstoppeln zum Vorschein, die vorher durch eine gut genährte Haut versteckt waren, und auch die Fingernägel können länger wirken.

80 Darf man einen toten Menschen berühren?

Ja, Sie dürfen einen Verstorbenen berühren, küssen und bewegen. Sie werden weder sich selbst noch dem Toten schaden. Eine Leiche ist nicht giftig, und es werden in den ersten Tagen keine Verwesungsprozesse, die mit starken Gerüchen einhergehen, stattfinden – es sei denn, der Verstorbene befindet sich in einem sehr warmen Raum. Zwar werden, wenn der Kreislauf des Menschen stillsteht, Abbauprozesse in Gang gesetzt, die sogenannte Toxine, also Giftstoffe freisetzen; diese sind allerdings nicht gefährlich, selbst wenn Sie mit ihnen in Kontakt kommen sollten. Wenn der*die Verstorbene eine Infektion hatte oder an einer Infektionskrankheit litt, hängt es von den Erregern ab, welche Hygienemaßnahmen vorgenommen werden müssen. Dann kann es sein, dass Sie sich durch die Berührung der Leiche oder durch Kontakt mit Körperflüssigkeiten des*der Verstorbenen selbst anstecken. In diesen Fällen ist es am besten, wenn Sie den behandelnden Arzt und den Bestatter fragen, was Sie beachten müssen.

Eine Tote zu berühren hilft Ihnen auch zu »begreifen«, dass dieser Mensch verstorben ist. Im siebten Teil dieses Buchs, in dem Fragen zur Trauer gesammelt sind, können Sie mehr darüber lesen, wie wichtig diese Auseinandersetzung mit dem*der Verstorbenen ist.

Sie sollten damit rechnen, dass sich der verstorbene Mensch nach einer gewissen Zeit kälter anfühlt. Direkt nach dem Versterben hat der Mensch eine normale Körpertemperatur, die sich nach und nach der Umgebungstemperatur anpasst, weil das warme Blut nicht mehr durch den Körper fließt. Weitere Veränderungen haben wir bereits im Rahmen der Frage 79 beschrieben.

81 Was passiert, unmittelbar nachdem ein Mensch gestorben ist?

Menschen sind im Umgang mit dem Sterben und dem Tod in der Regel nicht »geübt«, denn sie haben im Laufe ihres Lebens nur wenige Gelegenheiten, sich mit den Abläufen vertraut zu machen. Daher stellen sich oft erst im akuten Fall Fragen, was zu tun ist, wer informiert werden soll und was in die Wege geleitet werden muss. Dazu werden wir Ihnen nun einen Überblick verschaffen.

Wir sollten drei verschiedene Szenarien betrachten:

1. Handelt es sich um einen nicht zu erwartenden Todesfall?
2. Handelt es sich um einen zu erwartenden, aber dennoch überraschenden Todesfall, und/oder ist nicht klar festgelegt, was in dieser Situation getan werden soll?
3. Handelt es sich um ein zu erwartendes Versterben?

Falls ein Mensch unerwartet und sehr plötzlich stirbt, eventuell sogar gewaltsam oder durch einen Unfall, sind Sie verpflichtet, den Notarzt zu alarmieren. Andernfalls würden Sie sich der unterlassenen Hilfeleistung schuldig machen.

Die zweite Situation ist für alle Beteiligten vermutlich am herausforderndsten: Eine Person ist seit längerer Zeit sehr krank, und es ist bekannt, dass sie in absehbarer Zeit sterben wird. Dennoch verschlechtert sich die Situation plötzlich, die Sterbephase kommt beinahe überraschend, oder der Tod tritt tatsächlich sehr schnell ein. In solchen Situationen wird man plötzlich mit existenziellen Fragen konfrontiert, die rasche Antworten erfordern: Wozu bin ich verpflichtet? Muss ein Notarzt eingeschaltet werden? Was ist der Wille des*der Patient*in?

Auch in diesen Fällen werden Sie einen Arzt bzw. eine Ärztin rufen müssen. Die entscheidende Frage ist jedoch, was der Arzt tun wird und wie nach dem Willen des Patienten gehandelt werden soll.

Klarheit kann vor allem das Vorliegen (auch das physische Vorliegen!) einer Patientenverfügung bzw. in einem Pflegeheim die Dokumentation des Vorsorgedialogs (in Österreich) oder einer gesundheitlichen Vorausplanung (in Deutschland) schaffen. In Österreich ist zu bedenken, dass die Patientenverfügung nur für einen Arzt bindend ist. Rettungssanitäter*innen sind verpflichtet, Wiederbelebungsmaßnahmen zu beginnen, auch wenn klar dokumentiert ist, dass der*die Verstorbene dies nicht möchte. In Deutschland sind auch nicht ärztliche medizinische Berufsgruppen an die Patientenverfügung gebunden. Falls kein eindeutiger, schriftlich festgelegter Patientenwille vorhanden ist und dieser nicht gemutmaßt werden kann, wird in der Praxis vom Rettungsdienst eher nach dem

Prinzip »in dubio pro vita«, also »im Zweifel für das Leben«, entschieden.

Eine Vorsorgevollmacht ist hier sinnvoll, wobei in diesem Fall die Person, die für den Sterbenden oder Verstorbenen sprechen darf, erreichbar und emotional zur Entscheidung fähig sein muss. Generell gilt, dass Angehörige in Entscheidungen des Rettungsdienstes und des Notarztes am Lebensende eingebunden werden sollten, sofern es die Umstände zulassen.

Wie solche Situationen im Alltag tatsächlich gehandhabt werden, hängt von verschiedenen Gegebenheiten ab: Gibt es einen dokumentierten Patient*innenwillen? Liegt dieser auch vor? Wie einfach ist es, den mutmaßlichen Willen herauszufinden? Sind entscheidungsbefugte Personen tatsächlich in der Lage, zu entscheiden? Wie steht die Einrichtung, in der die betreffende Person verstirbt, zum Thema »Sterben dürfen«? Wie erfahren sind Notarzt, Rettungssanitäter und andere Beteiligte? Kennt der hinzugezogene Arzt den Patienten, weil er z. B. sein Hausarzt ist? Sie sehen, dass leider nicht alle Eventualitäten geplant werden können.

Nun noch zur dritten Situation, wenn ein Mensch erwartungsgemäß stirbt. Gehen wir zunächst davon aus, dass der Tod zu Hause eingetreten ist. Unmittelbar nachdem ein Mensch verstorben ist, nehmen Sie sich am besten Zeit. Es gibt nun nichts, was Sie schnell oder dringend erledigen müssen. Wenn der Tod eingetreten ist, informieren Sie den Hausarzt oder den ärztlichen Notdienst. Es macht Sinn, schon vorher im Verlauf der Erkrankung mit dem Arzt das Vorgehen bei Todeseintritt zu besprechen. Wenn der Tod nachts eintritt, ist es in der Regel ausreichend, den Arzt am nächsten Morgen zu rufen.

Ein Arzt muss hinzugezogen werden, weil die gesetzliche Verpflichtung besteht, dass er eine Leichenschau durchführt, um einen natürlichen Tod zu bestätigen bzw. einen nicht natürlichen Tod (z. B. Mord) auszuschließen. Laut Gesetz muss der Arzt die Leichenschau »unverzüglich« durchführen, also sobald er vom Tod eines Menschen erfahren hat.

Den Tod kann der Arzt nur bei Vorliegen von mindestens einem sicheren Todeszeichen feststellen. Nach der Leichenschau wird der Arzt die Todesbescheinigung ausstellen. Nachdem er den Tod festgestellt hat, informieren Sie den Bestatter Ihres Vertrauens (siehe auch Frage 86) und, falls Sie möchten, auch einen Seelsorger bzw. einen Vertreter Ihrer Religionsgemeinschaft.

Nehmen Sie sich Zeit für den Abschied. Benachrichtigen Sie die Menschen, die Ihnen wichtig sind, und laden Sie diese gegebenenfalls ein, den Verstorbenen noch einmal zu sehen; dies wird meist den weiteren Trauerprozess erleichtern. Dazu haben Sie auch genügend Zeit, denn der Verstorbene kann eine Weile bei Ihnen zu Hause verbleiben (siehe Frage 83).

Wenn der Tod in einem Krankenhaus, einer Palliativstation, einem Hospiz oder z. B. einem Altenheim stattgefunden hat und Sie dabei waren, informieren Sie das Pflegepersonal oder den Arzt. Diese werden dann alle weiteren Schritte in die Wege leiten. Wenn Sie nicht dabei waren, wird die Vertrauensperson, die in der Institution angegeben wurde, informiert, sobald der*die Verstorbene aufgefunden und der Tod festgestellt wurde.

Rituale am Totenbett sind sehr heilsam. Viele Angehörige beschreiben, dass das Waschen, Kämmen, Schminken und Bekleiden eines verstorbenen Menschen sehr versöhnlich und als letzter Dienst für ihn erlebt wurden. Wenn Sie dies noch nie gemacht haben, kann Ihnen eine

Pflegekraft oder auch ein Bestatter dabei helfen. Dies kann, muss aber nicht zu Hause geschehen.

Vielleicht hat der Verstorbene bereits einen Wunsch geäußert, welche Kleidung er gerne tragen möchte. Spätestens der Bestatter wird Sie bitten, Kleidung für den Verstorbenen, in der er bestattet werden soll, bereitzulegen. Es kann die Lieblingskleidung des Verstorbenen sein, es kann auch die Kleidung sein, wie Sie den Verstorbenen gerne in Erinnerung behalten möchten. In manchen Religionen sind diese Riten und das Vorgehen allerdings klar geregelt.

Bedenken Sie bitte, dass der Arzt bzw. die Ärztin den Tod immer an der unbekleideten Leiche feststellen muss. Warten Sie deshalb mit den Ritualen wie der Waschung und dem Bekleiden, bis der Arzt die Leichenschau durchgeführt hat. Allerdings sollten Sie auch bedenken, dass die Totenstarre (siehe Frage 79) das Anziehen zu einem späteren Zeitpunkt schwieriger gestalten kann. Ein Bestatter kann Ihnen dennoch dabei helfen, denn die Totenstarre kann mittels Gelenkbewegungen auch gelockert werden. Sie brauchen generell keine Angst haben, den Verstorbenen zu berühren oder ihn zu bewegen. Sie können den toten Körper nicht verletzen.

Falls der Verstorbene ein künstliches Gebiss hatte, setzen Sie es ihm ein, und schließen Sie seine Augen. Dazu können Sie auch befeuchtete Tupfer oder Wattepads auf die Augen legen. Platzieren Sie eine große Rolle Mullbinde oder ein kleines gerolltes Handtuch unter das Kinn. Alternativ können Sie auch das Kinn mit einer Mullbinde hochbinden. Das sollten Sie machen, weil sich der Mund durch das Nachlassen der Muskelspannung öffnet und bei fortgeschrittener Totenstarre nicht wieder geschlossen werden kann.

Wenn Sie dies alles gemacht haben, können Sie den Raum so gestalten, wie es für Sie richtig und passend ist. Das Zimmer wird zum Abschiedsraum, und die Situation wird Ihnen vermutlich noch lange in Erinnerung bleiben. Vielleicht möchten Sie das Zimmer mit Blumen oder Kerzen schmücken, vielleicht ein Buch hinterlegen, in dem die Besucher ihre Gedanken niederschreiben können, und vielleicht möchten Sie im Hintergrund auch Musik hören. Es ist Ihre gemeinsame Zeit, und es gibt hier keine Normen und Regeln, was richtig oder falsch ist.

Wir erinnern uns an Angehörige, die sich zum*zur Verstorbenen ins Bett gelegt haben, oder an einen älteren Herrn, der zu Hause im Wohnzimmer verstorben ist und dort auch aufgebahrt wurde. So konnte seine Familie mit dem verstorbenen Angehörigen die letzten Stunden in einer wohnlichen Atmosphäre verbringen, wobei sogar der Fernseher lief und Kaffee getrunken wurde.

Wenn der Tod in einem Krankenhaus oder einer anderen Einrichtung eingetreten ist, können Sie das Pflegepersonal gerne darauf ansprechen, dass Sie bei diesen letzten Ritualen mithelfen möchten. In manchen Einrichtungen werden Sie auch eingeladen, dabei zu sein. Wir empfehlen Ihnen, der Einladung zu folgen. In manchen Krankenhäusern oder Altersheimen gibt es Verabschiedungsräume, wo der*die Verstorbene aufgebahrt wird. In vielen Fällen kann der*die Verstorbene auch einige Stunden im Patientenzimmer bleiben. Bitte informieren Sie das Personal, falls Sie noch jemanden erwarten, der die verstorbene Person unbedingt noch sehen möchte.

82 Von wem bekomme ich die Sterbeurkunde?

Die Sterbeurkunde erhalten Sie beim zuständigen Standesamt des Todesorts. Die Urkunde wird ausgehändigt, sobald die vom Arzt ausgestellte Todesbescheinigung dort eingegangen ist. Der Bestatter, der die verstorbene Person abholt, bringt die Todesbescheinigung zum Standesamt. Sie brauchen die Sterbeurkunde zur Vorlage bei diversen Behörden, Versicherungen und Banken (siehe Frage 88). Üblicherweise gibt Ihnen der Bestatter nach der Leichenschau eine vorläufige Sterbeurkunde, mit der Sie alle Erledigungen durchführen können. Später, wann genau ist abhängig vom Standesamt, erhalten Sie dann das Original.

83 Wie lange darf ein verstorbener Mensch zu Hause bleiben, wenn er dort verstorben ist?

In Deutschland darf eine verstorbene Person in der Regel 24 Stunden, in den meisten Bundesländern allerdings 36 Stunden bzw. mit Ausnahmen auch länger zu Hause aufgebahrt werden. In Österreich gelten generell 36 Stunden, bevor der*die Verstorbene von einem Bestatter abgeholt werden muss. In der Schweiz sind es üblicherweise 48 Stunden. Bei großer Hitze kann es sinnvoll sein, die Aufbahrungszeit etwas zu verkürzen.

Dennoch ist selbst bei warmen Temperaturen nicht damit zu rechnen, dass in den ersten 12 Stunden unangenehme Gerüche auftreten. Weitere Mythen, unter anderem das sogenannte Leichengift, haben wir bereits im Rahmen der Frage 79 besprochen.

84 Was passiert mit dem Verstorbenen, nachdem er weggebracht wurde?

Ein Bestatter bringt den Verstorbenen zum Bestattungsunternehmen, wo er in einen gekühlten Raum kommt. Falls der Verstorbene noch nicht gewaschen und angekleidet wurde, wird der Bestatter dies dort machen und den Verstorbenen dann in den von seinen Angehörigen oder in seltenen Fällen auch vom Verstorbenen selbst ausgesuchten Sarg betten. Fragen Sie Ihren Bestatter, ob Sie hier dabei sein können. Dies kann für Sie ein wichtiges Ritual sein. Anschließend wird der Sarg mit dem Verstorbenen aufgebahrt. Dies geschieht je nach lokalen Gegebenheiten beim Bestatter selbst oder in einer Aufbahrungshalle auf dem Friedhof. Bitte sprechen Sie den Bestatter darauf an, wann Sie Zugang zu dem Ort haben, an dem sich der verstorbene Mensch befindet.

Ob der Sarg offen oder verschlossen (eventuell mit einem Fenster versehen) ist, wird regional unterschiedlich gehandhabt. Eine offene Aufbahrung kann hilfreich für das Verstehen des Todes und den weiteren Trauerprozess sein, ist in vielen Regionen aber nicht mehr üblich.

Die Rituale und das Vorgehen unterscheiden sich in den verschiedenen Religionen und Kulturen deutlich. So gibt es in Religionen wie dem Islam, dem Judentum oder dem Hinduismus eine rituelle Waschung des Leichnams, im Buddhismus darf die aufgebahrte Leiche nicht berührt werden. Die Angehörigen wissen am besten, welches Vorgehen in ihrem Kontext richtig ist.

85 In welchem Fall wird eine Obduktion gemacht?

Eine Obduktion, also eine innere Leichenschau, kann vom zuletzt behandelnden Arzt vorgeschlagen oder durch den Staatsanwalt oder das Gericht veranlasst werden. Wenn ein Mensch an einer natürlichen Todesursache gestorben ist, kann eine Obduktion helfen, mehr über die Krankheit bzw. die Todesursache zu erfahren. Wenn eine nicht natürliche Todesursache (z.B. Unfall, Suizid oder Mord) vermutet wird oder die Todesursache unklar ist, soll die angeordnete Obduktion helfen, die genaue Todesursache und die Umstände des Todes festzustellen. In diesen Fällen müssen die Angehörigen nicht gefragt werden. In Deutschland muss in allen anderen Fällen, also auch wenn es z.B. um wissenschaftliches Interesse geht, das Einverständnis des*der Verstorbenen und/oder der Angehörigen vorliegen.

86 Wie organisiert man eine Beerdigung bzw. eine Verabschiedung?

Das Wort Begräbnis, in dem »begraben« steckt und mit dem lange Zeit fast ausschließlich die letzte Ruhe, also die Bestattung in der Erde, assoziiert wurde, hat heute eine deutlich weitere Bedeutung. Mittlerweile sind viele Bestattungsformen möglich und erlaubt, was – buchstäblich – mit verstorbenen Menschen gemacht wird, wo verstorbene Menschen ihren letzten Ruheort finden und wohin die letzte Reise geht. Hier ein kleiner Überblick über Bestattungsmöglichkeiten.

Unterscheiden kann man generell die Erdbestattung und die Feuerbestattung. Unter der Erdbestattung versteht man das Begraben des Verstorbenen. In Deutschland, Österreich und der Schweiz gibt es hierbei die Friedhofspflicht, wobei sich auch Friedhöfe »weiterentwickelt« haben. So gibt es beispielsweise Naturfriedhöfe, die einem klassischen Friedhof nicht mehr ähneln. Ein Mensch muss immer auf einem Friedhof begraben werden. Zudem gibt es die Sargpflicht; diese gilt ebenfalls in allen drei Ländern, wobei sie in Deutschland in einigen Bundesländern aufgehoben wurde. Hintergrund ist, dass in manchen Religionen, wie z. B. dem Islam, eine verstorbene Person nur in einem Tuch bestattet werden sollte.

Bei der Feuerbestattung wird ein verstorbener Mensch verbrannt. Dies wird manchmal auch als Kremation oder Einäscherung bezeichnet. Auch hier gilt die Sargpflicht, das heißt, die Verbrennung muss in einem Sarg durchgeführt werden. Die Asche des*der Verstorbenen kommt anschließend in eine Urne, die meist – aber nicht zwingend – auf einem Friedhof beigesetzt wird. Alternativ ist u. a. auch die Seebestattung oder die Waldbestattung möglich. In Österreich und der Schweiz kann die Urne auch zu Hause aufbewahrt werden, wobei es landesspezifische Vorgaben gibt. Bitte informieren Sie sich bei Ihrem Bestatter oder bei den zuständigen Behörden. Es gibt noch weitere Bestattungsarten für die Asche eines Verstorbenen. Sie werden bei einer Recherche auf Diamantbestattung, Almwiesenbestattung, Weltraumbestattung, Felsbestattung und dergleichen mehr stoßen. Diese sind unter Auflagen und mit oftmals hohem finanziellen und organisatorischen Aufwand möglich. Auch hier empfehlen wir Ihnen, mit Ihrem Bestatter zu sprechen.

Eine Bestattung muss innerhalb einer bestimmten Frist stattfinden, üblicherweise aber frühestens 48 Stunden, nachdem ein Mensch verstorben ist. Die Zeitdauer, wie lange nach dem Todeszeitpunkt die Bestattung durchgeführt werden muss, ist in den Ländern und teilweise auch

Bundesländern unterschiedlich. In Deutschland muss dies üblicherweise innerhalb von acht Tagen erfolgen. In Österreich und der Schweiz sind die Fristen in den Gesetzen der Bundesländer bzw. Kantone geregelt. Ausnahmen können beantragt werden oder sind unter Umständen notwendig, wenn z.B. ein Gericht verfügt, dass aufgrund einer unklaren Todesursache der Leichnam noch nicht freigegeben werden kann oder, wie es manchmal in Ballungsräumen vorkommt, keine früheren Termine vermittelt werden können.

Streng genommen brauchen Sie nur zwei Berufsgruppen, damit Sie eine Bestattung durchführen können: einen Arzt und einen Bestatter. Den Arzt benötigen Sie, weil nur er eine Todesbescheinigung ausstellen darf. Ohne diese gibt es keine Sterbeurkunde und somit auch keine Bestattung.

Für die Bestattung selbst brauchen Sie in jedem Fall einen Bestatter. Nachdem ein Arzt den Tod festgestellt hat, muss ein Bestatter von den Angehörigen beauftragt werden. Sie haben freie Wahl, welchen Bestatter Sie wählen. Wir empfehlen Ihnen in jedem Fall, einen detaillierten Kostenvoranschlag einzuholen, denn die Kosten für eine Bestattung sind je nach Leistung sehr unterschiedlich. Im Rahmen der Frage 87 erfahren Sie schließlich noch, was mit einer Verstorbenen geschieht, die keine Verfügung hinterlassen und auch keine Angehörigen hat.

Im Bestattungswesen gibt es große Unterschiede, welche Begleitung und welche Leistung Angehörige erhalten. Das Angebot kann von der klar umschriebenen Abwicklung der Bestattung (Transport des Verstorbenen, Einsargung und Organisation der Bestattung) bis hin zu Behördengängen, dem Grabkauf, der Todesanzeige, der individuellen Organisation von Begräbnisfeierlichkeiten, der

Überstellung ins Ausland, der Integration von Familie und Kindern in die Begräbnisvorbereitungen und der Aufbahrung gehen. Manche Bestatter bieten auch über die Bestattung hinaus Trauergruppen und andere Begleitung an. Aufgrund der Emotionalität und der besonderen Umstände angesichts eines akuten Todesfalls kann eine frühzeitige Klärung aller Fragen rund um die Bestattung hilfreich und entlastend sein.

Manche*r Verstorbene hat bereits zu Lebzeiten für das eigene Begräbnis vorgesorgt oder sogar das gesamte Begräbnis organisiert, eine Versicherung abgeschlossen oder die Bestattung im Voraus bezahlt. Haben Sie keine Scheu davor, schon in der Phase vor dem Sterben mit der erkrankten Person über die Bestattung zu sprechen. Viele Menschen haben auch in dieser Hinsicht klare Wünsche, Hoffnungen und Vorstellungen.

Ein Bestatter braucht bestimmte Dokumente, ohne die er die Überführung einer verstorbenen Person nicht durchführen oder gegebenenfalls auch keine Behördengänge für die Angehörigen übernehmen kann. Besprechen Sie dies direkt mit ihm.

Wenn Sie eine konfessionelle Bestattung wünschen, informieren Sie bitte auch einen Vertreter Ihrer Religionsgemeinschaft. Mit diesem können Sie den konkreten Ablauf der Bestattungszeremonie besprechen. In manchen Religionsgemeinschaften ist der Ablauf klar vorgeschrieben, bei manchen anderen haben Sie viele Möglichkeiten, die Trauerfeier und die Beisetzung selbst mitzugestalten.

Falls Sie keine konfessionelle Bestattung wünschen, stehen Ihnen als Alternative auch Trauerredner*innen zur Verfügung. Besprechen Sie dies ebenfalls am besten mit dem Bestatter.

Der Prozess der Mitgestaltung kann eine emotionale

und heilsame Möglichkeit der Trauerarbeit sein. Diejenigen, die das Begräbnis mitgestalten, setzen sich intensiv mit dem Leben des Verstorbenen, mit seinen Bedürfnissen und denen seiner Angehörigen und Freund*innen auseinander. Welche Texte und Lieder passen? Wer soll eingeladen werden? Welche Blumen sollen gewählt werden? Soll jemand in einer Rede den Verstorbenen würdigen? Sollen Fotos des Verstorbenen, vielleicht von bestimmten Ereignissen, gezeigt werden? Soll es im Anschluss an die Bestattung oder Verabschiedung eine Feier, vielleicht sogar ein Fest für den Verstorbenen und die Gäste der Trauerfeier geben? Wenn ja, wer sollte dabei sein?

Neben diesen organisatorischen Überlegungen können auch Ihre höchstpersönlichen Bedürfnisse in der Vorbereitung der Bestattung Platz finden: Möchten Sie dem Verstorbenen etwas mit auf seine letzte Reise geben? Einen Brief schreiben oder ein anderes Erinnerungsstück in den Sarg legen? Möchten Sie dies auch anderen Menschen ermöglichen? Möchten Sie ein virtuelles oder physisches Erinnerungsbuch auflegen?

Wenn Kinder direkt vom Tod betroffen sind, möchten wir Sie dazu ermutigen, diese in die Begräbnisvorbereitungen miteinzubeziehen. Näheres dazu finden Sie im Rahmen der Frage 89.

Es gibt Situationen, in denen Menschen nicht persönlich an Begräbnissen teilnehmen können oder dürfen. In Zeiten der Corona-Pandemie waren viele Menschen weltweit davon betroffen – auch emotional, da Abschiede wichtig für das Weiterleben und die Integration des Geschehenen in das zukünftige Leben sind. In manchen Ländern wurden zeitweilig Begräbnisse ohne Angehörige oder nur in kleinstem Rahmen durchgeführt. Doch es muss nicht immer eine Pandemie sein, die eine direkte

Verabschiedung verhindert. Menschen können erkranken oder weit entfernt leben.

Wenn Sie wissen, dass Personen nicht anwesend sein werden, können Sie, wenn Sie das Begräbnis organisieren, ihnen beispielsweise anbieten, einen Abschiedsbrief oder ein Erinnerungsstück von ihnen in den Sarg zu legen. Manche Bestatter*innen haben in der Ausnahmezeit im Frühjahr 2020 zu bislang unüblichen Methoden gegriffen und das Begräbnis gefilmt oder live mittels Videostreaming übertragen. Im ersten Moment wirkt dies vielleicht befremdlich, doch diese technischen Möglichkeiten haben viel Gutes bewirkt.

Abschiede können im Übrigen nicht nur einmal begangen oder »gefeiert« werden. Denken Sie an die Möglichkeit, nach einer gewissen Zeit nach dem Begräbnis Menschen dazu einzuladen, gemeinsam das Grab zu besuchen oder Erinnerungsfeiern zu organisieren. Auch Andachten vor oder nach dem Begräbnis können, auch unter Zuhilfenahme von technischen Hilfsmitteln wie Videotelefonie, sinnvoll sein. All das wird dazu beitragen, alle Menschen – ob sie nun bei einer »klassischen« Verabschiedung anwesend sein konnten oder nicht – in der Trauer zu unterstützen.

87 Was passiert nach dem Tod eines Menschen, der keine Angehörigen hat und nichts verfügt hat?

In Österreich, in der Schweiz und in Deutschland gibt es die Bestattungspflicht, die Angehörige dazu verpflichtet, die Bestattung zu organisieren und zu bezahlen. Es gibt jedoch Menschen, die keine Angehörigen haben, und Angehörige, die sich eine Bestattung nicht leisten können. In beiden Fällen übernimmt die Kommune die Kosten. Allerdings müssen im zweiten Fall die Angehörigen das Vermögen offenlegen, und es muss feststehen, dass es keinen Nachlass des*der Verstorbenen gibt.

Diese Begräbnisse nennt man Sozialbestattungen oder Sozialbegräbnisse.

Angehörige haben bei Sozialbestattungen kaum oder selten Mitbestimmungsrecht. Üblicherweise findet die Bestattung in einem Gemeinschaftsgrab in ortsüblicher Form statt. In Österreich sind die Gemeinden oder Länder dafür zuständig. In Deutschland und der Schweiz sind es die Sozialämter.

88 Welche Behördengänge sind zu tätigen, und wen muss ich informieren?

Auch wenn es schmerzlich ist, den Verlust eines Menschen zu erfahren, sind dennoch einige organisatorische Angelegenheiten zeitnah zu erledigen.

Üblicherweise bringt der Bestatter den Totenschein, den der Arzt ausgestellt hat, zum Standesamt. Dort erhält der Bestatter eine vorläufige Sterbeurkunde, die er Ihnen mitbringen wird und die Sie für unten stehende Erledigungen brauchen. Das Ausstellen des Originals kann je nach Standesamt mitunter mehrere Wochen in Anspruch nehmen. Die Sterbeurkunde brauchen Sie, um

- Versicherungen zu kündigen bzw. Leistungen von Versicherungen zu beantragen,
- eine Altersversicherung bzw. Witwen-/Witwer-/Hinterbliebenen- und Waisenpension zu beantragen,
- den Arbeitgeber des Verstorbenen zu informieren,
- das Finanzamt zu informieren,
- Verträge und Abonnements zu kündigen (Telefon, Zeitungen, Fernsehen etc.).

Informieren Sie auch die Bank des*der Verstorbenen. Bankgeschäfte können Sie allerdings nur mit einer entsprechenden Vollmacht erledigen oder wenn Sie der*die Nachlassnehmer*in sind. Wenn ein Testament vorliegt, bringen Sie dieses ungeöffnet zum Amtsgericht, das für den letzten Wohnort des Verstorbenen zuständig ist.

Informieren Sie auch einen Bestatter Ihres Vertrauens (siehe Frage 86) und, falls Sie eine Bestattung innerhalb einer Religionsgemeinschaft wünschen, das zuständige Pfarramt, einen Seelsorger oder eben den Vertreter dieser Religionsgemeinschaft. Die Koordination des Termins für die Bestattung und die weiteren Schritte erfolgen üblicherweise in Abstimmung mit dem Bestatter und der Kirchengemeinde.

Nicht zuletzt gilt es noch, die Familie und Freund*innen zu benachrichtigen. Falls Sie sich angesichts all der Informationen und Gespräche überfordert fühlen, können Sie sich auch hier Hilfe holen. Sie können diese Informationen schriftlich versenden, eine Todesanzeige in Auftrag geben oder innerhalb der Familie die zu informierenden Personen aufteilen. Fühlen Sie sich jedoch nicht verpflichtet, die Geschichte der Krankheit und des Sterbens wieder und wieder zu erzählen. Das kann genauso belastend wie tröstlich sein.

89 Sollen Kinder und Jugendliche zu einer Trauerfeier und Bestattung gehen?

Genauso wie Kinder aktiv in den Prozess der Erkrankung und des Sterbens einbezogen werden sollten (siehe Frage 14), werden sie auch an der Erfahrung wachsen können, wenn sie eine aktive Rolle bei der Vorbereitung der Bestattung oder der Trauerfeier übernehmen. Deshalb sollten sie durchaus bei der Auswahl der Grabstätte oder des Sarges, der Texte und Lieder einbezogen werden. Sie können Kinder ermutigen, dem*der Verstorbenen einen Gegenstand in den Sarg zu legen, oder gemeinsam mit dem Kind eine Erinnerungsbox mit Andenken an die verstorbene Person gestalten, die dann beim Kind bleibt.

Manche Bestatter*innen ermöglichen Kindern, den Sarg zu bemalen, oder sie zeigen ihnen auch, wie Begräbnisse vorbereitet werden. Denken Sie daran, dass Kinder eine natürliche Neugier haben. Je weniger Informationen sie bekommen, desto größer wird die Fantasie. Wenn Kinder erleben, wie traurig Erwachsene sind, aber keine Erklärung dafür erhalten, werden sie Ängste entwickeln und müssen sich Geschehnisse auf ihre eigene Weise erklären. Dabei können sie meist nicht auf frühere Erfahrungen zurückgreifen, sondern haben nur die eigene Vorstellungsgabe.

Erklären Sie Kindern den Tod und die Trauerfeier kindgerecht, aber ehrlich. Sie müssen den Tod nicht beschönigen. Zeigen Sie dem Kind den Verstorbenen, und lassen Sie es ihn berühren, wenn das Kind das möchte. Erklären Sie dem Kind, welche Kleidung der Verstorbene trägt, und seien Sie ehrlich, wenn das Kind fragt, was mit dem Sarg bzw. mit dem Verstorbenen passiert, wenn er nun auf dem Friedhof liegt. Nennen Sie die Worte beim Namen. Sagen Sie dem Kind, dass der Mensch gestorben oder tot und nicht nur »eingeschlafen« ist. Andernfalls fördern Sie lediglich kindliche Ängste und Schlafstörungen. Ermutigen Sie das Kind, Fragen zu stellen, und schonen Sie es nicht vor den Gefühlen, die Sie selbst erleben. Kinder brauchen Erklärungen.

Wenn Sie nicht sicher sind, ob Sie das Kind oder den Jugendlichen mit zur Trauerfeier nehmen sollen, dann fragen Sie doch einfach, ob es das möchte, und versuchen Sie es eher zu ermutigen. Ermöglichen Sie Kindern und Jugendlichen, nach dem Begräbnis ebenfalls mit Fragen zu Ihnen zu kommen. Begräbnisse sind intensive Ereignisse mit vielen Symbolen und Gesten, die ein Kind oder Jugendlicher vielleicht nicht unbedingt verstehen kann. Unter Umständen sind da auch nach dem Begräbnis noch viele Fragen offen.

Teil 7
Trauer

Niemand ist gerne traurig, und dennoch ist Trauer ein wichtiger und natürlicher Prozess. Wir möchten Sie hier nun ermutigen, sich der Trauer und all den damit einhergehenden Gefühlen zu stellen, damit Sie letztlich gestärkt aus der Erfahrung eines Verlustes gehen können. Es wird auch darum gehen, sich mit dem Gedanken zu beschäftigen, wie lange die Trauer wohl anhalten mag, und bei Bedarf auch die Entscheidung zu treffen, Hilfe in Anspruch zu nehmen. Wir werden uns hier auch mit der Frage befassen, wie Sie trauernde Kinder begleiten können. Und schließlich sind wir zusammen mit anderen Menschen der Frage nachgegangen, was nach dem Tod kommen wird – und wir waren ganz erstaunt!

90 Was ist Trauer?

Trauer ist die Reaktion auf einen Verlust und ein wichtiger Anpassungsprozess Ihrer Seele. Sie beginnt üblicherweise nicht erst, nachdem ein Mensch verstorben ist. Menschen beginnen schon zu trauern, wenn sie wissen, dass ein Verlust zu erwarten sein wird. So wie Sie sich als Überlebende*r schwertaten, mit der Nachricht umzugehen, dass Ihr*e Angehörige*r oder Freund*in sterben wird, so wird es auch dieser Person ergangen sein. Auch sie wird – laut oder leise – den kommenden Verlust ihres Lebens betrauert haben.

In dieser frühen Phase gab es für Sie beide vielleicht immer noch ein Stückchen Hoffnung – zumindest waren Sie und Ihr*e Angehörige*r oder Freund*in noch nicht getrennt. Nun aber, nachdem die andere Person tatsächlich verstorben ist, werden Sie Ihre Gefühle über den tatsächlichen Verlust anders spüren als in Zeiten, als Sie noch mit der Begleitung des*der Sterbenden beschäftigt waren.

Trauer ist definitiv eine Entwicklungsaufgabe, die das Leben an Sie stellt, oder wie der griechische Psychologe Jorgos Canacakis es ausgedrückt hat: »Es führt kein Weg an der Trauer vorbei, nur durch sie hindurch.« Trauer als Prozess wird Ihnen dabei helfen, früher oder später wieder eine Bedeutung in dieser Welt, eine neue Normalität zu finden, in der Sie selbst leben und der*die Verstorbene einen neuen Platz einnehmen darf. Apropos »früher oder später«: Der Frage, wie lange Trauer dauert, haben wir uns in der Folge ebenfalls gewidmet (siehe Frage 93).

91 Wie trauern Erwachsene?

Trauern ist ein sehr individueller Prozess, da er immer mit der eigenen Lebensgeschichte und der einzigartigen Beziehung, die Sie mit der verstorbenen Person hatten und weiterhin haben werden, verbunden ist. Deswegen ist es nicht vorhersagbar, wann Sie welche Gefühle erleben werden.

In jedem Fall bringt das Sterben eines Menschen uns dazu, uns mit dem eigenen Leben und der eigenen Existenz auseinanderzusetzen. Je nachdem, welche Bedeutung der verstorbene Mensch für Sie hatte, ist es eine lohnende Aufgabe, ihm fortan eine sinnstiftende Rolle zuzuteilen. Damit dies gelingen kann, ist die Auseinandersetzung mit Ihren Gefühlen und Gedanken entscheidend. Die Erfahrung zeigt, dass es wichtig ist, eine aktive Rolle im Trauerprozess einzunehmen. Deswegen sprechen wir hier von gewissen Aufgaben, die Sie erfüllen müssen, und sagen nicht: »Die Zeit heilt alle Wunden.« Die folgenden »Aufgaben« und Entwicklungsschritte können für Sie hilfreich sein.

Entscheidend ist sicher, den schmerzhaften Verlust zu realisieren und zu akzeptieren. Zu Beginn dieser Verarbeitungsphase geht es darum, sich mit den eigenen Ängsten und Gefühlen auseinanderzusetzen. Längere Zeit bestand vielleicht die Hoffnung, dass es dem schwer erkrankten Menschen doch noch besser gehen würde, dass sich sogar Heilung einstellen oder ihm zumindest noch eine etwas längere Lebensspanne vergönnt bleiben würde. Der nun doch eingetretene Tod hat in uns eine Flut von Gedanken und Gefühlen ausgelöst, von denen wir zuvor keine Vorstellung hatten. Bis zu diesem Moment war der Tod des uns nahestehenden Menschen nicht real, und unsere Psyche braucht Unterstützung, um das Unvorstellbare zu bewältigen.

Sehr schmerzhaft, aber sicher auch heilsam ist es, nach Eintritt des Todes dem Verstorbenen nahe zu sein, ihn sich intensiv anzuschauen, ihn zu berühren. Sie werden feststellen, dass Ihre Hände bei diesen Berührungen Ihnen helfen werden, das Geschehene zu begreifen. Unsere Erfahrung hat gezeigt, dass sich viele Menschen lange mit der vertanen Möglichkeit gequält haben, einen verstorbenen Menschen noch einmal zu sehen – gerade auch wenn der Tod plötzlich und unerwartet eingetreten ist. Nutzen Sie also unbedingt diesen sehr intimen Augenblick; sprechen Sie das Krankenhauspersonal oder zu einem späteren Zeitpunkt den Bestatter darauf an. Sie müssen diesen Schritt nicht alleine gehen. Wenden Sie sich an eine Vertrauensperson, oder bitten Sie die Mitarbeitenden in der Einrichtung, in der sich der Tote befindet, Sie zu begleiten. Jeder Mensch wird großes Verständnis dafür aufbringen, dass Ihnen dieser Gang schwerfällt und Ihnen unter Umständen sogar Angst macht. Versuchen Sie, Ihre Hemmung zu überwinden und diesen Schritt zu gehen.

Von dem*der Verstorbenen Abschied zu nehmen hilft den Angehörigen, die Realität des Todes anzunehmen. In früheren Zeiten war dies selbstverständlich. Die Menschen sind zu Hause gestorben, umgeben von der Familie. Es gab Totenwachen, der*die Verstorbene wurde von Familienmitgliedern gewaschen und bekleidet, und die Aufbahrung fand oft im offenen Sarg statt. Der Tod war gegenwärtiger und im wahrsten Sinne des Wortes »begreifbarer« als heute, wo sich das Sterben vielfach anonym vollzieht und von Profis organisiert wird. Wenn Sie die Möglichkeit haben, an diese frühere Tradition anzuknüpfen, kann dies hilfreich für Ihre eigene Trauer sein. Wir möchten Sie ermutigen, an diese Rituale anzuknüpfen, z. B. den verstorbenen Menschen zu waschen und anzukleiden. Wenden Sie sich an das Pflegepersonal oder an den Bestatter, und bitten Sie, hier dabei sein zu können. Auch hier geht es um Ihre aktive Beteiligung. Angehörige berichten oft, dass sie sich während des Sterbeprozesses einer belastenden Ohnmacht ausgesetzt fühlen. Ergreifen Sie jede Möglichkeit, diese Passivität abzustreifen, und übernehmen Sie einen aktiven Part beim Abschiednehmen. Sprechen Sie auch mit dem Toten – und über ihn! Wenn Sie Dinge aussprechen, die gesagt werden wollen, und Geschichten erzählen, wird der innere Prozess der Veränderung in Gang gesetzt. Gedanken werden zu Worten und dadurch real. Gedanken auszusprechen und Geschichten zu hören, gibt Ihren Gefühlen Raum. In diesem Kontext stehen auch Verabschiedungsrituale. Sie bieten Trost in einer Zeit, in der alles aus den Fugen zu geraten scheint und in der Sie Situationen erleben, für die Sie keine Worte haben. Mithilfe solcher Rituale, die nicht zwingend religiösen Charakter haben müssen, kann der Abschied von einem lieben Menschen gut gelingen.

Gefühle zu durchleben, sie zuzulassen und auszuhalten ist ein essenzieller Teil unserer Trauer. In einer Situation, in der vieles – vielleicht sogar das ganze Leben – aus dem Gleichgewicht gerät, helfen uns unsere Gefühle, gesund zu bleiben und das Gleichgewicht wiederzugewinnen; insofern sollten wir sie keinesfalls unterdrücken, denn sonst werden sie uns auch körperlich belasten. Bei diesem Prozess sprechen wir von der Somatisierung von Gefühlen. In dieser Phase sollten Sie also Ihr Leben möglichst so ausrichten, dass Sie Ihren Schmerz, Ihre Angst, Ihre Wut, Ohnmacht und Verletzlichkeit ausdrücken und offen über Ihren Verlust sprechen können. Scheuen Sie sich also nicht vor emotionalen Ausbrüchen.

Manchen Menschen fällt es sehr schwer, Zugang zu ihren Empfindungen zu bekommen. Fotos des verstorbenen Menschen anzuschauen und über ihn zu sprechen, kann Ihnen dabei helfen. Sehr unterstützend wirkt es auch, wenn Sie in Vorbereitung auf das Begräbnis oder später zu bestimmten Jahrestagen Briefe an den Verstorbenen schreiben oder Orte besuchen, die Sie mit der Person verbinden. Noch mal: Erlauben Sie sich alle Gedanken und Emotionen. Tabus existieren in dieser Zeit der Trauer nicht. Beispielsweise kann es durchaus vorkommen, dass Sie sich bei dem Gedanken ertappen, froh zu sein, dass der Verstorbene nun tot ist. Dazu später mehr.

Männer und Frauen reagieren in dieser Situation meist unterschiedlich. Während Frauen häufiger den Weg der tiefen emotionalen Auseinandersetzung gehen, schalten Männer früher in einen »Lösungsmodus« und suchen Ablenkung. Trauerforscher*innen zufolge ist dies primär durch die evolutionäre Entwicklung der beiden Geschlechter zu begründen. Wichtig ist, dass sich heterosexuelle Paare dieser unterschiedlichen Trauerarbeit bewusst sind. Beide Partner trauern, nur eben individuell unterschiedlich. Frauen müssen gegebenenfalls lernen, dass ein Mann in der Trauer mehr Rückzug braucht, während Männer verstehen sollten, dass Frauen in der Trauer Gespräche und den Austausch brauchen. Hier entsteht immer wieder Konfliktpotenzial.

Ein Trauerprozess ist voller Veränderungen, und der Tod ist bei Weitem nicht die einzige Veränderung, die Sie beim Sterben eines Angehörigen oder Freundes erleben müssen. Manche Menschen aus Ihrem Umfeld werden anders reagieren, als Sie dies von ihnen gewohnt sind oder erwartet haben. Sie selbst fühlen sich wahrscheinlich bei manchen Themen sehr verletzlich, bei anderen wachsen Sie über sich hinaus. So kann es sein, dass eine unhöfliche Bemerkung an der Kasse eines Supermarkts bei Ihnen die Schleusentore Ihrer Tränen öffnet, Sie aber bei der Vorbereitung des Begräbnisses oder wenn es darum geht, Ihr eigenes Kind zu trösten, unbändige Kräfte entwickeln. Ihre Interessen können sich verändern, genauso wie Sie Ihre Entscheidungen möglicherweise anders priorisieren, als Sie das früher gemacht haben. Vielleicht ertappen Sie sich dabei, dass Sie anderen Menschen, die mit Problemen auf Sie zukommen, derzeit nicht helfen möchten, oder dass spannende Bücher oder Fernsehserien keine Bedeutung mehr haben. Sie werden erkennen, welche Rollen der*die Verstorbene früher innegehabt hat und welche Auswirkung es nun auf Sie hat, dass diese Rollen unbesetzt sind. Eine Aufgabe besteht in jedem Fall darin, sich auf das Fehlen des*der Verstorbenen und damit die Lücke in Ihrem Leben einzustellen. Vielleicht müssen Sie nun gewisse Aufgaben übernehmen oder neu erlernen. Es kann sein, dass Sie jetzt klärende Gespräche führen und Abschied nehmen von Menschen, die mit Ihrer aktuellen Situation nicht umgehen können. Das ist nicht leicht, kann aber Raum schaffen für wohltuende neue Bekanntschaften. Die aktive Auseinandersetzung mit der neuen Lebenssituation und dem damit verbundenen Gefühlswandel ist ein wesentlicher Schritt, um mit Verlusten umzugehen.

Der Trauerforscher J. William Worden hat im Rahmen seiner Forschungsarbeit wichtige Erkenntnisse gewonnen, was trauernden Menschen hilft – in erster Linie Energie in andere und neue Beziehungen zu investieren und sich vom Verstorbenen zu lösen. Wir sprechen hier nicht vom »Loslassen« oder »Vergessen« des*der Verstorbenen. Sie haben alles Recht der Welt, jetzt und in Zukunft an den*die Verstorbene*n zu denken und mit ihm*ihr zu kommunizieren. Sie müssen die Person nicht loslassen. Es geht darum, wie viel Energie Sie für den*die Verstorbene*n und wie viel Sie für andere Beziehungen »aufwenden«. Eine wichtige Aufgabe im Trauerprozess besteht darin, zu analysieren, ob Sie Raum für andere Personen schaffen können. Hier gibt es keinen »richtigen Zeitpunkt«. Es geht um die Erlaubnis, dass auch andere Beziehungen Platz haben.

Damit diese Aufgaben gelingen und Sie sich in der veränderten Situation zurechtfinden und eine für Sie neue, im besten Falle positive Wirklichkeit schaffen können, möchten wir Ihnen an dieser Stelle ein paar Ideen mit auf den Weg geben, die in der Wissenschaft als hilfreich beschrieben werden:

- ***Sinnstiftende Erklärungen finden:*** Um in einer Phase des Lebens, in der viel aus dem Gleichgewicht geraten ist, wieder »Ordnung zu schaffen«, sind Informationen wichtig. Im Fall von Verlust und Trauer helfen kognitive Informationen, um sich Dinge zu erklären. Dies kann z. B. das Wissen über die Krankheit, die Todesumstände oder den Sterbeprozess sein. Holen Sie Auskünfte von Fachleuten ein, damit Sie ein so emotionales Geschehen auch kognitiv nachvollziehen können. Wenn Sie beispielsweise wissen, warum der Tod sehr plötzlich eingetreten ist, werden Sie besser mit Ihren eigenen Gefühlen umgehen können, die damit verbunden sind, dass Sie nicht bei dem*der Sterbenden waren, als der Tod eintrat.

- ***Die Frage nach den »Vorteilen«:*** Wir erleben immer wieder Angehörige mit sehr schlechtem Gewissen beim Gedanken, dass der Tod auch Vorteile mit sich bringt – die verstorbene Person muss nicht mehr gepflegt werden; endlich kann man wieder nachts schlafen usw. Wesentlich besser können Menschen akzeptieren, wenn sie Vorteile für den Verstorbenen benennen können – dass er nun nicht mehr leiden muss oder jetzt mit seiner lang zuvor verstorbenen Ehefrau vereint sein kann. Egal für wen Sie mit dem Tod der jeweiligen Person verbundene Vorteile entdecken – sie sind absolut legitim und hilfreich für den Trauerprozess.

Während all dieser Aufgaben und Entwicklungsschritte werden Sie von verschiedenen Gefühlen begleitet: Traurigkeit, Wut, Verzweiflung, Schuld, Sehnsucht, Freude, Erleichterung. All diese Gefühle sind »normal«. Sie sind erlaubt; sie können in unterschiedlichen Abfolgen und Intensitäten vorkommen, und sie können sich sogar widersprechen.

Sie können auch körperliche Reaktionen wie Appetit- und Schlaflosigkeit, Verdauungsprobleme oder Schmerzen, Zittern oder Atembeschwerden entwickeln. Vielleicht werden Sie auch feststellen, dass Sie sich in Ihrem Verhalten verändern. So kann es sein, dass Sie in einer bestimmten Phase weniger kontaktfreudig sind oder Aktivitäten vermeiden, die Sie zu sehr an den Verstorbenen erinnern, während Sie in anderen Phasen ganz bewusst Plätze aufsuchen, die Sie mit der verstorbenen Person in Verbindung bringen. Manchmal dominiert Ihre Rastlosigkeit, zu anderen Zeiten Ihr Ruhebedürfnis, oder Sie fühlen sich wie gelähmt. Auch Ihr Bedürfnis nach Nähe und Sexualität kann sich phasenweise in entgegengesetzte Richtungen verändern.

In der Trauer können auch Ihre Gedanken eine gewisse Eigendynamik entwickeln. Kreisende Gedanken, die immer wiederkehrenden Fragen nach dem Warum und den Ursachen des Sterbens und eigene Zukunftsängste können ebenso Begleiterscheinung der Trauer sein wie Konzentrationsstörungen und Erinnerungslücken.

All diese Reaktionen sind normal, und Sie müssen nichts dagegen tun. Keinesfalls sollten Sie versuchen, sie zu unterdrücken. Sie fühlen sich verwundet und müssen Zeit finden, diesen Veränderungen zu begegnen und sie anzunehmen oder, wie oben beschrieben, mittendurch zu gehen. Im Rahmen der Frage 97 werden wir darauf eingehen, wie Sie herausfinden können, ob Ihre Trauer »noch normal« ist, und was Sie unter Umständen machen können, falls es zu einer »erschwerten Trauer« kommt.

Es kann sein, dass Sie, ohne gleich von »pathologischer Trauer« zu sprechen, bei manchen Aktivitäten des täglichen Lebens an Ihre Grenzen stoßen oder manche Tätigkeiten nicht mehr ausüben können. Wenn Sie merken, dass Sie es nicht schaffen, die ganze Zeit im Büro zu sein oder in der Früh die Kinder für den Schulgang fertig zu machen, stehen Hilfsangebote zur Verfügung. Teilen Sie

Ihrer Umwelt mit, wie es Ihnen geht. Die Wahrscheinlichkeit, dass Ihr*e Vorgesetzte*r, Ihre Nachbarn oder andere Personen in Ihrem sozialen System Sie unterstützen und gemeinsam mit Ihnen an Lösungen arbeiten werden, ist sicher größer als die Möglichkeit, dass Sie Ablehnung und Druck erfahren werden. Oft ist auch der Austausch mit anderen Menschen, vielleicht anderen Trauernden oder auch »Trauer-Profis«, sinnvoll. Rufen Sie bei Ihrem lokalen Hospizverein an, und lassen Sie sich beraten, an wen Sie sich wenden können oder welche Angebote es in Ihrer Nähe gibt.

Auch der Hausarzt ist eine gute Anlaufstelle. Wir raten auch hier, wie bereits im Rahmen der Frage 28, sehr vorsichtig zu sein mit Beruhigungsmitteln. Diese Medikamente dämpfen Ihre Empfindungen, und genau dies wäre nicht förderlich für Ihre Trauerarbeit.

92 Wie trauern Kinder und Jugendliche?

Kinder sind keine kleinen Erwachsenen, dies gilt besonders auch in Phasen der Trauer. Kinder und Jugendliche trauern anders, da sie, je nach Alter, eine andere oder noch gar keine Vorstellung von Vergangenheit und Zukunft oder von Endlichkeit haben. Sie sollten wie Erwachsene auch eine aktive Rolle im Trauerprozess einnehmen und brauchen daher unsere Unterstützung.

Kinder und Jugendliche sind in ihrer Trauer oft sprunghafter als Erwachsene. Gefühle wie Wut und Traurigkeit wechseln in kürzester Zeit mit Ausgelassenheit und Spaß. Dies kann, aus dem Blickwinkel eines Erwachsenen, durchaus irritierend wirken, gerade weil Erwachsene meist länger in emotionalen Situationen verharren. Eine Gefühlsregung, die viel deutlicher als bei Erwachsenen ausgedrückt wird, ist die Aggression. Sie kann sich gegen andere Menschen oder Tiere, gegen Gegenstände oder auch gegen sich selbst richten. Sie kann deutlich zeitverzögert auftreten und wird deshalb nicht immer mit Trauer in Verbindung gebracht. Eine weitere Veränderung ist das Auftreten von früheren Verhaltensweisen. Es kann sein, dass Kinder wieder einnässen oder am Daumen lutschen. Manche Kinder und Jugendliche reagieren somatisch und entwickeln Kopfschmerzen, Schlafstörungen und Albträume oder Appetitlosigkeit. Andere Kinder scheinen, oberflächlich betrachtet, gar nicht zu trauern, sondern wirken sehr angepasst oder »so wie immer«.

Manchmal ist zu beobachten, dass Kinder oder Jugendliche Verhaltensweisen des Verstorbenen übernehmen. Dies ist als ein meist unbewusster Versuch aufzufassen, den*die Verstorbene*n weiterhin als Teil des Lebens zu bewahren. Durch den Verlust können sich auch Trennungsängste oder Ängste um die verbliebenen Angehörigen entwickeln.

In Zeiten des Umbruchs findet so das Bedürfnis nach Sicherheit und Stabilität Ausdruck. Schließlich können Kinder und Jugendliche Schuldgefühle haben. Die Befürchtung, schuld an der Krankheit oder am Sterben des Menschen zu sein, kann dafür verantwortlich sein.

So können Sie ein Kind oder einen Jugendlichen in seiner Trauer begleiten:

- ***Schonen hilft nicht:*** Kinder und Jugendliche müssen die Wahrheit kennen und haben auch ein Recht, diese zu erfahren. Achten Sie darauf, dies kindgerecht zu vermitteln. Seien Sie in Ihren Aussagen liebevoll und klar, und »beschönigen« Sie das Geschehene nicht. Wenn Kinder z.B. glauben, dass die verstorbene Person wieder zurückkommen wird, sagen Sie, dass dies nicht passieren wird. Trauen Sie sich auch, die Wörter »gestorben« oder »tot« auszusprechen, und vermeiden Sie auf jeden Fall Ausdrücke wie der Opa ist »eingeschlafen« oder »von uns gegangen«. Dies kann Schlafstörungen beim Kind oder weitere Verlustängste auslösen, und auch Sie als Eltern werden unter Umständen keinen Schlaf mehr finden, da das Kind sich sorgt, wenn Sie selbst einschlafen. Weitere Möglichkeiten der altersgerechten Ansprache haben wir bereits im Rahmen von Frage 14 beschrieben. Das Wichtigste ist: Sie können und sollen den Tod und die Trauer nicht aus dem Leben des Kindes fernhalten.

- ***Zeigen Sie Ihre eigenen Gefühle:*** Kinder und Jugendliche sind hochsensibel und erkennen sehr rasch, wie es anderen Menschen wirklich geht. Sie dürfen Kindern und Jugendlichen zeigen, wie Sie sich fühlen. Denken Sie daran, dass Sie selbst in dieser Phase des Lebens Vorbild sind, dass Kinder und Jugendliche von Ihnen lernen werden. Wenn Sie Ihre eigenen Gefühle verheimlichen oder unterdrücken, werden Kinder lernen, dass es nicht erwünscht ist, zu zeigen, wenn es einem nicht gut geht.
- ***Aktive Rolle für das Kind / den Jugendlichen bei Ritualen:*** Kinder und Jugendliche sind neugierig (»gierig auf Neues«). Erlauben Sie Kindern, sich von der verstorbenen Person zu verabschieden. Dies beinhaltet auch, den toten Menschen zu sehen, ihn zu berühren und mit ihm Zeit zu verbringen (und Sie selbst müssen dabei Ihre eigenen Gefühle nicht verbergen!). Erlauben Sie Kindern und Jugendlichen, beim Begräbnis dabei zu sein. Eine besonders positive Wirkung auf den Trauerprozess hat es, wenn Kinder und Jugendliche in die Vorbereitung der Trauerfeier einbezogen werden. Hierzu ha-

ben wir bereits einiges im Rahmen der Frage 89 zusammengefasst.

- ***Bieten Sie Kindern und Jugendlichen Zeit und Raum an:*** Der Verlust von nahestehenden Menschen löst bei Kindern oft die Angst aus, dass nun auch weitere wichtige Bezugspersonen sterben könnten. Seien Sie präsent, fragen Sie Kinder und Jugendliche immer wieder, wie es ihnen geht; sprechen Sie darüber, und zeigen Sie Gefühle. Beantworten Sie alle Fragen von Kindern ehrlich und kindgerecht, und respektieren Sie den Wunsch nach Abgrenzung und danach, Zeit für sich allein zu haben. Betonen Sie, dass das Kind oder der*die Jugendliche nicht schuld am Tod der Person ist, und erklären Sie ihnen die Umstände des Todes. Dies wird zu einer starken Entlastung des Kindes bzw. des*der Jugendlichen führen.
- ***Informieren Sie Bezugspersonen:*** Lehrer*innen, Erziehende, Bezugspersonen in Vereinen, die Ihr Kind besucht, oder auch Eltern der Freund*innen Ihres Kindes sollten von der Trauer wissen. Informieren Sie diese Personen, und ermutigen Sie Ihr Kind, davon zu erzählen, wenn es davon erzählen möchte.

Auch bei Kindern und Jugendlichen kann es zu erschwerter Trauer kommen, also zu einem Trauerprozess, der durch Trauerbegleitung oder therapeutische Hilfe unterstützt werden sollte. Die Risikofaktoren finden Sie im Rahmen der Frage 97.

93 Wie lange dauert Trauer?

Trauer ist ein sehr individueller Prozess. Deshalb ist auch die Zeitdauer individuell und unterschiedlich. Die Frage nach der Zeitdauer ist angesichts der oftmals

belastenden Gefühle sehr berechtigt. Gerne möchten wir die Frage nach der Dauer mit der Frage kombinieren, was in dieser Zeit passiert und welche wichtigen Entwicklungsaufgaben in dieser Zeit auf Sie warten. Mit jedem Entwicklungsschritt, den wir im Rahmen der Frage 90, wie Erwachsene trauern, beschrieben haben, und der aktiven Auseinandersetzung wird sich – über die Zeit hinweg – die Qualität der Trauer verändern. Der Strauß an Gefühlen, den Sie erleben, wird bunter. Ob die Trauer selbst je zu Ende sein wird, ist fraglich.
Wir kennen viele Menschen, die wieder ein gutes und sinnerfülltes Leben ohne einen verstorbenen Menschen, aber mit dem Verlust leben können. Dies bedeutet nicht, dass diese Menschen jeden Tag an den*die Verstorbene*n oder die herausfordernden Situationen denken – und wenn, dann nicht zwangsweise oder immer mit belastenden Gefühlen. Zu gewissen Zeiten im Jahresrhythmus fällt der Verlust mehr ins Gewicht. Zu diesen Zeiten, beispielsweise am Geburtstag des*der Verstorbenen, am Hochzeitstag, am Sterbetag oder an gewissen Feiertagen, stellt sich vorübergehend wieder ein Stück erlebbare Trauer ein. Eine Frau, deren Ehemann 20 Jahre zuvor verstorben war, sagte uns: »Es wäre doch traurig, wenn ich nicht mehr traurig wäre. Ich habe meinen Mann geliebt, und wir hatten eine wunderbare Zeit. Es ist schön zu wissen, für eine gewisse Zeit einen solch wundervollen Menschen an meiner Seite gehabt zu haben. Über den Verlust nicht mehr traurig zu sein käme mir selbst jetzt nach 20 Jahren falsch vor. Ohne Liebe wäre ich wohl auch nicht traurig.« Gut weiterleben zu können, auch in der Trauer, kann leichter fallen, wenn Sie dem*der Verstorbenen einen guten Platz in Ihrem eigenen Leben geben.

Wir haben eingangs geschrieben, dass der Zeitrahmen,

in dem Trauer stattfindet, unterschiedlich ist. Dennoch ist es für viele trauernde Menschen wichtig, eine Perspektive zu haben. Unsere Erfahrung zeigt, dass Menschen die Zeitdauer von Trauer üblicherweise unterschätzen und meinen, dass nach einigen Wochen »genug getrauert« sei. In den Gesprächen mit Hinterbliebenen hören wir immer wieder, dass nach ungefähr einem Jahr, wenn ein Jahreskreis durchlaufen wurde, eine Art von (neuer) Normalität eintritt. Sehen Sie dies als Perspektive und Hoffnung, seien Sie aber nicht überrascht, wenn sich Ihre eigene Trauer, auch zeitlich, nach Ihren seelischen Bedürfnissen richtet.

94 Muss ich nun wirklich stark sein?

Nein, das müssen Sie nicht, auch wenn Sie das oft hören werden. Angesichts eines Verlustes, der Ihnen vielleicht den Boden unter den Füßen weggezogen hat, haben Sie das Recht, sich schwach zu fühlen. Sie dürfen nach einer starken Schulter fragen, an die Sie sich anlehnen können, oder nach starken Menschen, die Ihnen wieder auf die Beine helfen, wenn Sie sich schwach und unsicher fühlen. Stärke und Schwäche kommen auch in der Trauerphase in Wellen. In gewissen Situationen, beispielsweise bei Beerdigungen oder bei der Vorbereitung der Trauerfeier, wachsen manche Menschen über sich hinaus und entwickeln ungeahnte Kräfte. Zu anderen Zeiten und in anderen Situationen scheint alle Kraft verschwunden zu sein. Auch dies ist ein Erleben, das die meisten Trauernden verbindet.

95 Muss ich »loslassen«, wenn ich noch gar nicht dazu bereit bin?

Viele trauernde Menschen haben Angst davor, einen verstorbenen Menschen »loszulassen«, und sagen intuitiv, dass sie sich das nur sehr schwer vorstellen können. Gleichzeitig scheint es aber eine gewisse gesellschaftliche Erwartungshaltung zu geben, dass man etwas Vergangenes loslassen muss, damit etwas Neues beginnen kann.

Wir sind hier anderer Auffassung. Vielmehr geht es um die Integration des Vergangenen, in diesem Fall das Leben des*der Verstorbenen in Ihre eigene Zukunft. Statt eines Loslassens empfiehlt es sich, darüber nachzudenken, welche neue Form der Identität die verstorbene Person in Ihrem Leben entwickeln kann und Sie ihr zugestehen möchten. Auch wenn der Verlust schon viele Jahre vergangen ist, erleben viele trauernde Menschen noch Situationen, in denen sie sich fragen, wie beispielsweise die verstorbene Mutter ein Problem gelöst oder was der verstorbene Vater gesagt hätte. Dies ist eine gesunde Integration des Todesfalls und eines*einer Verstorbenen in das Leben und sehr tröstlich. Trost spendend deswegen, weil dabei der Verlust durch eine sinnstiftende Aufgabe, die dieser Mensch nun hat, in einem gewissen Maße kompensiert wird. Dadurch ist Sterben nicht sinnlos, und die Beziehung bleibt bestehen. Die Rollen des verstorbenen Menschen können und dürfen sich verändern, und es ist auch erlaubt, dass verstorbene Menschen wichtige Bezugspersonen bleiben.

Denken Sie daran, wie Kinder mit Verlusten umgehen. Kinder konstruieren sich eine sinnvolle Welt, in der eine verstorbene Person in einem Baum, in einer Pflanze, einem Tier oder vielleicht auch in einem Teddybären weiterleben darf. Kinder haben beispielsweise die Vorstellung, dass die verstorbene Oma sie vom Himmel aus bewacht. Sie sehen, dass Kinder für sich selbst einen Prozess beginnen, der ihnen ermöglicht, mit dem*der Verstorbenen in Kontakt zu bleiben.

Oft macht Erwachsenen das Bild des Loslassens Angst. Etwas loszulassen – sei es einen Stein, der nach unten fällt, oder etwa einen Ballon, der aufsteigt – ist ein plötzlicher Akt, als wenn ein Schalter umgelegt und es von einem Moment zum anderen dunkel würde. Loslassen im Prozess der Trauer (und auch in der Zeit des Abschieds vor dem Tod des lieben Menschen) ist nichts, was man »machen« kann, schon gar nicht funktioniert es mit einfachem »Umschalten«. Dem*der Verstorbenen eine neue Bedeutung zu geben und sich selbst Raum für die eigene Zukunft zu schaffen, ist nicht immer einfach. Von sich selbst oder anderen zu erwarten, Geliebtes loszulassen, wäre sehr vermessen – und ist meist nicht möglich.

96 Ist es gut, rasch wieder in das »normale Leben« zurückzukehren?

Diese Frage impliziert gleich drei weitere Fragen: »Was ist rasch?«, »Was ist ein normales Leben?« und: »Sind oder waren Sie denn wirklich weg, sodass Sie zurückkehren können?«.

Mit der Zeit – und wie wir sie wahrnehmen – haben wir uns bereits im Rahmen manch anderer Fragen auseinandergesetzt. Das Zeitempfinden ist subjektiv. Es gibt Phasen im Prozess des Abschieds bzw. der Trauer, in denen die Zeit nicht vergehen mag, und wieder andere, in denen sie nicht vergehen soll. Es gab und gibt gesellschaftliche Bräuche, in denen eine trauernde Person klar weiß bzw. wusste, was von ihr erwartet wird und wann die »Rückkehr in die Normalität« zu erfolgen hat. Das Trauerjahr, in dem das Tragen schwarzer Kleidung die Regel war, musste erst abgewartet werden, bis eine Zuwendung zu einem »normalen« Leben möglich und gestattet war – unabhängig davon, ob all diese Regeln, die dieses Jahr mit sich brachte, für den betreffenden Menschen tatsächlich von Nutzen waren. Diese vor allem nach außen sichtbaren Zeichen der Trauer waren einerseits wie ein Outing, denn jeder wusste, dass diese Person trauert. Ein Verstecken war somit nicht möglich. Andererseits bedeutete dies auch Schutz, denn die Gesellschaft wusste, dass diese Person »verwundet« war. Dieser Schutz bestand allerdings nur dann, wenn die Umgebung sensibel und wohlwollend mit der Person umgegangen ist.

Ältere Trauermodelle stellen eine eher lineare Form der Trauerzeit und des Trauerprozesses vor. Das Loslassen des Verstorbenen war das Ziel, und die Hinwendung zu Neuem wurde wie ein Abschluss der Trauer gesehen. In diesen linearen Ansichten war die Zeitdauer sehr präsent. Die richtige Zeitdauer gibt es allerdings nicht. Vielmehr ist es ein kontinuierlicher Prozess, in dem Sie erleben, dass Ihre eigenen Wunden heilen und Sie sich sicherer und belastbarer fühlen. In der Folge werden wir uns mit der Frage befassen, ab wann Trauer »nicht mehr normal« ist (siehe Frage 97).

Auch der Aspekt, ob Sie in ein »normales Leben« zurückkehren werden oder können und ob das Leben mit einem schwer kranken Menschen überhaupt das normale Leben war, ist eine Frage, mit der man sich intensiv auseinandersetzen sollte. Der Tod ist mitten in Ihr Leben getreten. Auch wenn Sie es sich anders wünschen, wird diese Tatsache einen Teil Ihres weiteren Lebens ausmachen. Das, was Ihnen widerfahren ist, ist groß und intensiv, und

Sie haben die Aufgabe, den Verlust in Ihr Leben zu integrieren.

Wie im Rahmen der Frage 91 beschrieben, gibt es einige Aufgaben, die auf Sie warten, und mit jedem Lernschritt und jeder Erkenntnis werden Sie sich in der Welt, die sich in der Zwischenzeit für Sie stark, aber für andere Menschen meist kaum verändert hat, besser zurechtfinden.

Erwarten Sie nicht von sich selbst, dass Sie gut funktionieren werden. Sie können sich zurücknehmen, Sie können auch mit Ihrer Trauer Teil der Gesellschaft sein. Es darf sein, dass Sie an einem Tag die Abgeschiedenheit brauchen und am nächsten Tag den Trubel. Erlauben Sie sich dies – ganz unabhängig von der Zeit, die mittlerweile vergangen ist.

97 Ist meine Trauer noch »normal«, und wann ist es sinnvoll, professionelle Trauerhilfe in Anspruch zu nehmen?

Die im Rahmen der Frage 91 beschriebenen Gefühle, Verhaltensweisen und auch körperlichen Reaktionen sind normale Reaktionen auf einen schmerzhaften Verlust. Die Erlebnisse nach dem Verlust eines geliebten Menschen können sehr intensiv sein – und trotz der Intensität ist Trauer keine Krankheit, und die beschriebenen Emotionen und Verhaltensweisen sind keine Symptome.

Es kann vorkommen, dass bei manchen Menschen die Trauer einen »erschwerten Verlauf« nimmt, wie dies in der Psychologie genannt wird. Manchmal werden auch Begriffe wie »pathologische Trauer«, »traumatische Trauer« und »komplizierte Trauer« verwendet. In diesem Fall ist Hilfe sinnvoll. Die Zeitdauer – also wie lange Trauer dauert – ist kein oder sehr selten ein Indiz, ob therapeutische Hilfe sinnvoll oder sogar »not-wendig« (die Not zu wenden) ist.

Wir möchten Sie in der Folge mit ein paar Reaktionen vertraut machen, und falls Sie die eine oder andere bei sich beobachten, sollten Sie über therapeutische Hilfe oder den Kontakt mit Expert*innen nachdenken. Außerdem möchten wir Ihnen ein paar Risikofaktoren aufzeigen, unter welchen Umständen erschwerte Trauerverläufe auftreten. Allerdings gilt auch hier, dass Trauer ein sehr individueller Prozess ist und manche Menschen mit belastenden Situationen anders als andere umgehen.

Welche möglichen Risikofaktoren gibt es für erschwerte Trauer? Hier sind die Umstände des Todes zu beachten. Wenn der Tod plötzlich, unerwartet oder gewaltsam eingetreten ist, bleiben Menschen mit vielen offenen Fragen zurück, die die Trauer erschweren können. Dies kann bei einem Mordfall oder bei einem Suizid eintreten, aber auch bei einem Unfall oder bei einem plötzlichen Versterben aus anderen Gründen. Oft heißt es, dass diese Menschen »aus dem Leben gerissen wurden«. Denken Sie über Hilfe nach, wenn Sie selbst solche Todesereignisse erlebt haben bzw. Sie nach solchen Todesumständen trauern. Dies kann sein, wenn Sie selbst anwesend waren, als ein Mensch plötzlich verstorben ist, oder wenn Sie z. B. selbst bei einem Unfall beteiligt waren, den eine andere Person nicht überlebt hat. Erschwerte Trauer kann auch auftreten, wenn der Tod nur vermutet werden kann, aber nicht gesichert ist (bei vermissten Menschen).

Weitere Faktoren für erschwerte Trauer können mit der verstorbenen Person selbst oder mit der Beziehung, die Sie mit der verstorbenen Person hatten, in Zusammenhang stehen. Gerade wenn Kinder sterben oder mehrere

Personen gleichzeitig oder kurz hintereinander, kann Sie dies seelisch außerordentlich belasten.

Denken Sie an Ihre eigene Situation als Hinterbliebene*r und an die Ihrer Familie: Wenn Sie eine bestehende körperliche oder psychische Erkrankung haben, wenn Sie zu Suchtverhalten (z.B. Alkoholabhängigkeit) neigen, wenn Sie schon einmal große Probleme hatten, mit einem Verlust umzugehen, und nun ein neuerlicher Verlust eingetreten ist oder Sie sehr einsam sind, kann therapeutische Begleitung oder eine Trauerbegleitung eine gesunde Unterstützung sein. Bei Trauer geht es um die Erlaubnis, unbekannte und intensive Gefühle ausdrücken zu dürfen. Wenn dies in Ihrer Familie nicht möglich ist, kann eine professionelle Begleitung entlastend sein.

Ein Risikofaktor ist eine mögliche weiterführende existenzielle Bedrohung. Wenn durch den Tod eines Menschen eine finanzielle Krise oder sogar der Verlust Ihres Heims droht, sollten Sie Unterstützung annehmen. Hier kann zur seelischen Entlastung eine Schuldnerberatung oder das Hinzuziehen eines Sozialarbeiters sinnvoll sein.

Woran können Sie erkennen, dass Sie möglicherweise eine erschwerte Trauer erleben und Hilfe in Anspruch nehmen sollten? Sie können die folgenden Fragen für sich beantworten.

- Haben sich folgende Symptome oder Probleme, die Sie schon vor dem Tod eines Menschen hatten, verstärkt, oder sind diese Probleme nach dem Tod neu aufgetreten: Alkohol- oder Medikamentenabhängigkeit, Depression, Angsterkrankungen, Panikattacken, Essstörungen oder Suizidgedanken?
- Haben Sie das Gefühl, dass Sie schon sehr lange trauern und Ihre heftigen Gefühle Sie daran hindern, Ihren Alltag zu bewältigen und Ihrer Arbeit nachzugehen?

Haben Sie das subjektive Gefühl, dass Sie den Tod des verstorbenen Menschen überhaupt nicht bewältigen können?

- Leiden Sie verstärkt unter körperlichen Erkrankungen während der Trauer? Sind neue körperliche Erkrankungen aufgetreten? Die Psychologie spricht von »Somatisierung«. Dies bedeutet, dass sich seelische Probleme als körperliche Symptome oder Erkrankungen ausdrücken können.
- War der Tod des*der Verstorbenen gewaltsam oder überraschend, und haben Sie das Gefühl, von diesem Ereignis traumatisiert worden zu sein? Oder hat der Tod des Menschen bei Ihnen frühere traumatische Erinnerungen wieder hervorgeholt?
- Haben Sie das Gefühl, überhaupt nichts zu spüren? Befinden Sie sich seit längerer Zeit wie in einem Schockzustand, oder können Sie nicht glauben, dass ein geliebter Mensch tatsächlich gestorben ist?

Wenn Sie sich bei der einen oder anderen Frage wiederfinden und das Gefühl haben, dass Sie diese Trauer kaum allein bewältigen können, sollten Sie sich an Ihren Hausarzt, an eine Beratungsstelle oder einen Therapeuten wenden. Konsultieren Sie auch die Rubrik »Hilfreiche Adressen«.

98 Wie wird mein Umfeld auf meine Trauer reagieren?

So individuell Trauer ist, so unterschiedlich können auch die Reaktionen Ihres sozialen Umfeldes auf Ihre Trauer ausfallen. Viele Trauernde berichten, dass sie vor allem in den ersten Wochen nach dem Versterben eines Menschen viele Unterstützungsangebote erhalten – Essenseinladungen, Hilfsangebote für diverse Haushaltsaufgaben oder etwa Mitfahrgelegenheiten. Nach einigen Wochen erleben Trauernde oft einen Rückzug des sozialen Umfelds, und es bleiben nur noch wenige Menschen in ihrer Nähe. Die Gründe dafür sind vermutlich vielfältig: der Wunsch der anderen nach Normalität, die Erwartungshaltung der Gesellschaft, dass Menschen wieder funktionieren müssen, die Unkenntnis über den Ablauf von Trauerprozessen. Es kann aber auch daran liegen, dass Menschen unterschiedlich trauern oder dass sie mit verschiedenen Gefühlen oder Verhaltensweisen besser oder schlechter umgehen können.

Sie werden Menschen begegnen, die Sie sehr gut unterstützen, wenn Sie sehr traurig sind, und andere kommen wie gerufen, wenn Sie Ihre Wut und Verzweiflung in die Welt hinausschreien wollen. Wieder andere Menschen werden Sie ablenken, wenn Sie Ablenkung brauchen.

Manche Menschen erleben zum ersten Mal, dass eine andere Person trauert. Da Sterben und alles, was damit zu tun hat, Tabuthemen sind, gepaart mit starken Gefühlen rund um die eigene Endlichkeit und Sterblichkeit, werden sich sogar manche Angehörige oder Freund*innen zurückziehen. Andere hingegen werden gemeinsam mit Ihnen wachsen. Wieder andere wissen nicht, wie sie sich einer trauernden Person gegenüber verhalten sollen, und befürchten, dass sie die Trauer nur noch steigern. Manche Trauernde berichten, dass sich manchmal nahe Freund*innen in der Zeit der Trauer zurückziehen und dass wiederum andere, an die sie gar nicht dachten, zu einer großen Unterstützung werden.

Wenden Sie sich in der Trauer an die Menschen, die Ihnen guttun und die Sie so unterstützen, wie Sie es gerade brauchen. Wenn Sie Menschen, die sich zurückgezogen haben, um sich haben möchten, sprechen Sie diese an. Wie oben beschrieben, kann es sein, dass sie vielleicht einfach nicht wissen, was »richtiges« Verhalten im Moment bedeutet. Die wenigsten Menschen sind erfahrene und geübte Trauerbegleiter. Wir empfehlen, Ihr weiteres Umfeld, z. B. Arbeitskolleg*innen oder Vorgesetzte, zu informieren und ihnen mitzuteilen, ob Sie auf den Todesfall angesprochen werden möchten oder lieber nicht, und wie es Ihnen damit geht.

99 Was kommt nach dem Tod?

Vielleicht überrascht Sie diese Frage, da die bisherigen 98 Fragen aus der Expert*innensicht beantwortet wurden. Tatsächlich sind wir bei dieser Frage genauso unwissend wie Sie. Die Frage selbst beschäftigte die Menschheit schon immer. Viele Religionen haben in Texten und Bildnissen ihre Konzepte vom Dasein nach dem Tod ausgeführt. »Nahtoderfahrungen« und die Versuche, daraus abzuleiten, was mit uns sein wird, versuchen Licht ins Dunkel zu bringen.

Wir wissen, dass genau diese Frage viele Menschen am Lebensende beschäftigt, und wir müssen uns ihr als »Reiseleiter*innen« immer wieder stellen. Manche Sterbende stellen sie klar und direkt. Andere verpacken die Frage in andere Themen. Frau L., eine 90-jährige katholisch geprägte und sehr gläubige Dame, hat nach einiger Zeit auf der Palliativstation fast unvermittelt gefragt, ob sie nach dem Tod ihren Vater wiedersehen würde. Die Antwort auf diese Frage will gut bedacht sein. Über die Bedeutung von Gesprächen mit sterbenden Menschen haben wir ausführlich im zweiten Teil dieses Buchs geschrieben.

Es muss um den Sterbenden und seine Themen gehen

und nicht um die seiner Begleiter. Wenn es nach uns ginge, wäre das Wiedersehen mit unseren Vätern vielleicht verlockend und eine schöne Aussicht. Bei dieser alten Dame hat sich aber in Gesprächen herausgestellt, dass sie von ihrem Vater, der sehr früh verstorben war, massiv misshandelt wurde. Die Vorstellung, ihrem Vater wieder zu begegnen, hatte zu einer großen Angst und sogar Albträumen geführt. Statt dieser Dame aus einer subjektiven Wunschvorstellung oder einer anderen Überzeugung zu antworten: »Ja, da bin ich mir sicher, dass Sie ihn wiedersehen werden!«, ist eine Gegenfrage der goldene Weg. Die Frage »Würden Sie sich wünschen, Ihren Vater wiederzusehen?« eröffnet den Gesprächsraum. Diese Frau hatte ein dringendes Bedürfnis nach diesem Gespräch. Nachdem sie über ihren Schmerz, ihre Erfahrungen und die jahrelange Angst gesprochen hatte, fragten wir sie, ob sie selbst glauben würde, ihrem Vater wieder zu begegnen. Nach einigem Überlegen meinte sie, dass sie hoffe, dass das Bild in der Bibel von den vielen Wohnungen im Haus des himmlischen Vaters zutreffen würde. Und mit einem deutlich erleichterten Schmunzeln ergänzte sie: »Und so gäbe es dann doch die Möglichkeit, sich aus dem Weg zu gehen.«

Wir professionellen und nicht professionellen Begleiter*innen von sterbenden Menschen werden durch diese direkten und indirekten Fragen immer wieder herausgefordert, über eigene Vorstellungen nachzudenken. Daher möchten wir Ihnen unsere eigenen Vorstellungen, Hoffnungen und Wünsche mitteilen und haben auch andere Menschen gebeten, ihre Gedanken preiszugeben.

Claudia Bausewein, Palliativmedizinerin aus München

Das ist eine herausfordernde Frage, bei der ich bei aller Vertrautheit mit Sterben und Tod durch meine Arbeit um Worte ringe. Zunächst bin ich überzeugt davon, dass das Sterben im eigenen Erleben noch einmal ganz anders sein wird als das, was ich jetzt weiß oder durch die Begleitung vieler Sterbender erlebt habe. Ob es für mich leichter wird, bezweifle ich sehr. Ich hoffe, auch getragen durch meinen Glauben, dass das Sterben ein Übergang in eine andere Daseinsform ist – ja, dass Gottesbegegnung stattfindet. Wenn das eintreten sollte, wird dieses Dasein aber jenseits unserer Vorstellung sein. Ich hoffe, dass all die Fragen, die mich bewegen über das Leid in der Welt, das Leid, das Menschen sich gegenseitig zufügen, und die Ungerechtigkeit des Lebens, beantwortet werden – aber vielleicht stellen sich die Fragen dann auch gar nicht mehr.

Rainer Simader, Hospizexperte und Physiotherapeut aus Wien

Ich weiß es nicht, was kommen wird. Beinahe hätte ich »Wahrscheinlich nichts« gesagt und dann diesen Gedanken sogleich wieder relativiert. Da spüre ich diese Diskrepanz zwischen dem, was ich vermute – das wäre in diesem Fall das »Nichts« –, und dem, was ich hoffe. Und die Hoffnung lautet da, dass es für meine Seele, mein Sein – und ich habe für mein »zukünftiges Ich« nicht einmal einen Begriff –, irgendeine Art von weiterer Existenz geben mag, die in diesem Universum ein Zuhause hat. Heute finde ich die Vorstellung schön, dass »ich« dann wie ein weit entfernter Stern bunt leuchten werde. Es wäre ja irgendwie schade, wenn es so ganz aus wäre ...

Ich bin davon überzeugt, dass ich selbst durch mein Tun, meine Gespräche, meine Projekte und meine Beziehungen ein Vermächtnis hinterlassen und dadurch zumindest in den Erinnerungen mancher Menschen weiter SEIN werde.

Eva Katharina Masel, Palliativmedizinerin aus Wien

Auch die jahrelange Begleitung von sterbenden Menschen bereitet einen nicht auf den eigenen Tod vor. Meine Arbeit als Palliativmedizinerin hat mich gelehrt, dass Menschen nicht an Erkrankungen leiden, wie es häufig formuliert wird, sondern mit Erkrankungen leben. Betrachtet man einen verstorbenen Menschen, spürt man, dass das Leben entschwunden ist. Diese Essenz des Lebendigseins fasziniert mich zutiefst. Als Kind habe ich viele Dinge verloren, was meine Mutter sehr verärgerte. Durch ihr intensives Schimpfen habe ich, so fürchte ich, noch mehr verloren ... Einst hatte ich dann als Jugendliche den Traum, dass ich nach meinem Tod einen Raum betrete, in dem all die Dinge, die ich verloren hatte, für mich aufbewahrt wurden. Das war sehr tröstlich und ein schöner Empfang. Eine schöne Vorstellung wäre, dass es nach dem Tod eine Wiederbegegnung mit Menschen gibt, die mir im Leben viel bedeutet haben. Dass es nichts Verlorenes gibt und alles in andere Zustände übergeht ... Doch auf manche Dinge gibt es keine Antwort, um es mit Sokrates auszudrücken: »Scio, nescio.« Es bleibt spannend ...

Constance Spring, systemische Therapeutin und Ärztin aus München

Als ich gefragt wurde, ob ich etwas zu dieser Frage beitragen wolle, wurde mir bewusst, dass ich darauf keine einfache oder klare Antwort parat habe. Mit dem Tod und der Endlichkeit habe ich mich ausführlich beschäftigt, als Medizinerin schon zu Beginn des Studiums, beim Tod von Familienangehörigen, vor nicht allzu langer Zeit beim überraschenden Tod meiner Mutter und bei der Sterbebegleitung meines Vaters.

Dazu habe ich eine Idee. Aufgeklärte Frau, selbstbestimmt, im Leben stehend.

Und plötzlich tut sich ein weißer Fleck auf. Was kommt danach?

Umso spannender fand ich die Idee, mich auf die Spur zu diesem Thema zu machen.

Wenn ich sterbe, wünsche ich mir, dass meine Asche im Karwendel von einem Gipfel verstreut wird. Da zumindest bin ich recht konkret – und diesen Wunsch habe ich meinen vier Kindern schon vorsorglich mitgegeben. Gern stelle ich mir vor, wie sie ihn in einer vergnügten Komplizenschaft bürgerlichen Ungehorsams umsetzen. Vielleicht sind Privatbestattungen bis dahin auch schon erlaubt. Oder sie entscheiden sich gegen meinen Wunsch (verständlich). Oder ich habe bis dahin noch einen anderen, wer weiß ...

Eine Annäherung an die Frage »Was kommt nach dem Tod?« beginnt für mich mit dem *Brandner Kasper und das ewig' Leben.* Den Film aus dem Jahr 1975 durfte ich schon als kleines Mädl sehen. Die Bilder eines barocken Paradies-Himmels über der bayrischen Voralpenlandschaft schreiben sich mühelos in eine katholisch erzogene Kinderseele.

Daher verwundert es mich nicht, wenn diese und ähnliche Vorstellungen sofort vor meinem geistigen Auge erscheinen, bevor sie von einem amüsierten inneren Kritiker abgetan werden.

Im Alter von 50 Jahren lebe ich kein praktizierend-katholisches Leben, bin aber geprägt von dieser Sozialisation. Mein konkreter Gottesbegriff hat sich im Lauf der Jahre zu einer Lebenshaltung hin entwickelt, die sich an den logotherapeutischen Ideen von Viktor Frankl orientiert. Ich versuche mich in einer sinnhaften Auseinandersetzung mit den Herausforderungen des Lebens; mein Ziel: Lebensgestalterin zu werden.

Mein persönlicher Entwicklungsweg der letzten zehn Jahre hat mich mit vielen tief berührenden Themen in Kontakt gebracht, darunter dem Konzept der Achtsamkeit und damit in einem zarten Ausmaß mit buddhistischen Anschauungen.

In der Meditation finde ich Momente der Ruhe und des achtsamen Innehaltens – Annäherung an einen Zustand des inneren Friedens und ganzheitlicher Bewusstheit.

Den Tod stelle ich mir als einen Übergang in diesen »gelösten« Zustand vor.

Was dann genau sein wird? Ich glaube ehrlich, die Frage ist zu groß, um sie zu beantworten. Also, für mich.

Kein Paradies, kein Fegefeuer. Auch nicht: nichts.

Eher: ein Da-Sein in einer anderen Form. Ein Wieder-Einswerden mit einem größeren Ganzen, als Teil eines immerwährenden Kreislaufs. Diese Vorstellung geht für mich mit einem tiefen Gefühl der Ruhe einher.

Mühelos kann ich die Gedanken an das »Was kommt danach?« an ein konkretes Sinnbild knüpfen: Berge, kraftvolle Natur – ein Ort, der im Leben Glück bedeutet hat – auch für eine lebendige Erinnerung meiner Hinterbliebenen.

In den kommenden Jahren werde ich meine Lebenspilgerreise fortsetzen, mich immer wieder von Neuem auf den Weg zu meinem inneren Frieden machen. Der Gedanke an den Tod wird Teil dieser Reise sein, nicht groß und Furcht einflößend, sondern ein passender nächster Schritt.

Meine Erkenntnis: Es geht für mich weniger um die Frage, was danach kommt, sondern vielmehr darum, wie ich »dem« begegne – und wie ich diese Haltung bereits jetzt lebendig werden lasse.

Alles zusammen: sehr persönlich, selbstgestrickt, vielleicht naiv.

Und doch empfinde ich es stimmig: Wenn ich ganz bei mir bin, kann eigentlich kommen, was will.

Das Gedicht aus dem *Stundenbuch* von Rainer Maria Rilke zeichnet ein für mich wundervolles Bild:

Ich lebe mein Leben in wachsenden Ringen,
die sich über die Dinge ziehn.
Ich werde den letzten vielleicht nicht vollbringen,
aber versuchen will ich ihn.

Ich kreise um Gott, um den uralten Turm,
und ich kreise jahrtausendelang;
und ich weiß noch nicht: bin ich ein Falke, ein Sturm
oder ein großer Gesang.

Hermann Reigber, Christophorus Akademie für Palliativmedizin und Hospizarbeit in München

Über diese Frage zu sprechen oder eher zu schweigen? Still werden und im Gedanken zulassen, dass da auch das Nichts sein kann? Beim Betrachten von toten Menschen steigt in mir auch der Gedanke auf, dass der Tod auch das Ende eines unfertigen und nicht in allen Stücken gelungenen Lebens bedeuten kann. Das Ende des Buhlens um Liebe und Anerkennung, das Ende missgünstiger Gedanken, das Ende von Besserwisserei und Hinfälligkeit – und dass die Zellbiologie nach dem Sterben ihr Werk einer Angleichung an die Natur machen wird. Wir werden gleichgemacht, schrecklich und großartig.

Im Angesicht des Todes, eines Toten, kann innere Heilung stattfinden – der Buddha steigt danach aus seinem selbstbezogenen Luxusleben aus, Dostojewskis *Idiot* Myschkin findet über die Betrachtung des toten Christus in eine sich ordnende Verrücktheit hinein. Es kommt nicht etwas, es kommt jemand – die Verhältnisse ordnen sich neu. Und Gott wird, das ist meine tiefe Sehnsucht, Menschen und Menschen und Tiere versöhnt nebeneinander sein lassen. Abgrenzungen erscheinen absurd, und in einer erfüllten Stille wird alles enthalten sein. Das innere Hören von Musik, oft Tage und Wochen nach einem Konzertbesuch, unabhängig von Ort und Zeit – der logisch emotionale Nachklang macht mich vor dem Tod schon sehr glücklich. Und so könnte, wenn sich in die Generalpause des Todes die unzähligen Lebenskompositionen einmischen und sie harmonieren ... es wäre unbeschreiblich schön, schier nicht zum Aushalten.

Susanne Mayrhofer, Physiotherapeutin aus Linz

Gern würde ich mit Überzeugung an ein Weiterleben nach dem Tod glauben, aber dazu fehlt mir die Vorstellungskraft. Doch selbst wenn es im »schlechtesten Fall« nach dem Tod nichts geben sollte, erschreckt mich dieser Gedanke nicht.

Irgendetwas bleibt von allen Menschen, die vor uns gegangen sind, in unserer Welt zurück. Am Ende würde ich gerne das Gefühl haben können, dass ich mein Leben so gelebt habe, dass mein Dasein für einige Menschen einen Unterschied gemacht hat. Schöner als Elfriede Gerstl dies in ihrem Gedicht »mein himmel« ausgedrückt hat, lässt sich das nicht sagen:

mein himmel ist hier und jetzt.
mein himmel ist meine vorstellung von himmel.
er ist die freundlichkeit, verlässlichkeit, anteilnahme
bei glücks- und unglücksfällen.
mein himmel ist nicht voller geigen
sondern voll solidarität.
mein himmel ist auch eine utopie
von einer gerechteren welt,
in der einsicht und nachsicht
tägliche realität sein sollte.
himmel ist das fest geknüpfte netz
ähnlich denkender und fühlender
und das glück, ihm anzugehören.
wenn es noch einen anderen himmel geben sollte,
lasse ich mich überraschen.

(Elfriede Gerstl: *Haus und Haut. Werke Bd. 3*

Ronja Kästner, Schülerin aus Freising

Hi, ich heiße Ronja, und ich bin 16 Jahre alt. Ich muss zugeben, dass ich mir die Frage »Was kommt nach dem Tod?« schon öfters gestellt habe. Im Laufe des Lebens wird man häufig mit dem Tod konfrontiert, deswegen finde ich es wichtig, sich ein paar Gedanken dazu zu machen, wie man in so einer schwierigen Situation leichter damit umgehen kann. Es gibt viele Theorien, was nach dem Tod passieren soll. Z. B.: das Licht am Ende des Tunnels, Wiedergeburt etc. Viele glauben auch, dass nach dem Tod gar nichts mehr sein kann, aber das wäre doch viel zu langweilig, oder?

Deswegen möchte ich meine eigenen Gedanken mitteilen: Die Seele steigt unsichtbar, leicht wie eine Feder, zum Himmel empor. Zurück bleibt nur ein lebloser Körper, der Mensch stirbt. Ich glaube, dass der Tod nur die Seele vom Körper trennt, welcher vielleicht in den letzten Wochen oder Monaten viele Schwierigkeiten und Schmerzen durchgemacht hat. Denn jetzt darf ein Teil von ihm für immer an einem schönen Ort, hoch oben im Himmel ohne Schmerzen bleiben, der andere Teil kehrt zurück zu den Menschen, die den Verstorbenen geliebt haben und natürlich weiterhin lieben. Vielleicht haben sie viel von diesen besonderen Menschen gelernt und möchten es an andere weitergeben.

Was auch immer passiert, vergesst niemals, dass dieser kleine Teil ein bisschen den Schmerz nehmen kann, wenn er in euren Herzen weiterleben darf.

Und was denken Sie?

Teil 8

Hilfreiche Adressen

In vielen Professionen und Organisationen hat sich in den letzten Jahren ein ausgeprägtes Bewusstsein entwickelt, dass Menschen am Lebensende sowie deren An- und Zugehörige vor großen Herausforderungen stehen.

Es stehen Ihnen vielfältige Unterstützungsangebote zur Verfügung. Auf den folgenden Seiten haben wir für Sie zahlreiche Möglichkeiten aufgelistet. Wir haben uns auf die Angebote konzentriert, die seit Langem bestehen und entsprechende Qualitätsstandards erfüllen.

Wir möchten aber darauf hinweisen, dass nicht jede*r Patient*in, jede*r Angehörige und Freund*innen all diese auch braucht. Manchmal reicht ein einziger Kontakt, in anderen Fällen ergibt sich eine längerfristige Begleitung. Wir erleben immer wieder Patient*innen, die beinahe »Therapiestress« entwickeln. Angebote sollen stets ein spezifisches Ziel verfolgen, etwa die Lösung eines Problems oder die Wiedergewinnung von Lebensqualität. Manchmal sind es körperliche Probleme, die Hilfe notwendig machen, ein anderes Mal emotionale, soziale, ökonomische oder spirituelle Herausforderungen, die der Aufmerksamkeit bedürfen.

Hospiz- und Palliativangebote in Ihrer Nähe

Hier finden Sie spezifische Hospiz- und Palliativangebote in Ihrer Region: Bei diesen Kontaktstellen sollten Sie sich melden, wenn Sie Fragen zu einer Versorgung am Lebensende haben oder bei Herausforderungen mit einer Erkrankung.

Deutschland:
https://www.wegweiser-hospiz-palliativmedizin.de
Österreich:
https://www.hospiz.at/einrichtungsuebersicht/
Schweiz:
https://www.palliativkarte.ch

Hospizversorgung und Palliative Care

Hier finden Sie weiterführende (Fach-)Informationen zur Hospiz- und Palliativversorgung:

Deutschland
Deutsche Gesellschaft für Palliativmedizin
https://www.dgpalliativmedizin.de/
Deutscher Hospiz- und Palliativverband e. V.
https://www.dhpv.de/index.html
Österreich
Österreichische Palliativgesellschaft: https://www.palliativ.at
Dachverband Hospiz Österreich: https://www.hospiz.at
Schweiz
Schweizerische Gesellschaft für Palliative Medizin, Pflege und Begleitung: https://www.palliative.ch/de/palliative-ch/
Dachverband Hospize Schweiz: https://www.hospize-schweiz.ch

Krebserkrankungen

Hier finden Sie fundierte Informationen zu Krebserkrankungen:
Unter anderem zu einzelnen Krebsarten, zu Ernährung, Sport, Bewegung oder Müdigkeit (Fatigue) bei Krebserkrankungen. Auch konkrete Hilfsangebote, Beratungsstellen und Veranstaltungen.

Deutschland

- Krebsinformationsdienst:
  https://www.krebsinformationsdienst.de/
- Deutsche Krebshilfe:
  https://www.krebshilfe.de/informieren/ueber-krebs/
- Deutsche Landes-Krebsgesellschaften:
  In Deutschland steht pro Bundesland eine Krebsgesellschaft zur Verfügung, bei der Sie zahlreiche Informationen und Angebote für Ihre Umgebung finden. Diese sind:
  Baden-Württemberg: https://www.krebsverband-bw.de
  Bayern: https://www.bayerische-krebsgesellschaft.de
  Berlin: https://www.berliner-krebsgesellschaft.de
  Brandenburg: http://www.krebsgesellschaft-brandenburg.de
  Bremen: https://www.bremerkrebsgesellschaft.de
  Hamburg: https://krebshamburg.de
  Hessen: https://hessische-krebsgesellschaft.de/start/
  Mecklenburg-Vorpommern: https://krebsgesellschaft-mv.de
  Niedersachsen: https://www.nds-krebsgesellschaft.de/
  Nordrhein-Westfalen: https://www.krebsgesellschaftnrw.de
  Rheinland-Pfalz: https://www.krebsgesellschaft-rlp.de
  Saarland: https://www.saarlaendische-krebsgesellschaft.de
  Sachsen: https://www.skg-ev.de/index.php
  Sachsen-Anhalt: https://krebsgesellschaft-sachsenanhalt.de
  Schleswig-Holstein: https://www.krebsgesellschaft-sh.de
  Thüringen: https://www.krebsgesellschaft-thueringen.de

Österreich

- Österreichische Krebshilfe: https://www.krebshilfe.net/
- www.krebsimfokus.at

Schweiz

- Krebsliga Schweiz: https://www.krebsliga.ch/

Menschen mit weiteren Erkrankungen, die Hospiz- und Palliativversorgung benötigen

Deutschland

www.atemwegsliga.de
www.herzstiftung.de

Österreich

www.lungenunion.at
www.herzverband.at
https://www.hospiz.at/initiativen-fuer-nicht-onkologische-erkrankungen/

Schweiz

www.lungenliga.ch
www.swissheart.ch

Menschen mit Demenz und ihre Angehörigen

Selbsthilfegruppen

Auf den folgenden Seiten finden Sie verschiedene nationale Selbsthilfegruppen – auch, aber nicht nur zu den Themen Tod, Trauer, Krankheit und Sterben. Es lohnt sich, sich diese Seiten anzuschauen. Für Angebote in Ihrer Nähe verweisen wir Sie auf die zu Beginn genannten »Palliativangebote in Ihrer Nähe«.

Deutschland
https://www.nakos.de
Österreich
www.krebshilfe-wien.at
https://www.gesundheit.gv.at/service/gesundheitssuche/ selbsthilfegruppen
www.selpers.com
Schweiz
https://www.selbsthilfeschweiz.ch/shch/de.html

Physiotherapie

*Hier finden Sie Physiotherapeut*innen in Ihrer Region:*

Deutschland
https://www.physio-deutschland.de
https://www.dgpalliativmedizin.de/weiterbildung/berufsgruppen-nach-qualifikationen.html
Österreich
https://www.physioaustria.at/
Schweiz
https://www.physioswiss.ch/de/practices

Ergotherapie

*Hier finden Sie Ergotherapeut*innen in Ihrer Region:*

Deutschland
https://www.bed-ev.de/therapeutenverzeichnis/default.aspx
Österreich
https://www.ergotherapie.at/therapeutinnen-suche

Schweiz
https://www.ergotherapie.ch/ergotherapeutIn_finden

Logopädie / Sprachtherapie

*Hier finden Sie Sprachtherapeut*innen, Logopäd*innen und Expert*innen zum Thema Schlucken in Ihrer Region:*

Deutschland
https://www.dbl-ev.de/service/logopaedensuche/
Österreich
https://www.logopaedieaustria.at/index.php/therapeutensuche
Schweiz
https://www.logopaedie.ch/

Ernährungsberatung / Diätologie

*Hier finden Sie Expert*innen zum Thema Ernährung in Ihrer Region:*

Deutschland
https://www.vdd.de/diaetassistenten/umkreissuche/
Österreich
https://www.diaetologen.at/suche
Schweiz
http://www.svde-asdd.ch/beraterinnen-suche/

Psychologen / Psychotherapeuten

*Hier finden Sie Psycholog*innen und Psychotherapeut*innen in Ihrer Region:*

Deutschland
Psychotherapeut*innen:
https://www.deutschepsychotherapeutenvereinigung.de/der-verband/
Psycholog*innen: https://www.bdp-verband.de
Österreich
Psychotherapeut*innen: https://www.psychotherapie.at/
Psycholog*innen: https://www.psychnet.at
Schweiz
Psychotherapeut*innen: http://asp-online.ch/wsp/
Psycholog*innen: https://www.psychologie.ch

Psychoonkologie

*Hier finden Sie Psycholog*innen und Psychotherapeut*innen in Ihrer Region, die sich auf Behandlung von Menschen mit Krebserkrankungen bzw. von deren Angehörigen spezialisiert haben:*

Deutschland
https://www.krebsinformationsdienst.de/service/adressen/psychoonkologen.php
Österreich
https://www.oegpo.at/unser-angebot/patientinnen-angehoerige
Schweiz
https://www.krebsliga.ch/beratung-unterstuetzung/psychoonkologische-unterstuetzung/

Trauer

*Hier finden Sie Informationen zu Trauer und auch Trauerbegleiter*innen in Ihrer Region:*

Deutschland
https://bv-trauerbegleitung.de
Österreich
https://www.trauerbegleiten.at
Schweiz
Zum Zeitpunkt des Verfassens dieses Kapitels sind uns keine Informationen zu einer übergeordneten Organisation zum Thema Trauer in der Schweiz bekannt gewesen. Sie können sich allerdings mit Ihrem Anliegen an Einrichtungen der Hospiz- und Palliativbetreuung wenden.

Bestatter

*Hier finden Sie Informationen zu Bestattungen und Bestatter*innen in Ihrer Nähe:*

Deutschland
https://www.bestatter.de
http://bestatternetz.net/
(Dieses Netzwerk von Bestatter*innen ermöglicht den Trauernden die aktive Beteiligung an Ritualen, wie z. B. den Verstorbenen zu waschen, bei der Gestaltung der Trauerfeier etc.)
Österreich
http://www.bestatter.at
Schweiz
https://www.bestatter.ch

Teil 9

Glossar – Medizinische Begriffe

Wenn Sie mit Erkrankungen konfrontiert sind, ist die Wahrscheinlichkeit hoch, dass Sie verschiedene Fachbegriffe hören oder lesen. In dieser Liste finden Sie die häufigsten medizinischen Fachbegriffe und die Erklärung, was diese bedeuten. Wir möchten Sie allerdings noch einmal einladen, das Gespräch mit fachkundigen Personen zu suchen, wenn Sie Fragen haben oder etwas nicht verstanden haben.

Medizinischer Fachbegriff	**Erklärung**
AAPV – allgemeine ambulante Palliativversorgung	Versorgung von Schwerkranken und Sterbenden zu Hause durch den Hausarzt/die Hausärztin und einen Pflegedienst
abdominal	den Bauchraum betreffend
Amyotrophe Lateralsklerose (ALS)	neurologische Erkrankung mit Lähmungen
Analgetikum	schmerzstillendes Medikament
Anämie	Blutarmut durch Mangel an roten Blutkörperchen
Anamnese	Befragung zur Erkrankung
Anorexie	Appetitlosigkeit
Antibiotika	Medikamente, die bei bakteriellen Entzündungen verabreicht werden
Antiemetika	Medikamente, die bei Übelkeit und Erbrechen verabreicht werden

Anxiolytikum	angstlösendes Medikament
Aszites	Ansammlung von Flüssigkeit im Bauchraum
benigne	gutartig
Benzodiazepine	Überbegriff für Medikamente, die beruhigend und angstlösend wirken
Braunüle (D)	Kanüle/Nadel, die in eine Vene gelegt wird, um dadurch Flüssigkeit oder Medikamente zu verabreichen
Chemotherapie	medikamentöse Therapie bei Krebserkrankungen
COPD – chronic obstructive pulmonary disease	chronisch obstruktive Lungenerkrankung, die mit einer Verengung der kleinen Atemwege einhergeht
Dauerkatheter	Plastikröhrchen, das die kontinuierliche Ableitung von Urin ermöglicht. Üblicherweise wird der Katheter durch die Harnröhre in die Harnblase eingebracht (Harnröhren-Katheter); manchmal auch durch die Bauchdecke (suprapubischer Katheter).
Dehydratation	Austrocknung
Dekubitus	Druckgeschwür
Delir(ium)	akute Verwirrtheit mit Störung des Bewusstseins
Dermatologie	medizinische Fachrichtung, die sich mit Hauterkrankungen befasst
Diarrhö	Durchfall
Diätologe (Ö)	Diätassistenz – Fachrichtung, die sich mit Ernährung beschäftigt, in Deutschland Ernährungsberatung
Diuretika	Medikamente, die die Entwässerung fördern

Dysphagie	Schluckstörung
Dyspnoe	Atemnot
Emesis	Erbrechen
Ergotherapie	Therapieform, die Patient*innen dabei hilft, Tätigkeiten (z. B. Alltagstätigkeiten) wieder durchführen zu können
Exsikkose	Austrocknung des Körpers
exulzerierend	wuchernd, sich geschwürartig verändernd
Fatigue	Müdigkeit, Erschöpfung
Geriatrie	medizinische Disziplin, die sich mit Erkrankungen alter Menschen beschäftigt (Altersheilkunde)
Globusgefühl	Gefühl, einen Kloß im Hals zu haben; gegebenenfalls verbunden mit dem Gefühl, nicht ausreichend atmen zu können
Halluzination	Sinnestäuschung
Hämatologie	medizinische Lehre von Krankheiten des Blutes
Hämoptoe	Bluthusten
Hospiz	stationäre Pflegeeinrichtung außerhalb eines Krankenhauses zur Betreuung von schwer kranken und sterbenden Patienten
Ikterus	Gelbfärbung der Haut
Ileus	Darmverschluss
Inkontinenz	Unvermögen, Harn und/oder Stuhl halten zu können
interdisziplinär	Zusammenarbeit von mehreren verschiedenen Berufsgruppen
Kachexie	Gewichtsverlust, Abmagerung
Karzinom	Krebs
Kolostoma	künstlicher Darmausgang
Koma	lang anhaltende Bewusstlosigkeit

Laxans	Abführmittel
Logopädie	Fachdisziplin, die unter anderem Sprach-, Stimm- und Schluckbeschwerden behandelt
maligne	bösartig
Metastase	Tochtergeschwulst
Miktion	Harnlassen
Mukositis	Schleimhautentzündung
Nausea	Übelkeit
Neurologie	medizinisches Fachgebiet der Nerven
NSAR	nichtsteroidale Antirheumatika, eine Gruppe von Schmerzmedikamenten
Obstipation	Verstopfung des Darms
Obstruktion	Verengung
Ödem	Schwellung/Flüssigkeitsansammlung im Körpergewebe
Onkologie	medizinische Fachrichtung, die sich mit Krebserkrankungen beschäftigt
Opioide	starke Schmerzmittel, vom Opium stammend oder synthetisch hergestellt
Pädiatrie	Kinderheilkunde
Palliativdienst	multiprofessionelles Palliativteam, das Patient*innen im Krankenhaus außerhalb einer Palliativstation mitbetreut
Palliativstation	spezialisierte Station in einem Krankenhaus zur Betreuung von schwer kranken und sterbenden Patient*innen
PEG-Sonde	Ernährungssonde, die durch die Bauchdecke in den Magen gelegt wird

Physiotherapie	Krankengymnastik; Therapieform, die sich mit Bewegung und Bewegungsfähigkeit, Funktionsfähigkeit, Aktivität und der nicht medikamentösen Therapie von Symptomen beschäftigt
Pneumonie	Lungenentzündung
progredient	fortschreitend
Prophylaxe	Vorbeugung
Punktion	Entnahme von Flüssigkeit aus dem Körper mittels einer Nadel
Pyrexie	Fieber
Sedierung	Ruhigstellung, in der Regel durch Medikamente
Singultus	Schluckauf
Somnolenz	Schläfrigkeit, leichte Bewusstseinsstörung
Sozialarbeit	angewandte Wissenschaft, die konkrete soziale Probleme löst
SAPV – Spezialisierte ambulante Palliativversorgung	auf die Versorgung von schwerkranken und sterbenden Menschen spezialisiertes ambulantes Palliativteam, das Menschen zu Hause oder im Pflegeheim mitbetreut
Steroide	körpereigene Hormone, aber auch Medikamente mit sehr unterschiedlichen Wirkungen wie Abschwellung, Appetitsteigerung, antiallergisch, entzündungshemmend
Stoma	künstlicher Ausgang, z. B. am Dickdarm (Kolostoma), Dünndarm (Ileostoma), Luftröhre (Tracheostoma)
Strahlentherapie	Anwendung ionisierender Strahlung auf Menschen, um gut- und bösartige Tumore zu heilen, zu reduzieren oder am Fortschreiten zu hindern

subkutan	unter die Haut gehend
Symptom	Krankheitszeichen – das, was durch eine Krankheit spür- oder sichtbar ist
TENS – transkutane elektrische Nervenstimulation	elektrotherapeutisches Verfahren zur Schmerztherapie
terminal	das Ende betreffend
Totenflecken	Verfärbung der Haut nach dem Eintritt des Todes durch Absinken des Blutes an die unten liegende Körperseite
Totenstarre	Versteifung der Muskulatur nach Eintritt des Todes durch einen chemischen Prozess in der Muskulatur
Transfusion	Übertragung von Blutkonserven
Ulkus	Geschwür
Venflon (Ö)	Kanüle/Nadel, die in eine Vene gelegt wird, um dadurch Flüssigkeit oder Medikamente zu verabreichen
Vertigo	Schwindel
Vigilanz	Wachheit, Aufmerksamkeit
Zytostatikum	Medikamente, die das Zellwachstum oder die Zellteilung verhindern

Danksagung

Dieses Buch wäre nicht ohne die Unterstützung vieler Menschen entstanden, die uns motiviert haben, unsere Erfahrungen und Erlebnisse in der Begleitung Schwerkranker und Sterbender aufzuschreiben, damit Menschen, die sich selbst dem Lebensende nähern oder die jemanden auf diesem Weg begleiten, einen Leitfaden und Hilfestellungen bekommen.

Wir danken besonders Frau Christine Proske von Ariadne-Buch, die unsere Buchidee begeistert aufgenommen hat und uns auf dem ganzen Weg kompetent, engagiert, voller Wertschätzung und mit viel Herz begleitet hat.

Wir danken all jenen Menschen, die zur Sammlung und Eingrenzung von 99 wirklich relevanten Fragen geholfen haben. Hier möchten wir besonders Elisabeth Grünberger und die Mitarbeiter*innen und Praktikant*innen von Agenetwork Wien erwähnen. Wir danken unseren Probeleser*innen Katharina Angermeier, Ursula von der Howen, Eva Masel, Susanne Mayrhofer, Hermann Reigber und Anna Pissarek. Durch ihre Rückmeldungen und Korrekturvorschläge wurde der Text noch verständlicher, und einige fehlende Aspekte wurden ergänzt.

Wir danken allen Mitarbeiter*innen der Verlagsgruppe Droemer Knaur. All jenen, mit denen wir direkt zusammenarbeiten durften, und auch allen, die »hinter den Kulissen« Großartiges für unser Buch getan haben und tun. Im Besonderen möchten wir Margit Ketterle, Jürgen Bolz und Thomas Tilcher erwähnen. Danke für die Begeisterung und die äußerst professionelle Betreuung und Umsetzung des Projekts.

Schließlich möchten wir unserem Partner und unserer Partnerin für den Freiraum, die Geduld und die Rückendeckung danken, diesem Projekt viele Stunden widmen zu können. Danke, Alexander und Barbara!

Register

Albert Kitzler

Gelassenheit

Eine pilosophische Lebensschule

Die Kunst der Gelassenheit

Wie gehen wir **entspannter** mit der Welt, mit uns selbst und mit anderen um? Diese Grundfrage der Menschheit beantwortet der bekannte **Philosophie-Berater und Autor Albert Kitzler**, indem er uns den antiken Philosophen Seneca als Lehrer fürs Hier und Heute nahebringt.

Als wohl bekanntester Vertreter des **Stoizismus** ist die Lehre Senecas auch nach fast 2000 Jahren noch aktuell. Kitzler stellt uns in dieser praktischen Anleitung zu einem gelasseneren Leben eine Philosophie vor, die uns ganz konkret in der Navigation des Alltags hilft. Dabei werden sowohl **existenzielle Themen** wie Schicksal, Vergänglichkeit und Tod oder Freiheit behandelt, aber es geht auch um **Selbstsorge** und den **Weg zu innerer Seelenruhe**. Albert Kitzlers Erkundungen der stoizistischen Lebensführung sind ein unerlässlicher Wegbegleiter für philosophisch interessierte Leserinnen und Leser und alle Menschen, die sich nach einem gelasseneren, sinnerfüllten Leben sehnen.

DROEMER